TANIGAWA KENICHI COLLECTION 4

谷川健一 コレクション 4

日本の神と文化

Ⅰ 日本の神々
Ⅱ 日本文化の基層

谷川健一

冨山房
インターナショナル

目次

Ⅰ　日本の神々

Ⅱ 日本文化の基層

Ⅰ　日本の神々

対馬の神々——沖縄、朝鮮に通ずる禁忌風習

境を越えれば隣部落も他郷

対馬は今、日本列島の中ではもっとも本土から遠い島の一つである。九州よりは朝鮮に近く、玄界灘の荒波にゆられて五時間半近くしなければ、対馬の土をふむことができない。対馬の山々に桜が咲き乱れるころ、私はおよそ半月のあいだ、対馬の神々と付き合った。「土地は山けわしく、深林多く、道路は禽鹿の径のごとし」と「魏志倭人伝」は対馬の表情を記述しているが、この描写が的確であることは、対馬の悪路になやまされてはじめて分かる。「禽鹿の径」は数年まえから自動車道路に整備されたが、それでも山の中腹をぬうように走っている。集落は道路のはるか下方、海岸線に数十戸ずつ身をよせてかたまっている。

地図の上ではかんたんにいけそうなとなり合わせの部落にも、かならず山坂を越えていかねばならぬ。西海岸にある青海や木坂で聞いた話だが、となりの部落にいくことでさえ、「世の中へいく」とか「旅にいく」という言い方をしている。このような「世の中」や「旅」の使用法は私をおどろかした。部落の境をとおりすぎると、もはや他郷であり他界であるという実感は対馬の孤絶した各部落ではとうぜんのものであったと思われる。そこでむかしは対馬では部落内婚がほとんどであり、他部落と嫁をやったりとったりすることはいやしまれたともいう。

こうした慣習がながいあいだかかって、それぞれの部落に特有な顔の型を生み出した。たとえば、豊玉姫

をまつるわたつみ神社で有名な仁位にいくと、童女をそのまま大きくしたような、まんまるな顔立ちの娘たちと出会う。それが度重なると、青木繁の描く「わだつみのいろこの宮」の絵を思い出さずにはおかない。これにたいして、対馬の南端の豆酘《つつ》の娘たちは細おもてだという話も聞いた。

現世も死後も託す海の彼方

陸上の交通がきわめて不便な対馬では、太古から最近まで海の道にたよることが多かった。したがって対馬の神社には岬《みさき》や地先の小島にたてられたものがすくなくない。これは船の航行の安全を見守る守護神としての役わりを、神社が果たしてきたことを物語っている。それに呼応するように、対馬の神社の縁起には御神体が海のむこうから流れついたという伝承をもつものをよく見受ける。母子神がうつぼ船にのってきたというようなうつぼ船伝説は対馬の十幾つの海ぞいの部落にあるというが、そのことは地元の考古学者の永留久恵氏が対馬の古墳のほとんどは岬や小島にあると指摘する事実と無縁ではあるまい。対馬びとは現世の希望も死者の世界も海の彼方《かなた》に託したのである。

対馬の神社の特色は古墳または葬地との関係を無視できないことであり、そのためか、対馬びとは親愛感よりは畏怖《いふ》の情をもって聖地に接している。

対馬北部の豊《とよ》にある島大国魂神社は、対馬の国魂をまつる重要な神社であるが、社殿のない聖地であって、どういうわけか、岬の鼻をまわったけわしいところにある。そこにいく海ぎわの道は「とおらずの浜」と呼ばれて通行を禁止されている。禁忌をおかせばつよいたたりがあるというので、その神社には海上から近づくほかかない。また南端の浅藻にある八町角は「おそろしどころ」と呼ばれて、シイタケとりなどであやまってそこに踏みこむと、ぞうりを頭にのせ、あとずさりしながら出なければならぬとされた。かつてはうっそうとした原生林だったといい、今でもその面影をのこしている。八町角から浅藻の海岸に出ると、そこを卒《そ》土《と》が浜という。卒土という語は古代朝鮮の「蘇塗《そと》」と呼ばれる聖域と関係があるとされている。むかしは卒土が浜では手拭《てぬぐい》を落としても拾うことが許されなかった、とある老婆は私に語った。このようなきびしい禁忌は死霊との関連をぬきにしては考えられない気がする。

かつて豆酘では、人が死んで四十九日の忌明けのときに「卒土見《そとみ》」をする風習があった。死者の近親者が豆酘と浅藻の部落の間をさえぎる坂の上から卒土が浜をながめ「見ぎゃきました」と言い、小石を投げて後をふりかえらずかえるのが慣習となっていた。この話を聞いたとき、私は直ちに沖縄の「ナーチャミ」という風習を思い起こした。人が死んで風葬墓に葬られたあくる朝、死者の家族が死者と対面しにいく習俗である。後をふりかえるのは死者の国からかえるときのタブーである。こうしたことから卒土が浜がかつての埋葬の場所であった公算は大きい。

黒潮文化の要地に位置して

対馬には鳥居も拝殿もなく、樹木の生いしげるだけの聖地が多い。それは天道地とかヤボサとかシゲ地と呼ばれている。ヤボサは壱岐にもまた九州の西がわにもみられる。そこは風葬地もしくは共同の祖霊をまつった所ではないかと推定されている。

このヤボサの性格は沖縄の御嶽《ウタキ》と呼ばれる拝所と共通したものをもっている。そうしてヤボサとウタキとをつなぐものが南九州のモイドン（森殿）と呼ばれる樹木崇拝であろう。そこは墓地であったか、または死者の霊をまつる祭地であったにちがいなく、樹木を折るとたたりがあるとおそれられている。このようにヤボサ、モイドン、ウタキとをつなぐとひとつの線が浮かびあがってくる。

それを延長すれば朝鮮の南部にも及ぶだろうが、ここに神社の原型といい得るものが存在することはたれしも異論がないと思われる。これらをむすぶものは、何であるかといえば、琉球の海域から九州の西海岸を北上し、壱岐、対馬のあいだをぬける黒潮の流れ以外を想定することはむずかしい。

この黒潮文化を立証するものが沖縄の糸満漁夫の活躍である。勇敢な南島の漁夫たちは、戦前には対馬の豆酘にも西海岸の伊奈にも、また北部の佐護の井口浜にも姿をあらわした。豆酘では糸満漁夫から追い込み網の漁法をならい、それを西海岸の阿連《あれ》の漁民に伝えたという。糸満漁夫の活動範囲はさらにとおく、隠岐島や若狭の小浜までのびていた。

しかし、一方では佐護の湊の川口では筏船《いかだ》がまだ利用されている。筏船は済州島にもあるというが、私はそれをみたときに、朝鮮はもうすぐそこにあるという気がしてならなかった。対馬は沖縄、九州西海岸と朝鮮とをつなぐ海の動脈の要《かなめ》の位置を占める。対馬の文化の解明をぬきにして日本文化は語れないことを、私は対馬の地で確認した。

（「読売新聞」夕刊　一九七五年五月一二日）

民話 カオスからコスモスへ――「天地始之事」の世界

一

「天地始之事《てんちはじまりのこと》」の世界は私にとっては、他人事に属しない。それが私ひとりのために書かれたものではないにしても、すくなくとも、私もその一員に含まれる少数者の世界にむけて書かれたものであるとは言い得る。

「天地始之事」がなぜ私をそのように引きつけるかと言えば、それが日本列島でもっとも日暮れのおそい西の海に生まれた物語であるからだ。東シナ海の波の音を聞きながら育った私の故郷と「天地始之事」の舞台とは、おなじ海岸線でつながっている。

冒頭から私事を語ることになるが「天地始之事」は私の幼児体験とむすびついている。熊本と鹿児島の県境にある水俣という小さな町に私は生まれた。私の幼時に住んだ家は、もと造り酒屋であった家を買い取ったもので、石畳を敷きつめた庭のむこうに倉があった。屋敷の隅の木犀には春になると毎晩梟がやってきて、寝床に入っている私に話しかけた。初夏になると中庭には立葵の花が咲いた。絨毛《にこげ》をつけたその赤や紫の花は、私の背よりも丈が高かった。

小学校に入った年の秋の終り頃、私はおなじ年頃の友だちにさそわれて「イエスの一生」という教会主催の宣伝映画を見た。それまで私の家庭にキリスト教の雰囲気はなかった。それだけに、乳草のような愛しか知らなかった私の胸を、はがねの色をした恐怖と熱情の数時間が炎のように流れとおった。映画が終って小屋の灯がついたが、その灯がなぜか私には厭《いと》わしかった。私は生まれてはじめて胡桃《くるみ》のような頭脳をかき乱されて家に戻った。

その夜、私の夢の中に私よりも幼い嬰児のむれが、数限りなく虐殺されていった。兵士たちの荒々しいサンダルの哄笑が、家から家へとひびきこだまし、落ちかかる梁のような腕が若い母親の首筋を圧しつぶした。息詰まる鏡はみじんにくだけ、とまどう裳裾を槍がつらぬいた。渦巻から吐き出される木の葉のようにひとりの幼児がのがれた。……そして最後は、大地が揺れ動き、陽が昏《くら》くなって、兵士たちが恐怖に蒼ざめる丘の上、盗賊の間の死。もう一度彼はかえってきた、女たちや弟子たちの許に。と見る間に彼は天空にむかってのぼっていった。その姿はしだいに小さくなって、あとは眼で追っていくこともできなくなった。

その夜のことがあってから、私は飼っていたカナリヤのこともどうでもよく、二、三日、日課の餌を忘れたので、カナリヤは死んでしまった。私はそれほど失念が烈しくなった。私はノートの裏や切れはしに、片端から十字架にかかったキリストの姿を描いた。それはキリストを磔にする行為をもう一度自分でたどり直すことであった。手の平や足に釘を打ちつけるときには、私は息を詰めて苦痛を忍んだ。顔立ちや髪毛の箇所を描くときには、鉛筆でそっと撫でるように書いた。しかし私のイエスは、どれもこれも大きな眼と捲毛をもったトランプの王様の姿に似てくるのだった。それは幼児だけしか理解し得ない双葉のキリストへの親近だったろうか？

私は十字架にかかった絵を描かないときには眼をあげて彼方を望んだ。彼はとおい昔のものとは思われなかった。樹の黒い影が熱風に揺れ、白い光に刻まれた何処かの町々に彼は今でも生きていた。彼は私の知らない言葉で話し、大人も舌を捲くほどの賢さで世界を支配している権威にみちた少年だった。

だが、最初の夜以来、イエスは夢に一度も訪れてくれなかった。願いの叶えられないことが私を苦しめた。そこで私は近所の小母さんの所に遊びにいった。小母さんの家ではうす暗い室に十二枚の絵が懸っていた。今思うと、それは「十字架の道行」の絵なのだ。

私は小母さんから呼び出されるまでは、いつまでもその部屋にとどまって、絵を飽かずに眺めていた。けばけばしい原色の絵には光も半陰影も見当らなかった。そうして無力だけが行為の審判者であり王者でもあることを私に訴えていた。十字架は重くなければならず、キリストは幾度も転ばねばならなかった。芦の鞭はキリストの素肌を破るほど痛く、唾は拭ってもとれない烈しさでキリストの顔に吐きかけられねばならないと私は望んだ。茨だけがほの緑《あお》いかなしみのように暗く浮んだ。私は侮蔑される恋人に接するように苦痛の快感につらぬかれて、画面を爪立ち眺めるのだった。

そうした私の傾向を心配した母が、あるとき、私を知り合いの坊さん宅に連れていった。坊さんは笑いながら私を見て、

「今はヨーロッパでも仏教の研究熱がとてもさかんですよ」と言った。私は議論を売られたようで不快になり、黙りこんでしまった。今思い出しても可笑しいのは、当時七歳の私に坊さんが理窟めいたことを言ったことだ。

*

このような幼児体験をここで持ち出すのは「天地始之事」にたいして私が他人事ならず感じる世界が、幼児のときすでに培われていたことを、ここに言いたいためである。たとえば「天地始之事」の中では、次の

ような箇所がある。

「帝王よろう鉄は、御身様の詮議、土を穿ち空を駆け、尋ぬると雖も、在り所知れず故、いずれ、土民の子供に紛れ込みいるほども、覚束なくと、生まれ子より七つまでの子供国中残らず、殺すべしと（其の数《かず》四万四千四百四十四人《よったり》）皆殺しにぞ、なりけり。勿体なくとも、哀れとも、何《なに》に譬えんようもなし。此事御身伝え聞き、さては数万の子供が命を失なう事、皆吾故《ゆえ》なれば、此後世の助けの為、ぜぜ丸やのもりの内にて、あらゆる苦業はなされける。かかる所に、でうすより、数万の幼な子の命失なう事、皆其方ゆえなり。然る時は、ぱらいその快楽《けらく》を失なわん事、心もとなし、よって死せし子供の後《ご》世のために、責めせいたげられ、命を苦しめて身を捨てきたるべしの御告《つうげ》なり。御身はつと平伏して、御血の汗を、流させ給い、昼五ケ条のオラッショ此時なり。それより御身は羅馬の国サンタエキレンジヤの寺へ、かえらせ給う。何とぞ悪人に苦しめられ、命を捨てんと思召しけり。」

帝王のよろう鉄はいうまでもなくヘロデを指している。ヘロデの幼児狩りに相当するこの部分は「天地始之事」の中ではきわめて重要な意味をもっている。すなわち、幼児を殺すことが人間の原罪につながるという考えがここに披瀝されている。おそらく当時の日本で盛んにおこなわれていた間引きの習慣がここでは念頭にあると思われる。つまり幼児を殺すことは、日本の常民の心の底に深い翳りを落していたのである。その罪を背負ってキリストは命を捨てるべく、天帝から命令を受けたのであった。

それにしても私の夢魔にあらわれた幼児たちを考えると、幼い私も、「知られざる罪」を背負っていたのであろうか。

二

「天地始之事」は、プチジャン師が長崎の浦上に潜伏していたキリシタン教徒の間から、慶応元年四月に発見したものであって、その後、田北耕也氏などの写本の発見研究によって一般に知られるようになった。この書物は、禁教時代に口伝えに伝えてきたものを、文政六年（一八二三）頃に書き取ったと考えられている。プチジャン司教と同時代の人で、長崎教区の副司教であったサルモン神父は「奇怪な伝説を交えた、取るに足らぬものであった」と述懐しているが、たしかに正統的なカトリック教会の伝統をふまえた教理や教義内容と比較すれば「奇怪な伝説」として一笑に附され得るものである。しかし私はここに別の積極的な意味を「天地始之事」に見出す。

私がこの書物から受ける最大の感動は、二百五十年の禁教の期間、忘れかけた知識を土台にして、創世記と福音書の部分とを新たに作り出していることである。信者たちはあいついで此の世を去り、あるいは教理を捨てて四散し、教理や聖書についての記憶は、年ごとに稀薄になっていく。それにつれて空白の部分は拡大する。そのとき何を以てその空白部分を埋めるかという問題が起こる。記憶はうすれたにしても、消し忘れたものが微かに残っている。その箇所を再生の手がかりとするしかない。ということから素材をかきあつめて、筋書とイメージの再生をはかった。

とはいえ、潜伏キリシタンは漁民や農民が大部分であったから、格別教養があるわけではない。そこでその素材は身のまわりの日常生活の中から引き出す以外に手段はない。つまり、ありあわせの民俗的な伝承をもって、天地創造とキリストの一代記を語るという方法を採ることを余儀なくさせられたのである。

このことをもうすこし具体的に見てみよう。まずノアの洪水に相当する津波の話であるが、人が多くなるにつれて、みな盗みを習い、欲を離れず、悪に傾く。次第に悪事がつのるので天帝は、寺の獅子駒の眼が赤色になるときは津波がおそって世が滅亡するというお告げを「はっぱ丸し」という帝王にさずける（はっぱは教皇《ぱぱ》である。丸しはまるちる、殉教者の意）。ところがそのお告げを笑う者が出てきて、万里もある島が滅亡するものかと、赤い色を獅子駒に塗りつけた。はっぱ丸しは、それを見てはっとおどろき、かねて用意のくり船に六人の子供をのせ、漕ぎ出すと間もなく、大波が天地をおどろかすほど押しよせて、島は一面の大海になってしまった。

そこで、はっぱ丸しの家族は、「板やしゃくしにて掻く、万里が島の見えろがな、あり王島の見えろがなと掻く。さすれば微かに見ゆるあり王島、その島便りに掻きつくる」とあり、今のぺーろんはそのときの真似であるという注がついている。

これはいうまでもなく高麗島《こうらい》の伝説を下敷にしている。高麗島の話は五島にいくと今でもあちこちで聞くことができる。たとえば三井楽町の柏港で私が聞いたところでは、柏から北へ二時間余も船で行った海中に高麗曽根《そね》と呼ばれる浅瀬がある。そこは引潮のとき水深七、八メートルの浅さになるという。そうして眼を凝《こ》らせば、ときたま水底に井戸の跡や墓石が見えるといい、また漁師の引く網に壺や皿がかかってくることがあるとも信じられ、現にそうした皿や壺を秘蔵している家が、久賀島にも福江島にもある。私もそれを見せてもらったが、なかなかの逸品であった。

この高麗曽根にまつわる伝承というのは「天地始之事」の話と大同小異である。むかし高麗島と呼ばれる島があって、そこに祀ってある地蔵の顔を赤く塗ったところ、島はみるみる沈没し、人びとはかろうじて島を脱出した。そのとき赤牛も海を泳いで逃げてきたという話が柏港には伝わっている。高麗島から逃げてきた牛というので、黒と白の斑の牛を高麗牛と呼んでいたという話は、上五島の青方《あおかた》でも聞いた。福江島の北にある久賀島の蕨《わらび》という部落には、島を脱出するときに一緒にたずさえてきたという、首のほそい異様な地蔵を太子堂の脇に今も祀っている。ただし首から上は昭和初年にどこかの石工に作らせたという話であった。この高麗島の話は中国渡来のものであるが、それが長崎県の海岸部の漁村に定着していたものであることはまちがいない。五島の高麗曽根は水底に没した高麗島の一端であると考えられている。

「天地始之事」において滅亡した島の名称であり、また脱出者の目指す島でもある「万里が島」は、田北耕也氏によると、采覧異言や和漢船用集のほか、中国の諸書にも見え、外国にはリスホーテンの航海図をはじめ、十六、七世紀の諸海図に出ているという。また南支那の海図には、交趾に近い海の浅瀬で航海者の難路として警示されているものに「万里瀬」があるという。柳田国男は「島の人生」の中で、鹿児島県の西海岸の彼方に浮ぶ下甑島の瀬々というところの某家には、万里が島焼の茶碗というのが秘蔵されていて、その茶碗の糸底には万里窟という三文字があることを記している。下甑島の藺落《いおとし》の付近では「茶碗島が西にある」という伝説がある。この茶碗島というのは、そこに陶器を産するということで名付けられたものであるから、万里が島とおなじであろう。万里が島は高麗島とおなじように、はるか昔に海底へ沈んでしまったと伝えられている。

さきに述べた島脱出のときの文章で万里が島と有王島は対句となっている。有王は俊寛が鬼界島に流されたとき、そこで会い、俊寛の死後は遺骨を首にかけて都にかえり、俊寛の後生をとむらった。肥前は盲僧の古い根拠地であることから、柳田国男はこの「天地始之事」も琵琶に合せて語ったのではないかと田北氏に話したというが、当時のきびしい迫害状況からみると、信者たちが声を出して語るなどとは考えにくい。しかし口伝による授受がおこなわれたことだけはまちがいなく、文章はたしかに朗誦に堪える韻文の体裁をとっている。そこで平家物語に縁由のある有王という語が出てくるのはけっして意外ではない。しかし、万里が島と対句の有王島となると、実際に有王につながりがあるとは思えず、また田北氏のように「有り合せ」の島の意と解するのでは、万里が島と並称することのつじつまが合わない。

南島では海彼の原郷をニーラとかニロウとかニールスクと呼び、それの対句としてアロウ島の呼称を使用している。すなわちニロウ島アロウ島というように対句にして呼んでいる。こまかい手続きは今は省くが、私はこのアロウ島が有王島に変化したと考えている。さきにあげた五島の三井楽は日本の最西端にあって、現世と他界との接点とみなされてきた。そこで三井楽はニーラク、すなわち常世に相当する南島語に由来するのではないかと柳田は推定しているが、私の考えはそれに触発されている。

もしこの推定が正しければ、高麗島、万里が島、茶碗島、三井楽、有王島などは名称こそちがえ、すべて海彼の原郷であり、洋上の他界である。しかもそれらがことごとく東シナ海に面する西海岸や離島に伝承されていることは注目に値する。すなわち創世記のノアの洪水を了解できる素地としての洪水伝承は、西教の渡来よりはるか前に九州西海岸に存在していたと見なさねばならぬ。それらが複合して「天地始之事」に取り入られた。

三

洪水津波伝承にはアトランティスや高麗島のように海底に没した島の話がある。それとは別に、生き残ったたった二人が兄妹で、彼らは結婚してその子孫が繁栄して現在の人類の基を作ったという話もある。つまり洪水津波伝説と兄妹相姦の話がつながっている。「天地始之事」の津波伝承には、この兄妹相姦の説話が前段に置かれている。

「あには妹がこいしくなり、妹は兄がこいしくなり、声を限りに、おめいて歩く。谷で呼ぶなら高り声のするごとく、高りでよぶなら、谷に声のするごとく、声を限りにおめいて歩く。……兄妹の縁《えん》は切れ夫婦の契《ちぎ》りを結ぶ。夫《そ》れより恐しき道を知り、双子ばかり十二腹《はら》持つ。其いわれで近いとこはいかんと言う。」

これはいうまでもなく兄妹相姦の話であるが、旧新約聖書にも西教の教義にもまったく見当らないもので、長崎県外海《そとめ》地方に残った伝承であったことは推察がつく。島に津波がおそってきて、島の滅亡をひき起こす直接の原因は、人間の欲心であり、また寺の獅子駒にいたずらをしたからであるが、その前に兄妹結婚を記してあるのは、もともとはこの二つの説話に関連があったことを暗示している。

洪水のために人間が絶えてしまったが、兄妹二人だけが生き残ってやむを得ず夫婦になったという説話があちこちにある。とくにそれは東南アジアから沖縄列島にかけて濃厚に見られる。たとえば、八重山の鳩間島の伝承に次の話がある。

昔、鳩間島に大津波がおそい、人々は皆、津波にさらわれてしまったが、兄妹だけが島の一番高い所にやっとのがれた。名前はわからないが、神様も一緒にのがれていた。やがて、津波がひくと、神様は兄妹をつれて里の方に降りかかった。神様の後に妹が続き、最後に兄がついてきた。途中の坂道で妹が石につまずき倒れた。すると、兄もつまずいて妹の上に打ち倒れ、二人は結ばれた。妹は兄の子を生み、それ以後、子孫の繁栄をみた。

昔、大島郡（奄美大島）を沈める大浪がでてきて、アデツ（地名・用安の一部）の兄妹は、大浪の来るのを知らずに山にのぼって助かり、二人で用安（奄美本島、笠利の地名）をつくった。

これは伊藤清司氏が「沖縄の兄妹婚説話について」という論文（『叢書わが沖縄』第五巻所収）の中であげた事例である。こうした話は、沖縄のみならず、朝鮮にも台湾にもある。伊藤清司氏はこれらの事例を要約して、次の共通点が見付かるという。

(1)　太初の神罰的大洪水と人類の滅亡
(2)　男女二人（兄妹のばあいが多い）のみの生存
(3)　男女（兄妹）の結婚と人類の繁栄

ではどうして人類起源を説明する伝承の中でこのように兄妹婚が問題にされるのか。伊藤氏によると、それは世界創始のカオス（自然）からコスモス（文化）へ移行するときの神話にほかならぬ。すなわち、兄妹婚の結果、最初に生まれた子供が魚やムカデや骨のないクラゲなどであるということは、同胞相姦という非人間的な禁制を犯したために、非人間的な異常児が最初に生まれたことを意味している。しかし、神意の媒介と罪の意識の表出がおこなわれることによって、カオスからコスモス形成への移行が見られるという。これをごく平板に言えば、神を媒介にして原初期の近親相姦を合理化したとも言える、と伊藤氏は述べている。この所説は、説得的であって、異議をとなえる筋合はない。

だがしかし私は「天地始之事」において、まず兄妹相姦の話が先行し、そのあとに大津波の話がくるというふうに順序が逆になっていることに注目する。すなわち、兄妹の相姦の結果、子孫はふえたが、悪心悪事もともに世にひろがり、ついに島の滅亡がデウスによって宣せられる。この島の滅亡の中で逃れることのできたのはノアに相当する「はっぱ丸し」という帝王とその七人の子供たちだけということになっている。この筋書は創世記に忠実であるが、創世記には兄妹相姦の話はない。一方洪水伝説とむすびついた兄妹婚では、洪水の方が先行するのもこれまで見た通りである。とすれば兄妹婚をさきに持ってきたというのは特別の意味があると思われる。それは何であろうか。

そこには人類が不合理で、条理にもとる関係から出発したという無意識の主張があるのではないか。兄と妹が互いに恋しくなって、谷と山の高みで声を限りに呼びかわすというのは、あたかも鳥や獣の求愛の状況を思い起こさせる。それは「おそろしきみち」という言葉の表現からも嗅ぎとることができるように、不倫なるがゆえに甘美なる愛の光景である。兄妹姦という不条理な「おそろしきみち」とは、ユングの言う人類の始原にさかのぼる「恥と非道の行為」の記憶と受け取っても差支えない。もとより人間の社会では最初からインセストがタブーであったとは考えられない。しかしそれがタブーとなったある時点においては、そのタブーの侵犯が人類の滅亡をもたらす引き金となるという考えが生まれるのはとうぜんである。

キリシタン迫害時代から信徒たちの唱える「エワの子吾等、涙の谷に泣き叫びて」という祈禱文の一節は、九州西海岸の信徒たちにとっては、もともと快楽の谷が涙の谷に変貌するという意味をひそかに背負っていたかも知れぬ。

四

西教の教典と教義とをもたらすために万里の波濤を越えてきた紅毛人の布教者がどうしても理解しがたいこと、それは聖書の記事が世界最古のものでもなく、また唯一無二のものでもないという事実であったことは想像に難くない。しかも彼らの頑固さに一向おかまいなく、次のようなおどろくべき伝承がわが南島には存在していた。まず、伊波普猷が近所の老婆から聞いたという沖縄本島の属島である古宇利島の例を見よう。

昔はじめて男の子と女の子がその島に出現したが、二人は裸体でも恥じる心を知らず、毎日天から降ってくる餅を食べて無邪気に暮していた。餅の食べ残しを貯えるという分別が出てくると、いつしか餅の供給はとまってしまった。二人は食うために働かねばならず、朝夕、海浜で貝を漁って命をつないだ。あるいは、海馬（注、ジュゴン）が交尾するのを見て、男女の道を知った。そこでようやく裸体を恥ずかしいと思うようになり、クバの葉で恥部をかくした。沖縄三十六島の住民はこの二人の子孫である。

この話は創世記に酷似している。しかし、天から降る餅、すなわちマナを貯えたからその配給が止まってしまったとか、交合の方法を知ったので裸体を恥じるようになったというのは創世記には載っていない。それは創世記の変形なのだろうか。私はそうは思わない。たとえば前記の伊藤清司氏の論文の中に次のような引用がある。

大昔のこと、浜おもと（方言サデフカ）の芽が生い茂り、次にやどかり（方言アンマザ）地に這う。次にうずら（方言ウッチャ）が翔《か》け、それからしばらくして男女二人が現われた……。神が二人を大樹の洞穴の中に隠した。時を移さず、天をくつがえすばかりの雨が滝つ瀬のように降り注ぎ大洪水が起こり、野も山も一面の海となった。こうして数日ばかりたって、さしもの洪水も退いたから、神は、毎日、餅三個宛をたずさえ来て二人を養った云々。

これは八重山の伝承である。ここにもまた神のさずける餅が出てくる。もう一つの例を見よう。次は奄美大島の中村喬次氏の採集にかかわる奄美の宇検村の伝承である。

大昔、マジン（ハブ）には翼があったという。島には赤い実のなる木が生えていた。天の神が人間たちにその実は毒だからぜったいに食べてはいけないと禁じていたのに、マジンが飛んできて、ある夫婦に「その実には毒なんかない。食べるなというのは、天の神が独り食いしたいためだ。食べろ食べろ」とそそのかした。まず女が食べた。おいしかったので、次に男が食べると、うまくノドを通らず途中でひっかかった。これを見た天の神様はたいへん怒って、男には「おまえは一生、その実をノドにかからせ」といい、女には「おまえが子種を生むときには、うんと苦しめ」と罰を下した。それで男にはノドガメ（喉仏）ができ、女はお産に死ぬ苦しみをなめるようになった。

この話は、アダムとエワの話を土地の説話として翻訳したと思われるほど、両者はよく似ている。奄美にカトリックの布教が始められたのは明治二十四年と『大奄美史』は記しているから、あるいはそうしたことも考えられなくはない。しかし、禁教時代とちがってわざわざそれを土地の伝承として置き換える必要はない。それに、ハブに翼があるという話は創世記には見当らない。おそらく、両者は無縁に成立したものであろう。たとえば次のような説話をどのように考えるか。

昔、南風原《はえばる》に一人の巫女がいて妊娠したとき阿檀《あだん》の実を食べたいと思った。ところがその兄がその実を与えなかったので、妹の巫女は怒って、これからさき阿檀の実がむすぶことを許さない、と呪詛した。

これから後というものは、阿檀はその地にたくさんあっても実をむすばなかった。

この話は十八世紀に首里王府が編集した「遺老説伝」の中に収録されたものであるが、当時の沖縄はキリシタンをきびしく取締っていたから、これが福音書に由来するものではないことは明白である。福音書の挿話というのは、イエスが飢えたので無花果《いちじく》を食べようと思ってその樹の下にいってみると、葉だけしかなかった。それで「今より後、いつまでも果《み》を結ばざれ」という呪詛の言葉を吐いたところ無花果の樹が立ちどころに枯れたというもので、両者の主題は全く一致している。

（「國文学　解釈と教材の研究」一九七六年一一月号）

「天地始之事」にみる常民の想像力──外来思想・文化の土着化を探る

一

日本人が外来の思想文化をどのように受容してきたかを考えるとき、私の頭にまず浮ぶのは江戸時代の潜伏キリシタンが作り、伝えてきた「天地始之事《てんちはじまりのこと》」である。この書物（といっても写本であるが）が最初に発見されたのは、一八六五年（慶応元年）のことで、場所は今の長崎市に属する浦上においてであった。内容は、天地創造、天使と人間の堕落と救世主であるキリストの生涯、聖マリアの事跡、世界の終末と公審判までの聖書物語である。これをみてもわかるように、その内容は旧約聖書の創世記の部分と新約聖書の中の福音書とをつなぎあわせ、つきまぜたようなものである。私が「天地始之事」に注目するのは、思想の日本化、あるいは文化の土着化という日本人にとっては避けてとおることのできない問題をこの書物をとおして具体的に検討することが可能だと考えるからである。

江戸時代の潜伏キリシタンは、近代百年の二・五倍のながさに相当する二百五十年間を迫害の中に生きぬいた。こうしたとき、潜伏キリシタンが信仰をくずさずに守りついでいくことのできたものは、外部にたいして極秘におこなわれる宗教儀礼によって、であった。だが宗教儀礼には、それを意味づける教理がなくてはならぬ。宗教書一冊も所持することをゆるされず、また教理をさずける司祭も教会もないときどうするか。それはたった一つの方法によって解決するほかはない。教理をつくりだすことである。さいわいに、キリシタン布教時代からのかすかな記憶はのこっていた。この記憶をたよりにして、それに身辺の伝承や口碑を重ねあわせ、なんとしてでも自分たちの手でバイブルをつくる必要があった。そうすることによって、そこから教理を引き出し、その教理を秘密の宗教儀礼の支えとしようとした。

もちろん、潜伏信徒は、農民や漁民などの下層の生活民がほとんどであって、いわゆる知識人ではなかったから、教養のもちあわせはなく、そこにはかず多くの訛伝や仮託がまじっている。丸い石をサンタマリヤ（丸や）、平らな石はサンへイトロ（平とろ、ペトロ）のシンボルと理解するのは、正統的なカトリックの思想からみれば、とるに足らない無意味なこじつけかも知れない。しかし私はそうは思わないのである。丸い石に、マリアのイメージを求めたというのは、母性へのあこがれがふくまれていよう。平たい石をペトロとみなすのは、あるいは教会の基盤となる岩と通じあうことが諒解されていたのかも分らない。カトリックの教会や思想にみられる、すさまじいほどの象徴主義や意味づけも、詮じつめるとこれに類したものであって、潜伏信徒の発想や習慣をかならずしも笑うことはできないのである。

「天地始之事」の中には、「雪のさんた丸屋」の話がある。マリアがルソン国王の求婚をしりぞけるために、その眼の前で奇蹟を現出させたという説話である。マリアが天に祈ると「ころは六月暑中《しよちゆう》なるに、ふしぎやにわかにそらかきくもり、雪ちらちらと降り出し、間もなく数尺つもりける」。この話ももとはカトリック教の正伝にある。すなわち、紀元三六五年に、ローマの貴族が、夢にマリアのおつげをこうむり、八月五日の朝、ローマの郊外に雪の降ったところがあるのを発見し、そこにサンタマリアの教会をたてたというものである。この話は日本の信徒にとくに愛好されたものとみえ、明暦四年（一六五八年）の「宗門大要」にも載っている。

「宗門大要」の中では「雪のサンタマリアと申す事」という一条だけが、前後の連絡もなく挿入されている。つまりこの話はとだえることなく信徒の間に伝えられて、「天地始之事」の中でも重要な部分を占めているのである。

それはいったいなぜであろうか。私は長い間分らなかった。しかし私はやがて次の事実を知るにおよんで、これまでの疑問の一部がとけたように思った。柳田国男の「年中行事覚書」の中に、「六月朔日の雪」と題する一文がある。そこには次のような伝説が紹介してある。坂上田村麻呂が東征のとき、武蔵国の比企郡高坂村の観音堂で悪竜を退治した。ところが「頃しも六月の始め、金《かね》を蕩《とろか》す炎暑にたちまち指を落すばかりの寒気起り、積雪尺に余りしを以て、人夫燎火《にわび》を焼いて雪中の寒気を凌いだ。今日この近郷で、六月朔日に燎火を焼くのはその時の名残である」云々。もう一つの例は、上州碓氷郡豊岡村の不動堂にまつわるもので、八幡太郎がこの地で安倍の残党を退治したとき、この不動堂で祭をおこなったところ、「六月朔日不思議にも雪一重降って川岸の松の葉が白かった。依ってこの地を薄雪《うすゆき》郡土用《どよう》寒ノ庄と謂うたが、終に転じて碓氷郡豊岡村となった」云々。

柳田はこの二つの事例をあげたのち、「この雪は何か特に六月も朔日の日に降るべき仔細があったのでは無いか。近世にも六月を正月に祝い直して凶年を避けた話があったように思う」と述べている。この二つの例からみると、そこに日本の常民の間で、六月の暑いさかりに雪が降るという伝承があったにちがいない。これは関東にかたよっているが、あるいは全国にもひろく流布していたかと思われる。特定の人間にそなわった強い力が自然力にうちかって、凶を吉とするという考えが信じられていたのでもあったろう。それが意識の土台の部分にあって、雪のサンタマリアの故事が、とりわけ日本人のキリシタン信徒に好まれる伝承となったのではないか。

新村出氏は「南蛮更紗」の中で、寛永十一年（一六三四年）のバスチヤン暦に、陰暦七月十二日を雪のサンタマリアの祝日とし、それに「聖《サンタ》マリアの雪《ゆき》どの」と註してあることを述べている。ここでは「雪」は自然物でなく、人名に転じている。つまり雪はサンタマリアの形容でなくて、むしろサンタマリアが雪という女性の形容となっている。聖処女お雪とでもいうべき心持がそこにこめられている。このようにして、童貞女マリアは日本的な情緒をおびて再現する。思想の土着化のもう一つの例をあげると、「天地始之事」の中ではヘロデは「よろう鉄」となっている。田北耕也氏は、そのイメージは警吏や大名であったろうと云っているが、たしかに息をひそめてくらしている潜伏キリシタンにとっては、迫害者としての大名や警吏は、その名を聞くだに身の毛のよだつものであった。そうした探索者のおそろしいイメージを伝えるのに、「よろう鉄」という名はいかにもふさわしいのである。

二

「天地始之事」の中でいちじるしく日本化した箇所と思われるものがいくつかある。一つは「よろう鉄」(ヘロデ)が幼児キリストを殺そうとして、嬰児狩をする場面である。キリストは、数万の子どもが自分のために命をうしなったのだから、自分はその死んだ子どもたちの救かりのために責めしいたげられ、命を捨てようと決心したと説明されている。これはもとよりバイブルには見当らない理由づけである。しかし、江戸時代の信徒たちには理解されやすかったろうと思われる。まず、この嬰児狩というのは、当時の間引きの習慣を反映していたと、私は考える。当時、潜伏信徒にはいわれない迫害に苦しむ姿をそれとなく語るものと受けとられていたにちがいない。「天地始之事」の文章もそのきびしい詮議の模様を「つちをうがち、そらをかけ、たづぬるといえども……」と記している。こうしたとき、迫害される信徒たちの苦しみを一身に背負って、キリストが殺されるという論理は、矛盾もなく諒承されたであったろう。人類の罪をあがなうために、キリストがはりつけになるという考えが、その下敷になっていることは疑いもないが、おそらく潜伏信徒の心理はそれだけでは満足しなかったはずである。

「天地始之事」の中ですぐれているのは受胎告知の場面である。「さんがむりやありかんじよ」(ガブリエル大天使)は「びるぜんさんた丸やの前に膝まづき、此たび御主天下《あるじあまくだら》せたまいて、其元《そこもと》のすずしき、きよき御体《ごたい》を御貸しあれ」という。すると「丸や答えてさては、何方《いづかた》にやと案ぜし所に、此方《こなた》に御出やと、大きによろこび、ずいぶん御心にまかせ申すべしとぞ、受け合いけり」となっている。「すずしき、きよき御体」

とか「ずいぶん御心にまかせ申すべし」というのは、こなれた美しい日本語で、しかも的確な表現となっている。

次は処女受胎の場面であるが、そこはどう表現されているか。

「すでに、二月中旬になりければ、今やおそしと、身つつしみて待ちたもう。その夕暮に、蝶の御装《よそお》いにて、天《あま》くだらせたまいて、びるぜん丸やの御顔に移らせたまう。ころうどのさんた丸やと名付けたまいて、御口《おんくち》の中にとび入りたまう」

これでみると、聖書のように、聖霊は鳩のように下ったのではなかった。聖霊は蝶のかっこうをして、マリアの顔に移り、口の中に飛びこんだのである。たしかに、日本人にとっては、鳩よりも蝶のほうが理解しやすい。というのも、蝶は人間のたましいのかたどりであるという考えが日本には古くから伝えられてきているからである。聖書の記事を、喉につっかえながら呑みこむのと、このように日本風に置きかえて信じようとするのと、どちらが怠惰であり、どちらが賢明であるかは、みる人によってちがうところであるが、私は断然、蝶のほうをとるのである。

こうした置きかえは他にもかず多くみられる。たとえば幼児キリストが「よろう鉄」に追われて、サンタマリアと共に逃げていく途中、麦作りの連中に出会ったので、自分はこの麦の種をまく時分にここを通ったと追手にうそを云ってくれと頼んだが、麦作りたちが云うには、現在麦の種をまいているのに、それを過去のことのように云うのはおかしいと笑って取り合わなかった。ところが後日、この麦は実らなかった。しかし、キリストの頼みを引き受けて言葉通りに告げた者の麦は、たちまち実った、とある。これは聖書の中で無花果が実らなかったという故事をふまえているが、砂漠の果樹である無花果ではなく麦となっている。つまり潜伏信徒は自分たちの農業生活に照して、聖書を理解しようとしていることが明らかである。これはデウスを作物の神としてあがめる習慣のあった農民の信徒の心情に支えられている。

「天地始之事」の中で日本化のもっともすぐれた箇所は、キリストの降誕の場面である。マリアは産み月になって、べれんの国（ベツレヘム）に迷いいくのであるが、そのときたまたま大雪が降り出したので、しばらく家畜小屋の隅に身をひそめて、さむさをしのいだ。そうしてその夜中頃に、御身《おんみ》（キリスト）が生まれた。寒中で凍えようとするのを、左右から牛や馬が息を吹っかけて、あたためてやった。まぐさを入れたはみ桶で、御身は産湯《うぶゆ》を使った。牛や馬からこうした情けを受けたので、「くわるた」（水曜日）には信者が畜類や鳥類をたべること、つまり肉食は禁じられている。さて、夜あけになると、家主の女房が出てきて、このようなむさくるしい場所でお産をされて、さぞお苦しかったろうと、自分の家へとつれていって、さまざまにいたわった。織り機や糸を引く機を打ち折って火にくべて、もてなしたので、御身の御母のマリアさまの御身体もぬくもった。また家主の女房がそば御飯をこしらえて、差し上げたところ、キリストは御母のほところ（ふところの方言）から両手を出していただいたという。

右の一節は聖書には見当らない。キリストが家畜小屋で誕生したことのほかは、すべて潜伏信徒の創作である。しかしここには、彼らの心情が脈打っていることを誰しも否定することはできないだろう。たとえば、生まれたばかりのキリストが凍えそうなので、その左右から牛や馬が息を吹っかけてあたためてやったという一条は、日頃、牛や馬と家族同然に一緒にくらしている農民でなければ、想像することすらできない。これは、動物を人間以下とみなし、人間によって保護されるべき存在と考えるのがふつうであるヨーロッパでは、生まれ得ない考えである。

また家主の女房が母と子を自分の家につれてかえり、他にたきぎがないので、女がもっとも大切にするはたおりの道具を折って、マリアをもてなしたというのは、鉢の木をくべて客人をもてなした鎌倉武士の話を思い出させるが、これも愛情がなければ作り出すことのできない話である。更にそば御飯を差し出す、とあるが、そば御飯というのも当時の農村ではめったにたべることのできない御馳走であった。それをこしらえて、イエスに差し上げたということは、そこに心からの敬意をこめたことが充分に察しられる。

「天地始之事」のこうした場面は、聖書のきびしさとはまたちがった深い人間性にさしつらぬかれているのであって、あたたかい日本の風土から生まれたものである。このような日本の農民、漁民の思いやりというものは、おそらく海の彼方の国々の農民や漁民にくらべて、まさるともけっして劣らないものであろう。だからこそ、日本の民衆はキリシタンの教義を受け入れ、西教は日本の社会を風靡したのである。

外国の宣教師がどのように献身的であったとしても、彼らが日本の風土およびそれと密接な思想や文化を理解していたとは、とても思われない。キリシタンの思想が受け入れられたというのは受け手の側の日本の民衆の人間的な高さによるものである。その背景には仏教によるながい宗教的訓練があった。また和辻哲郎が指摘しているように、苦しみ、悩む神の観念を、日本の民衆が「神道集」などの中世説法をとおして、教えられ、よく心得ていたということがある。

このような日本の生活民が、自分たちの身のまわりの伝承や説話や習俗などとむすびつけながら、作りあげたものが、「天地始之事」にほかならない。この書物を長崎で最初に発見したのはプチジャン師である。このプチジャン師と同時代の人で、後に長崎教区の副司教となったサルモン神父は「あとでよく調べてみたら随分と奇怪な伝説を交えた、取るにも足らぬものであった」と後の仙台司教となった浦川和三郎氏に話した、という。これは田北耕也氏が「日本思想大系」（岩波書店）の解説の中で述べているところである。この解説の中で田北氏は次のような感想をつらねている。

「潜伏キリシタンの半数強は百年前に教会に帰ったが、残りの半数弱は潜伏状態をつづけた。そこには布教上の不手際もあるが、それを責めるよりは、むしろ貴重な宗教民俗学の資料を保存することとなった結果の方を重視すべきである。史的キリシタンの不完全な残存として軽視せず、日本の土壌にしみこんで根付いたキリスト教の民間下降を重視すべきである。〈天地始之事〉はこの資料価値を代表している」

これにたいして、片岡弥吉氏は「日本庶民生活史料集成」（三一書房）の解説の中で次のように述べている。

「〈天地始之事〉は、このような（引用者註――迫害と禁教）外的、内的条件の異常さの中で、聖書物語の原形に、多くの異質的要素が混成され、土俗信仰的変容を来したものである。しかし、それをよい意味の風土化と見るのは妥当でなく、のべたような、政治、社会、宗教などの異常な環境条件が、いかに人間の思想や信仰まで異常化させるかということの事例として大切な意味を持つのではあるまいか」

田北耕也氏は、明治になってもカトリック教会にもどらず、禁教時代の伝統をかたくなに守りついだ潜伏キリシタン――それは「はなれキリシタン」と呼ばれる――を評価する。つまり「貴重な宗教民俗学の資料を保存」したという意味において。一方、片岡弥吉氏は「政治、社会、宗教などの異常な環境条件が、いかに人間の思想や信仰まで異常化させるか」という実験例として評価している。カトリック思想の立場をふまえた片岡弥吉氏のこのような発言はとうぜんのことである。つまり片岡弥吉氏は「天地始之事」がさまざまにデフォルメされているのを「異常化」とみるのであって、そのデフォルメされた内容がカトリックの正統思想にどれほど遠ざかっており、変形されたかに関心をもつ。田北氏のように宗教民俗学の資料としてその内容をみようとするまでにいたっていない。この両者を比較するとき、私はどちらかといえば田北氏の考えのほうに与したい。

しかし田北氏の考えだけでは充分ではない。私はこれまで述べたように「天地始之事」の中に、日本の民衆（常民と呼んでもさしつかえない）の深い人間性のしるしをみるのである。「天地始之事」は私にとってはたんなる「資料」ではない。そこには、一切の指導、援助を絶たれた日本の民衆が、自力で思想を構築しようとする感動に値するけなげなふるまいがある。民俗的伝承を借りてきて、彼らの生活実感とつきまぜ、自分の理解し、納得しうるように作りあげた。それをもって田北氏は「宗教民俗学の資料」というのであるが、それはしなくも、外来思想をいかに日本に土着化させるかの貴重な実験例となっているのである。

私は数年前、長崎県の外海《そとめ》地方、すなわち「天地始之事」の舞台となった一帯をあるいたことがあるが、そこにはまだカトリック教会に「帰正」しない「はなれキリシタン」の老人がいた。彼はパンに葡萄酒をひたすかわりに、刺身に酒をそそいだ。刺身は、魚が初期キリスト教の時代にキリストを意味したということと共に、長崎の漁民の日常ではパンのように食べられていたことを物語る。復活祭を「アガリ」とか「春ノ上リ」と呼んでいる。これは春分の頃の季節の感じをよくあらわしている。クリスマスにあたるものが「御《おん》身《み》のなたる」である。私はこの「御身のなたる」という云い方も好きである。私は潜伏キリシタンが、外界と断絶された禁教時代の苦闘をとおして、外来思想を日本化したことに深い敬愛の念を抱いている。

（「中央評論」一九七七年三月号）

神道の自覚的な歴史をたどる――高取正男『神道の成立』を読む

胎動はじめた国家神

最近、新聞の紙面をにぎわしている一連のうごきは、日本の神道の問題をゆるがせにすることができないことを私に痛感させる。さきには津市の地鎮祭をめぐる判決があり、いままた山口県の自衛隊合祀違憲訴訟の判決があった。靖国神社は朝鮮人、台湾人などの合祀のことがあり、いままたA級戦犯合祀によって社会に問題を投げかけた。これら一連の事実から看取されるのは、戦後三十年間鳴りをひそめていた国家神のぶきみな胎動である。いまは遠雷のように私たちの耳を捉えているにすぎないが、それが近づいてこないという保障はまったくない昨今である。

この神道の問題をおろそかにするならば、いったん否定された皇国史観がふたたび復活する雰囲気を許すことになりかねない。それでは戦後の民俗学研究はいったい何であったか、という苦い反省が私の胸をかむ。その一方では、清水幾太郎氏が日本の神道の研究を始めたというような話を聞くとき、私たちもまた、神道の歴史に無知であるわけにはいかないと思うのである。

今日、私たちの眼前にある神道とは一体何ものなのであろうか。靖国神社の合祀の目的が戦死者の霊をとむらうことであるとすれば、民俗学で言う御霊《ごりょう》信仰にふかく関わってくるのであるが、そうであるならばA級戦犯だけでなく、二・二六事件で刑死した者たちの霊も祀るべきではないか。その場合も、磯部浅一のように成仏を拒否し、死後悪鬼となることを志願して刑死した者の霊をどうするか。つまり祀られることを拒否した場合でも、当人の意思を無視してまでも、祀る者の自由を主張することができるわけでもないことは、山口県の自衛隊合祀が違憲であるという今回の判決で明らかである。

靖国神社がわは、A級戦犯の遺族には事前に意向を聞いたりはしなかったそうであるが、祀る側の自由と、祀られる側の拒否の自由とが矛盾した場合、そのどちらを優先させるべきか。それは平行線のまま放置しておくことはできない。私の答えは、まず祀られる側の自由を優先させるべきだとするのである。

このことから引き出される問題点は、神道は古来無限抱擁的なものであったかという疑いである。日本の神を祀るのが、一族あるいは村落共同体の神を祀ることから出発したとすれば、血縁でも地縁でもない神をかんたんに祀ったかどうか。同族の神は非同族の神にそれほど寛容であったか私はすこぶる疑問に思っている。それはまた逆に、非同族の神として祀られることをいさぎよしとしなかったことでもある。そしてこれらの点がくずされていった歴史の背景には柳田国男が「山宮考」で指摘したように、同族の祖先神を祀る場合には死後がさほど問題にならなかったということがある。では葬と祭の分離をうながしたものは何かといえば、それは仏教と神道の接触にほかならない。

神・仏の習合と疎隔

ここにおいて神道と仏教の関係が歴史的に問われることになる。両者の習合と疎隔は日本の信仰史をいろどるもっとも重要な主題の一つである。このたび刊行された高取正男氏の『神道の成立』（平凡社選書）は、この主題に正面からとりくんだ労作である。この書の第一章では、称徳天皇の重祚のときの大嘗会の宣命がとりあげられている。そこでは神々は三宝より隔離されていなければならないという貴族の見解が述べられている。称徳女帝はこれに対して神仏習合の立場をとった。しかし神仏隔離の意識は、思いのほか人びとの生活の中で保持されてきた。もしそうでなかったとしたら、明治初年の神仏判然の令がそれほど社会的な混乱もみずに実施された事実をうまく説明することはできないと著者は言う。

では仏教に対する忌避または隔離意識は何にもとづくものだろうか。たとえば世俗の業にしたがうものは正朔の日、神事のときに念仏を遠慮するのが平安時代以来の常識であったということからして、念仏が葬送と死者の追善の儀礼にかかわっていたことを知る。すなわち死穢がそこにからむのである。念仏は彼岸のことであり、神事は此岸のことである。したがって神事に念仏がまぎれこむのはつよく拒否されることになる。

しかし一方では、さきにあげた称徳帝重祚の大嘗祭のとき、太政大臣禅師の道鏡が、僧形法体のまま、外部から厳重に遮断された深夜の祭典に、まのあたり近侍した公算は大きいと著者は述べる。つまり奈良朝末期には仏教と神道とはいちじるしく近接してくる。

それは仏教が神道の領域をおかしはじめたことを意味するばかりでなく、神道の儀礼が仏教の中にも残存することを意味する。その例が称徳天皇神護景雲元年の「続日本紀」の記事である。ここでは六百人もの僧侶が称徳天皇と道鏡の政権を祝福するために宮中にまねかれたが、そこでは僧侶たちは手を拍って天皇や道鏡を礼拝し歓喜したという。この拍手の礼というものは仏教になく、また外国使臣を謁見する場合にも禁止されている、日本的な特殊な礼拝の仕方である。このようなことがおこなわれるようになったのは日本の特殊性が残存するというよりはむしろ、仏教をになう者たちが神道の世界をおかしはじめたことを物語っており、それゆえに当時の識者のひんしゅくを買ったのである。

併存状態の再検討

仏教の影響は神道における死穢を忌む行為にもっとも顕著にあらわれた。著者によるとそれが本格化したのは奈良時代の末である。もともと死に対する恐れはあっても、死穢を忌む観念が日本の民間社会の中につらぬかれていたかうたがわしい。それが奈良時代の末期になると、仏教のもたらした浄穢の観念が吉凶の観念とむすびつき、さらに陰陽二元の論に支えられて、神道の教説の基礎となった。またそれらの禁忌をもって、八世紀末から九世紀にかけての律令貴族たちは、ことあるごとに民衆を教化しようとした。それらの意識された禁忌観を前提にして、祭式の整備がすすめば、明らかにそれは伝来の即自的な神祇信仰とは異質の、意識された宗教としての神道史のはじまりと言い得る、と著者は推断する。

それは桓武天皇が河内国の交野で天の神を祀ったということにもあらわれている。上帝を祀るのは、いうまでもなく、中国の天子の祭りである郊祀祭天の礼にならったものであるが、祭儀をもってたんなる祭りに終らせず、天地にむかってこの国の秩序の樹立を訴える思想的な実験であったと著者は考えているようである。

この書で著者が明らかにしたことは何であろうか。それは奈良時代末から平安時代の初期にかけて、日本の神道の自覚的な歴史がはじめて形成されたということである。それによって日本の神道は仏教に対して一定の自立性を主張することができるようになった。しかしまたそれによって、日本の神道は、これまでの民俗的な信仰と大きくかけはなれることになってしまった。

ではそれをどうすればよいかは、本書には明白な形では述べられていないが、復古神道家のように、あるいは一部の民俗学者のように、原初の民俗信仰にかえればよいというふうに著者は考えていないと私は推察する。仏教のもたらした普遍性をぬきにした神道が民族宗教として完成したものであるということができないかぎり、世界宗教である仏教受容の歴史をふまえて、神道と仏教の両輪の上に立った中世以降の在り方、たとえば神宮寺のように、神社と仏閣が併存する社会状態への再検討が望ましいことを著者は訴えているように私には思われる。

（「週刊読書人」一九七九年六月四日）

相似の鏡

那智駅のホームのすぐ近くには、フダラク渡海の船の出発した錦浦がある。フダラク渡海の船はすべて、この錦浦を出発してかえらぬ旅路に出た。その伴船のともづなを切ったといわれる綱切島の岩礁が南に開いた湾の右手に見え、左手前には享保の頃に渡海に出たものの、死ぬのをいやがって見送りの人びとに殺されたという金光坊の名をつけた金光坊島が見える。ここはフダラクの発心門なのであった。

錦浦の白砂の浜にはしずかな波がよせている。それこそ御詠歌にいう「ふだらくや岸打つ波」を目のあたりにすることができる。そして錦浦の背後にある熊野の山には、那智の滝が垂直に懸かっている。「み熊野の那智のお山に落つる滝つ瀬」である。

那智熊野には、縦に裂けた節理の岩壁がいたるところに見られる。那智の滝が若くかつ老いた髪のようにいぶし銀に光って垂直に懸かっているのとおなじように、岩壁もまた縦の線を強調している。それに対して、南はまんまんたる水平線で横一文字の線である。この縦線と横線のまじわる交叉点がフダラク寺のある那智勝浦なのであった。縦線は死をあらわし、横線は生を象徴する。その生と死の交錯する一点から、フダラク渡海の船は生と相似の鏡である常世へ向かって帆をあげた。

有名な「熊野那智曼荼羅」を見ると、フダラク渡海の船が一の鳥居の下部に描かれている。船は帆をかけた屋形船で、まわりに四つの鳥居をめぐらしている。五来重氏の指摘では四方、四基の鳥居は殯《もがり》の四門というもので、フダラク渡海が水葬であることを物語っているという。

一方また出雲の美保神社の青柴垣《あおふしがき》の祭は、コトシロヌシの水葬儀礼の神事であるとされている。沖縄では以前には人が死ぬと青木の枝葉を折り取ってその死体の上にかぶせたという。それは古代の殯に相当するものであった。青柴垣の神事は船中において殯をかたどるものである。幔幕の中に頭屋《とうや》神主が坐り、その四隅の柱には青い榊の束を結びつける。これは、青木の枝葉を意味すると同時に、フダラク渡海船の四基の鳥居ともつながるものであろうか。

美保神社では、諸手船《もろたぶね》による競船が十二月におこなわれる。オオクニヌシの子どものコトシロヌシは国ゆずりのときに、美保の御崎で釣りをしていた。そこで熊野の諸手船に使者を乗せてコトシロヌシのところにやり、その意見を聞かせた、と日本書紀は述べている。ここにいう熊野の諸手船は出雲の熊野であって、紀州の熊野ではない。それは宍道湖に浮かぶソリコ舟のようなクリ舟であり、手で漕ぐものであったとされている。

この出雲の美保神社の諸手船の神事に似た行事が、志摩と紀伊の境にある熊野市の二木島でおこなわれる二そうの船による競船である。出雲と熊野の類似性はそれだけにとどまらない。たとえばイザナミは古事記によると出雲の比婆山、日本書紀では熊野の有馬村に葬られたとされている。またスサノオの子どものイソタケルについても、日本書紀の一書には木種をもって紀伊国に渡ったとされており、そのあとでスサノオは熊成峯《くまなりたけ》にいって、ついに根の国に入ったと記されている。さらにスクナヒコナの神は、出雲の粟島から粟茎《あわがら》にはじかれて常世の国にいったとあるが、そこはまた紀伊熊野の御崎だという説もある。これでみると紀伊も出雲も常世のすぐ近くの場所と考えられていることがわかる。大和政権は出雲と熊野の双方を常世に向かう土地とみなしたのである。このことが出雲と熊野の地方の相似をもたらしたのではなかったか。

しかしそれだけでもあるまいと私は思う。現世と他界としての常世が相似であるという観念がまずあった。沖縄ではこの世に爬竜船の競技がある日には、他界であるニライカナイにも爬竜船の競技がおこなわれると信じられていた。現世と他界の関係は古代では、事物とそれを映す鏡との関係に似ていた。ということから、一つの鏡の中の像を他の鏡が写しあうように、古代人の意識の中には、それぞれ相似の常世の像があったのではなかろうか。こうした考えを前提にしなければ、出雲と熊野との双方にあまりに類似の民俗現象や神話の舞台や地名や神社名があることの十分な説明にはならない、と私は思うのである。

古代人の観念は出雲と熊野に分裂した常世の世界をどうして生み出すにいたったか。それはもともと南方から北上し、二つに分かれて日本海の出雲の海岸と太平洋の紀伊半島とを洗う黒潮文化に原因があると思う。この黒潮のもたらす文化や意識が二つに分かれたということから、その相似の分裂のすがたが可能になったのではあるまいか。つまり古代人の意識には、かつて一つのものが二つに分かれた過程がそのまま捉えられているると私は考えるのである。

古代人にとって常世とは何であったか。水平線の彼方に対するあこがれと死とが混じり合っているものである。日本の古代では、死は回帰として、水平線にかかる抛物《ほうぶつ》線の虹のように描かれている。フダラク渡海の人びとも、海坂《うなさか》を越えるとき、そうした感じを抱かなかったであろうか。

（「自然と文化」一九八〇年春季号、一九八〇年三月）

〝高級宗教〟以前の「明るい冥府」

日本人の意識の根元に横たわるものをつきつめていったとき「根の国」と呼ばれる未知の領域があらわれる。それは死者の国であると同時に、また日本人の深層意識の原点である。いやそればかりではない。日本人がこの列島に黒潮に乗ってやってきたときの記憶の始原をさえ意味している。仏教やキリスト教の影響による世界観や死生観が支配する以前の日本人の考え方を「根の国」の思想はもっとも純粋にかつ鋭敏にあらわしていると私には思われる。

根の国はまたそれにふさわしい風土をもっていた。日本列島の中でもきわめて多雨で高温な熊野は、原生林を抱えた奥ぶかい風土であるが、そのさかんな樹木の生育ぶりにも似た意識の重層の底に、原始の思想がながく温存されてきた。

日本書紀の一書によると、スサノオは身体に杉や檜や楠や柀《まき》などの樹木を生やしていたという。またスサノオの子どものイソタケルは木種をもって紀伊国に渡ったとされており、そのあとスサノオは熊成峯《くまなりたけ》にいって、ついに根の国に入ったと記されている。熊成峯は出雲にも紀伊にもあるが、このひとつづきの文章に楠などの暖地性の樹木と、木種と、熊成峯と根の国とが登場しているのは、紀伊熊野の風土を反映していると私には思われる。

熊野の風土は日本人の魂の原郷を指示すると同時に、死者の世界を表現していた。熊野のクマは道や川の曲がりくねったことをいうが、霊魂や神のこもる場所もクマであった。そして古代ではコモルといえば、人が死ぬことも意味していた。熊野本宮は死者の魂のあつまる場所という信仰が最近までつづいていた。生前一度も本宮まいりをしたことのない死者の枕許には、死後いちはやく本宮まいりをするようにと、にぎりめしを供えてやった。

熊野川を遡行して本宮にむかう道の周辺には、縦に裂けた節理の岩壁がいたるところに見える。那智の滝が垂直に懸かっているのとおなじく、こうした岩壁もまた縦の線を強調してやまない。それにたいして、熊野の南はまんまんたる水平線で横一文字の線である。この縦線と横線のまじわる交差点が補陀洛山寺のある那智勝浦であった。縦線は死をあらわし、横線は生を象徴する。その生と死の交錯する一点から、補陀洛渡海の船は、常世へむかって帆をあげた。

熊野と出雲――二つの黒潮文化

古代人にとって常世とは何であったか。水平線の彼方にたいする憧憬と死とが混じり合っているものである。古代では死は回帰として、水平線にかかる抛物線の虹のように描かれている。スクナヒコナの神は、出雲の粟島から粟茎《あわがら》に弾《はじ》かれて常世の国にいったとあるが、そこはまた紀伊熊野の岬だという説もある。神武東征のみぎり、熊野灘で難破しかけたとき、神武の兄は「自分の母や叔母は海神なのに、どうして波浪をたてて苦しめるのか」と叫び、波の穂をふんで、常世の国にいったと記されている。

こうして見るとき、紀伊熊野も出雲も、常世のすぐ近くに位置するものと考えられていたことが分かる。そうしてあとでは根の国は常世の国とおなじ場所であると思われるようになった。

熊野と出雲の地名や神社名には一致するものが多い。記紀の神話でも熊野と出雲が混同した形で表現されている。しかし古代人の意識の中で、熊野と出雲が根の国として存在していたことを考えると、かならずしもその錯雑を気にするにもあたるまいと思う。

むしろ、なぜそうした混乱が起こったかを考える必要があろう。それはもともと南方から北上し、奄美群島の北の十島灘で二手に分かれて、日本海に突出した出雲の海岸と、太平洋に突出した紀伊半島を洗う黒潮に乗ってきた文化に原因があると思う。かつて一つのものであった黒潮文化が二つに分裂しながらも、古代人の意識の中では相似するという過程が、記紀にはむしろ素直に表現されていると私は考える。根の国の記憶はもとをただせば、はるか南の島々へとたぐりよせられていく。あたたかな熊野はいうまでもなく、西北の季節風と雪になやまされる出雲も、またそうであった。

出雲と熊野の相似はまるで鏡と物体の関係のように明瞭である。イザナミは古事記によると出雲の比婆山、日本書紀一書では熊野の有馬村に葬られたとされている。出雲も熊野も黒潮文化の影響のもとに置かれていることはおなじであっても、根の国としての条件は、両者はいくらかちがったものをもっている。

出雲が根の国とみなされたのは、西北の方角は死者の魂があつまるところという古代人の考えによって、いっそう拍車をかけられたにちがいない。西北から吹く風をタマカゼといっておそれる地方はあちこちに見られる。このタマカゼは祖霊または悪霊の吹かす風と思われていた。こうしたことから、都からみておなじ西北方にあたる出雲が死霊の住む国と想像されたことは、とうぜん考えられる。

西北風の吹きつける日本海に面する出雲の海岸には、黄泉《よみ》の坂、黄泉《よみ》の穴、夜見《よみ》島、闇見《くらみ》の国、伊賦夜《いふや》坂、伊賦夜神社というふうに死者の国を思わせる場所が多い。これらの名前は出雲国風土記に登場するが、それは他国の風土記に見られない特色である。

その中でも出雲国風土記にもっともぶきみな記述をされているのは、猪目《いのめ》洞穴である。「この洞穴のあたりにいった夢をみた人はかならず死ぬ。だから世人は昔からここを黄泉《よみ》の坂といい、また洞穴を黄泉の穴と名付けている」と述べられている。猪目洞穴は直角三角形の巨大な洞穴である。その奥はとなりの鷺浦という集落につづく、と地元の人たちは信じている。この洞穴の奥から古い人骨が十数体出土して、黄泉の穴がたんなる伝承の場所でなかったことが判明した。三角形はふつう女陰の象徴である。母の胎から出たものは母の胎にかえるということから、沖縄では墓は女陰をかたどったものとされている。

この猪目洞穴のまわりには、今でも打ち消しがたい陰気さがただよっている。万葉集巻五の「若ければ道行き知らじ、賂《まひ》はせむ、下辺《したべ》の使ひ、負ひて通らせ」（袖の下をつかませるから、若くして死んだあの子に黄泉の国への道を教えてやってくれ）という歌を思い出さずにはすまないところだ。

夕凪どきに似た安らぎの世界

出雲海岸の西がわにある黄泉の穴にたいして、東の夜見島も、大昔、死者のゆく黄泉《よみ》の島でなかったかと推定される。熊野本宮のもと社地のあったところは、熊野川の砂州であるが、そこはかつて死者を葬った場所ではないか、と推測されている。古くは、死者を集落からほど遠くない小島や海浜に葬る慣習があった。したがって黄泉《よみ》の国は現世のすぐ近くにあった。対馬では豆酘《つつ》という集落の北にある卒土《そと》ガ浜も、かつては埋葬地であったのではないかと考えられている。

豆酘の人たちは、近親者が死ぬと、卒土ガ浜の見える坂のところまできて「見ぎやきました」といいながら、小石をうしろむきに投げてかえるという。対馬の西海岸にある青海《おうみ》という集落では、詣り墓は寺の裏山にあるがいわゆる捨て墓となっている埋葬所は、集落の前の海ぎわにある。そこに立つと、一望の下に収められる青い水平線は、つねに死者たちの眼で眺められていることを知る。

私は青海という地名に無関心ではいられない。というのも美濃の青墓とか志摩の青の峯とか、青という地名には死者とのつながりをあらわすものが多いからだ。宮古群島の一つ、池間島の青籠《あおぐむい》は、入り江にのぞむ岩の穴に死者を葬る場所であった。沖縄本島およびその属島には、奥武《おう》島と呼ばれる小島が五つある。この奥武島はもと「青《おう》の島」と呼ばれていたことが、琉球の古書に照らしてあきらかである。古代日本とおなじように、琉球でも昔には赤、白、黒、青の四色が色の呼称のすべてであった。したがって黄色を表現するにも、青という呼称しかなかった。黄色い外光にひたされた死者の世界、それが青の世界であり、死者をはこんで葬った地先の小島が青の島にほかならぬ、と沖縄の学者仲松弥秀氏は言っている。

沖縄の古い墓は海岸の洞窟を利用した風葬墓である。洞窟の入り口は完全にはふさがれていない。うすぼんやりした外光が洞窟の内部に差しこみ、死者たちの世界を占めている。死者たちは黄昏に似たおだやかな薄明の中で、ひとときの平和な休息をたのしんでいる。沖縄では墓のことを「ようどれ」と呼ぶが、この語はもともと夕凪《ゆうなぎ》を意味する言葉である。

それを痛感したのは、宮古島の島尻の山の中腹にある自然洞窟の墓をおとずれたときであった。洞窟の中に風葬された無数の人骨はもはや古ぼけ、苔むしていたが、引き裂かれた岩の隙間から、大神島が真むかいに見えた。神の島として宮古の人たちに尊崇されてきた大神島に死者たちの視線がいつもむけられていることに、私は死者たちの幸福を感じた。

それはやがてその場所に自分たちも葬られるという生者たちの幸福につながっているとも思われた。死者の視線は生者にとどき、死者と生者の連帯はうしなわれていない。そこには〝高級宗教〟が発明した死者の歯がみする暗黒の世界はなかった。それは明るい冥府だった。外光は洞穴の中の死者のまぶたをやさしくこすり、死者をまどろみにみちびく。死はながい旅の中の一時の休息にすぎない。死者はまた生まれかえる。

死は蝶の変態の如きもの

沖縄では青は死を、白は生を象徴する。刈りとった稲を穂のまま積んでおくのがシラであり、産室のいろりに燃える火がシラビである。人は死ぬと青の島にいく。そしてふたたびこの世に生まれかえる。それがシラである。青から白へ、白から青へ、それは蝶の変態となんらことなることがない。

私は久米島の仲里村にあるイフの海岸から日と鼻のさきにある奥武《おう》島に小舟で渡ってみた。この奥武島もかつては青《おう》の島と呼ばれていた。人気のない真っ白な砂が、炎となって私を足許から包んだ。真っ青な海も水の炎のように燃えあがっていた。東シナ海から吹きつける風に耳がちぎれそうだ。そのとき、即興の歌が私の喉もとにのぼってきた。

耳が鳴る　死の島に
今ぞ舞う　巫女《ふじょ》ひとり
綾蝶《あやはびら》　奇蝶《くせはびら》

耳が鳴る　生《す》で島に
脱ぎ捨てし　蝶の亡骸《なきがら》
真白ら砂《ご》の　浜辺の真昼

「明るい冥府」の思想は、私が沖縄通いをくりかえしているうちに、南風に当てられて、熟していった思想である。それは「妣《はは》の国」への係恋《あこがれ》と言い換えてもよい。私はあまく熟れた果実をむさぼるために、「根の国」の思想の刻まれた風土、熊野や出雲、対馬や五島へと旅しつづけてきた。五島の福江島の西端にある三井楽《みいらく》も、古来亡き人の魂に会うことのできるとされてきた場所であった。

しかも三井楽は遣唐使船が出発する港であった。その遣唐使船は中国大陸の揚子江の近くの舟山列島を目指して、帆をあげた。舟山列島と五島列島の距離はわずかである。熊野那智の錦浦を補陀落の発心門《ほっしんもん》として出発した屋形船が目指したのも、舟山列島の普陀山寺であった。

そうしてみれば、根の国、常世の国、海の彼方の観音の浄土も、たんなる信仰の対象にとどまらず、日本列島に渡来し、定着した人びとの意識の最古層によこたわる記憶の指標にほかならなかったのである。

（「アサヒグラフ」一九八〇年五月九日号）

蝶魂のかたどり

一

日本人は蝶や蛾を祖霊の住む国の生物と考えた。大国主命が出雲の美保の岬にいたとき火虫の皮を丸剝ぎにして作った着物を着て、船にのってやってくる神がいた。それがスクナビコナの神で、大国主命と力をあわせて国土を作りかためると、その神は常世国にかえっていった、という記事が『古事記』には見受けられる。

また、『日本書紀』の皇極天皇の三年（六四四）には、東国の富士川のほとりに住む大生部《おおうべ》の多《おお》が、虫を常世神と言いふらして、世人をまどわしたという話が伝えられている。『日本書紀』によると、その常世の虫というのは、いつもタチバナの樹とかホソキという木に生まれる。ホソキはハジカミ（今の山椒）のことである。虫は四寸あまりのながさで、親指ほどの大きさであり、その色は緑で黒い斑点をもっており、カイコのかっこうに似ている、と『日本書紀』は説明を加えている。

タチバナの樹に卵を産みつけるのはナミアゲハまたはクロアゲハである。このアゲハは、四回目の脱皮をおこなったのちには、体色は緑色になり、点々とした黒いまだらが見られる。この幼虫をユズボウと呼んでいる地方もある。ユズは柚子《ゆず》のことであろう。蚕をボコという地方があるところからして、ボウは幼虫また幼児を意味すると思われる。ところで山椒（ホソキ）にもおなじような幼虫がつくと、『日本書紀』はいうが、植物図鑑を引いてみると、山椒はちゃんとミカン科になっている。

山椒がミカン科に属することは、私は図鑑で得た知識であるが、古代人は正確な自然観察によってそのことをたしかめていた。

では、どうして蝶が常世虫といわれたのであろうか。古代ではさまざまな生き物はもともと常世からこの世に送り出されたという考えがあった。しかしそれだけではなかった。蝶はたましいのかたどりであり、それゆえに、祖霊神の在《ま》ます常世の国の虫とみなされた。そうした思想が古代人の間に普及していなければ、大生部の多もアゲハ蝶の幼虫を常世神と言いふらして、世人をあざむくことに成功しなかったであろう。

蝶が人間のたましいのかたどりであるという考えの前提には、たましいは肉体から自由にはなれることができ、またきわめて軽快にどこにでも飛んでいくという日本人の霊魂観が土台になっている。たましいはまた、おとろえたり、いきおいづいたり、生まれかえるとも思われていた。古代日本では蝶や蛾をヒヒルと呼ぶ。南島では蝶をハブラとかハビルとかハビラと呼んでいた。ハビラのハは羽のことである。『大言海』は、蛾をヒヒルというのは羽がひらひらするからだとしている。つまり羽がひらひらするからヒヒルという名をつけたという。しかし、この解釈は妥当ではない。蝶や蛾がまゆを破って成虫となるのは、あたかも人間の体内からものが外に出るのとおなじである。子を産むことを、子をひるという言い方をする地方がある。尾籠な話だが、糞をひる、屁をひるなどという言い方は日常生活で使われている。その一方では、虫が卵を産むのも「ひる」という。秋田県北秋田郡の例であるが「蛾が卵をひった」という言い方をする。このようにして、密閉したまゆから蝶や蛾が生まれるのが「ひる」である。古代では産屋の出入り口をすべてふさいで子供を産んだ。蛾や蛾の幼虫とまゆとの関係は、赤んぼと産屋の関係に相当する。また人間のたましいと、それの容れ物である身体との関係にも似ている。

しばしば黄蝶の飛行について記しているのは『吾妻鏡』である。文治二年五月一日の条には、黄蝶が鶴岡八幡宮のあたりに一杯あつまったのを「怪異」のことだとして、臨時の神楽を奉納した。そのとき、巫女《みこ》に憑いた八幡大菩薩は「反逆者があらわれてうかがっているが、善政をおこなえば、三年の間にそうした不逞な輩は雲散霧消する」と神託を下している。また宝治元年三月十七日の条にも、黄蝶が鎌倉中に充満した。承平年間には常陸や下野に、天喜年間には陸奥や出羽の国にこの怪異が出現した。平将門や安部貞任の反乱は終息したのに、今日またこのようなことがでてきたのは、あるいは東国に兵乱のある兆候があるのだろうかと、古老は疑いをもった、と記してある。

黄蝶の群れ飛ぶのがどうして不吉なのか、『吾妻鏡』はその理由を述べていないが、平将門が反逆を企てたとき、京都におびただしい蝶の群れがあらわれて人々をおどろかした。それは戦争の直前に死の予兆を感じて、心に動揺をおぼえた幾千の人たちのたましいだったという話からすれば、黄蝶がそうした人びとのたましいとみられていたことは想像できる。新潟地方には不慮の死をとげた人のたましいは蝶となって飛び立つという伝承が残っている。

蝶がたましいにほかならぬことを示すものに、長崎県の海岸地帯の隠れキリシタンのつたえる『天地始之事』の一節がある。この書物は、隠れキリシタンの手づくりの聖書というべきものであるが、マリアの処女受胎の場面は次のように語られている。

「すでに二月中旬になりければ、今やおそしと、身をつつしみて、待ち給ふ。その夕暮に、蝶の御よそほひにて天下《くだ》せたまひて、びるぜん丸やの御顔に移らせたもふ。ころうどのさんた丸やと名付けたまひて、御口の中にとび入りたもふ。それよりすぐに御懐胎とならせたもふ」（傍点筆者）

聖霊はここでは蝶となって、マリアの口の中に飛びこみ、マリアは身ごもる。

これは今井彰氏が紹介する秋田の伝説にも見ることができる。それは次のような筋書きの話である。江戸時代、佐竹氏の家臣に長田という独り者の武士がいた。晩春のとある日、口を開《あ》けてうたた寝していると、庭の蝶が、口の中へ飛びこんでしまった。彼は喉に何かつかえたかと、茶碗に水を汲んで、飲みほしてしまった。その年の秋、長田は妻をめとったが、ふしぎにも婚礼の夜に、花嫁は何者かに喉もとを食い切られて死に絶えていた。嫁の実家では長田の家にたたりがあると、ひどく恨んだので、長田も世間体を恥じて家に閉じこもってしまった。春がきたが、長田の家の戸がまったく開かないのを変に思った人たちが、心配して押しかけてみると、長田は死んでおり、その口から多くの白蝶が飛び立ったという。

このように蝶が口の中に飛びこむと変異が見られるというのは、さきの処女懐胎の話も同様である。

奥州湯殿山のことを語った浄瑠璃の中に金剛童子と金躰女の話がある。その中に、金剛童子は金色の獅子に乗って湯殿山に降りる。金躰女は金剛童子がいなくなったのをなげいて、悲歎のあまり胡蝶となって飛びきたり、獅子とたわむれ、追いつ追われつ狂いまわる、という場面がある。獅子が狂乱し、蝶がたわむれるというのは、やはり蝶がたましいのかたどりであるという考えから出発している。羽黒山伏の伝えた「黒百合姫物語」という祭文にも小百合姫とあげ羽の蝶の君という若者との恋物語がある。「あげ羽の蝶の君」という名もまた夢物語の主人公にふさわしいあでやかさをもっているといわねばならない。

二

ここで眼を南島に移してみよう。そこにはまた蝶にたいする独得な感情と感覚の表現がある。長田須磨氏の『奄美女性誌』によると、奄美大島のノロとよばれる神女は祭の日には、三角形の布切れをつぎ合わせて作った着物を着たが、それは布がないのではなくて、わざわざそうしたつぎ合わせの着物をこしらえたのであった。その三角形は蝶（ハブラ）の形を意味していた。蛇や蟹が脱皮してあたらしい生命を得るように、蝶はまゆの中から生まれて生きつづける力を永遠にもっていると思われてきた。そこで、蝶形の着物を着て蝶のもつ威力に人間もあやかろうとしたというのである。

奄美ではまた七歳ぐらいの年になるまで三月三日には、「子供が丈夫に育つように」と、一辺六、七センチの三角形の布を幾十枚もつぎ合わせた着物を着せた。その三角形（ハブラ形）をつぎ合わせながら、子供の母親は「このハブラはお母さん、これはお祖母さん、ひいばあさん、又そのお母さんのたましいで、赤いきれいなハブラは若くてきれいで亡くなった自分の妹、この子は若くて死んだけれど、その人のものまで命を、その美をこの幼い子に与えて下さるよう。また長寿で幸福で逝った御先祖様達はその命と幸福を与えて下さい」と祈った、と長田須磨氏は書いている。

たましいの抜けやすいといわれる七歳までの子供の着物に、三月三日にかぎらず、蝶形の着物はよく用いた。たましいは背すじから抜けるといわれ、着物全部を蝶形にできないばあいは、背すじにあたるところだけでも、この蝶形の布にした。この布をハブラマブイといって、赤んぼの後ろえりに三角の赤袋を作り、髪の毛や米粒を入れてぬいこんだ。マブイとはたましいを指す南島語である。

また祭のとき親ノロのかざすかんざしや、首にかける玉ハブルにも、蝶をかたどる三角形の意匠を取り入れた。玉ハブルは玉ダスキの一種で、ノロの首飾りの先端に、布で作った十一個の三角形が下げてあり、ノロが歩くと蝶が羽を拡げたように、ひらひらと舞うという仕かけになっている。

奄美大島の大和村大棚のノロたちが歌う新穂花《あらほ》の祭の神謡の文句には「蝶々《はべら》蹴り蜻蛉《あけづ》蹴り、遊ばちゆて踊らちゆて」（蝶々や蜻蛉のように踊りながら）という一節がある。このような言い方は、琉球の古謡にも残っている。沖縄本島の本部間切具志堅村でおこなわれる八月十日の神願いのときに、神女が歌う神謡は

わが神や
けふん　あちゃん
あげぇじゃあすび
はべるあすび
あいるすんど　はいるすんど
わが神や

というものである。「わが神は　今日も　明日も　蜻蛉遊び　蝶遊び　なさいますよ　わが神は」という意である。宮古島の神謡にも「あけづ舞い、はべる舞い」という表現が見られる。

伊波普猷によると、琉球では絹布に花鳥の絵を描いた衣裳を「絵がき御羽《みは》」と呼んで、神女たちが祭に着る衣裳にも用いた。『おもろさうし』には「あけずみそ」（蜻蛉御衣）という言葉が出てくる。これは蜻蛉形の「絵がき御羽」にほかならぬ。

こうしてみると「あけづ舞い、はべる舞い」「あけづ遊び、はべる遊び」などという言葉は、トンボや蝶のように軽やかな足どりで、衣をひるがえして舞いあそぶというような、単なる形容ではなく、蜻蛉形や蝶形の型紙で模様を描いた着物を着て神女たちが神遊びしている姿を述べたものであることが分かる。こうした蜻蛉形や蝶形の型紙模様が好んでとりあげられたのは、それが軽快で優美な雰囲気をかもしだすのにふさわしい図柄であるからだが、そればかりでなく、蝶が人間の霊魂のかたどりであることを強調する意味も大いにあったと思われる。

『おもろさうし』第十三には次の歌がのっている。

吾《あ》がおなり御神《みかみ》の
守《まぶ》らてて、おわちやむ
やれ　ゑけ
弟《おと》おなり御神《みかみ》の
綾蝶《あやはべる》　成《な》りよわちへ
奇《く》せ蝶《はべる》　成りよわちへ

この歌は、私のおなり神が、私の船を守ろうと来られた。若いおなり神が美しい蝶になられて、めずらしい蝶になられて、という意味である。姉妹が兄弟の守護神であるという考えは奄美から八重山までひろがっている。このとき兄弟の守護神の役目をする姉妹は、おなり神と呼ばれている。おなり神が美しい蝶となって、兄弟の乗った船を守るためにやってきた、というのは海の上を飛ぶ蝶におなり神の姿を見たということであろう。南島人は蝶にだけおなり神のかたどりを見たのではなかった。

お船のたかともに　白鳥がゐちょん

白鳥やあらぬ　おみなりおすじ

という琉歌がある。お船の艫《とも》の高いところに白鳥がとまっている。いやあれは白鳥ではなく、おなり神なのだという意味である。南島の人びとは、海原を走る船につきまとう白鳥や蝶に、自分の愛する姉妹神の姿を思い描いた。白鳥はカモメのように海鳥であるばあいも多いので、船の帆柱や艫にとまって羽をやすめるのは別にめずらしいことではないが、海の上の蝶はなにか神秘的なおとずれを思わせるものがあったにちがいない。

与那国島の民謡「はびる節」は

まちよ　まち　はびる　いやあい　たのも　はびる　わがうむいやよ　いやあい　ととちたぼり

という歌詞である。「待てよ、待て、蝶よ、伝言を頼みたいのだよ、蝶よ、私の思い羽《うむ》よ、伝言を届けて下さい」という意。「いやあい」は伝言、または手紙のことをいう。この歌も蝶がとおくまで飛んでいくというだけでなく、南島では蝶がたましいのようにとりあつかわれていることを前提としている。

沖縄では、死者を葬る地先の小島がかつてあった。それを「青《おう》の島《しま》」と呼んだ。久米島の奥武島《おうじま》もその一つで、この奥武は青という字を現代風に書きかえたものである。人は死ぬと青の島にいく。そこは暗黒の地獄ではない。夕方のような光の射すおだやかな冥府である。そこではこの世にふたたび生まれかえる希望をもつことができる。それは蝶の変態となんらことなることがない。

私はその久米島の奥武島に昨年わたった。南国の太陽はまぶしく白砂を照りつけた。その砂の上を、大型な蝶が、ゆらゆらと群れ飛んでいる。その姿はいかにもみずみずしく、きびしい日照りの中でも、夜明けの露にぬれたような風情を見せている。その蝶を見ているとき、死者の霊魂でもあり、また巫女の神衣裳の柄模様でもある蝶のすがたが浮かびあがった。私は東シナ海の烈しい風をまともに受けながら、蝶のゆくえを眼で追っていたが、いつか蝶の群れは見えなくなり、まぼろしだけが私に残った。私はそのときふと即興の歌をつぶやいた。

耳が鳴る　死の島に
今ぞ舞う　巫女ひとり
綾《あや》はびら　奇《く》せはびら

耳が鳴る　生《す》で島に
脱ぎ捨てし　蝶の亡骸《なきがら》
真白ら砂《ご》の　浜辺の真昼

（「季刊銀花」四二号、一九八〇年六月）

かくれキリシタンの風土

かくれキリシタンは江戸時代の潜伏キリシタンのことをさすばあいもあるが、ふつうその中で明治になってもカトリック教会に戻らなかったものをいう。古《ふる》キリシタンとも呼ばれている。信教の自由がみとめられる明治に、彼らが依然として他者にうかがい知られることを拒む信仰組織をくずさなかったのは、一つには迫害の記憶が失なわれておらず、おそいかかる弾圧を、なおも恐怖する気持がつよかったからであるが、他方では、江戸時代に潜伏している間に、その教義や信仰内容が正統的なカトリシズムに復帰できないまでに変質したからである。それは彼らの手づくりの創世記と福音書をあわせた「天地始之事《てんちはじまりのこと》」を読めばわかる。そこではマリアもイエスも聖書の内容とはかけはなれた物語の主人公となっている。

こうしたかくれキリシタンは、長崎県下の生月島《いきつき》、平戸島、五島、西彼杵《そのぎ》半島、熊本県下の天草下島などに明治以降も孤立した信仰組織を守りつづけてきた。

私は昨年、天草下島の河浦町崎津《さきつ》のかくれキリシタンを調査する機会があった。明治になってからは崎津のカトリック教会に復帰して、もはやかくれキリシタンはいないとみられた地区に、昭和十年代のはじめまで、葬式などのときに経消しの信仰がおこなわれていたことを知らされた。まず棺を埋める穴を掘るときに竪穴の底の脇に、それとつながるような横穴を掘って、その部分は判らないように埋めておく。次に寺の僧を呼んでお経をあげてもらい、棺桶を掘った穴の底に降ろし、土をかぶせる。ここで埋葬は一応終ったように見せかける。家族や親戚だけをのこして他の人たちが立ち去ったあと、もう一度横穴を掘りかえし、棺桶を、横穴のほうに寝棺の形にして葬り直す。そのときに経消しの祈禱、つまり仏式でおこなったお経の功力を消すためのまじないの祈りをする。それがかくれキリシタンの信徒の重要なつとめとみなされた。

私どもが調査しているとき、自分の家の仏壇の奥に十字架があることを申し出た老女がいた。色めき立って、それを見せてもらうと、それは粗末な木の十字架で、姓名と洗礼名ジュワンと、大正六年の没年月日が記してあった。

かくれキリシタンの信徒は迫害がなくなった時代でも、このように位牌がわりの十字架を仏壇のうしろにかくして置いたのだった。仏壇の花瓶にけっして樒《しきみ》をささず、神前同様に榊《さかき》をさすことも、厳重に守られていた。その地区のかくれキリシタンの信徒はクロと呼ばれていた。このクロはクルスに由来するものか、黒をあらわすのか、いずれにしても他宗の人たちから差別用語として使われていた。亡くなった片岡弥吉氏の話では、鹿児島県の甑《こしき》島のクロ宗もかくし念仏のようにみられているが、じつはかくれキリシタンで、オラショも残っているということであった。

かくれキリシタンの中には平戸島の根獅子《ねしこ》や五島のように今もって閉鎖的なところがあり、また生月島のように開放的なところもある。私は生月島には二度旅行した。そこで印象的だったのは無人の小島である中江島が生月島のどこからでも見えるということであった。中江島は信者が処刑された殉教の島であり、その島の岩間から滴り落ちる水は信者の洗礼の水として使われた。生月島の信徒はその聖なる小島を朝な夕な眺めながら潜伏時代から今日までくらしてきた。私はここに、明治以降のカトリック信者の知らない幸福があることを推察した。それは西彼杵半島を旅したときにもおなじように私を訪れた感想であった。そこにはジュワンやバスチアンにまつわる伝承の聖地があり、かくれキリシタンの信徒からあがめられてきている。

殉教者が血を流した聖地の崇拝は、近代日本のキリスト教の間ではおこなわれていない。ただかくれキリシタンだけが風土と信仰をむすびつけている。彼らの信仰こそたしかに健全であるように私には思われた。

かくれキリシタンの住んでいるところは、辺鄙な場所が多い。九州の西海岸と離島は切りこみの深い入江が多く、山は海に迫って平地にとぼしい。それは人目を避けて自分たちの信仰を守り継ぐのにふさわしい場所であった。そこではかくれキリシタンの信仰は、毎日、谷あいから立昇る夕餉《ゆうげ》の煙と何ら変りがなかった。

かくれキリシタンの集落は一様に東シナ海に面している。彼らの住むところは日本の西の境界であり、海の彼方にはあこがれのローマがあった。彼らの生活がいかにまずしくとも、海の外への夢をそだてるのに適していた。また五島には高麗《こうらい》島の滅亡の伝説が残っており、甑島にいけば万里ヶ島の話がある。それらがとり入れられて「天地始之事」の大津波の話がつくられた。これらはカトリックの正統思想とはいちじるしくかけはなれた内容になっているが、彼らが夢のように奇異な物語の世界を守り継ぎながら、東シナ海の荒波がうちよせる大海のほとりで、気の狂うほどにながい弾圧時代を耐え抜いたことの積極的な意味を私は考えてみたいのである。

かくれキリシタンの思想は完全に日本化し土着化している。つまりそこでは九州西海岸の風土が外来思想を受肉している。それは日本の風土が外来思想をどのようにして接受したかの貴重な実験例である。いかなるすぐれた思想も、それが日本の風土に接受されなければ、いつまでも借り物であり、真の日本人の思想とみなす訳にはいかないことを考えると、外来思想の日本化、風土化という、日本人にとって永遠に古くかつ新しい課題に、かくれキリシタンは答えている。

（「ちくま」一四〇号、一九八二年一一月）

「神社縁起」序

縁起というのは仏教関係の言葉であって、因縁生起の略語である。のちにはもっぱら神社仏閣の創建の由来、および霊験伝説を称するにいたった。文章をもって記述するばかりでなく、絵画をまじえ、また絵画だけで表現することもあった。これを絵縁起または縁起絵巻という。本巻に収めた『諏訪大明神絵詞』にも本来は祭礼の絵があったのだが、絵の部分は失なわれ、詞書だけが伝わっている。

縁起という語が仏教語に由来することからして、縁起譚は仏教に源流をもっていることが分かる。神社縁起も寺院縁起の影響をうけて、神の顕現や鎮座、神社の開創などが奇瑞や霊異と共に語られるという型をもっている。

しかしながら、古代日本人は仏教とまったく無縁に、土地の伝承に関心をよせ、神の遊幸や止住の伝承とからめて土地の名を説くばあいがすくなくなかった。それは、記紀や風土記をひもとけば、随所に見られることである。

たとえば『出雲国風土記』には次の記述がある。

「佐世郷《させのさと》。郡家の正東九里二百歩なり。古老の伝へに云へらく、須佐能袁命《すさのをのみこと》、佐世の木の葉を頭刺《かざ》して踊躍《をど》りたまふ時に、刺《さ》させる佐世の木の葉、地に堕《お》ちき。故《かれ》、佐世と云ふ。」

これは、スサノオが佐世の木の葉を髪に刺して、おどったとき、佐世の木の葉が落ちたというので、そこを佐世と言う、とする地名起源説話である。佐世の木は和名抄にはサシブと呼ばれているもので、ツツジ科の小灌木である。若葉は紅色を帯びて美しいところから、古代にはこれを頭に刺したと想像される。
これは神の遊幸のきわめて素朴な例であるが、『出雲国風土記』にはまたスサノオに関して次の話も載っている。

「須《す》佐郷《さのさと》。郡家の正西一十九里なり。神須佐能袁命の詔りたまひしく『此の国は小《ち》さき国なれども国処《くにどころ》なり。故《かれ》、我《あ》が御名《みな》は、石木《いはき》に著《つ》けじ』と詔りたまひて、即《やが》て己命《おのがみこと》の御魂《みたま》を鎮め置き給ひき。然して即《やが》て大須佐田、小《を》須佐田を定め給ひき。故《かれ》、須佐と云ふ。即ち正倉《みくら》あり。」

この話はスサノオがこの土地にやってきて、「ここはせまい土地ではあるが、好い住まいどころである。それゆえ、自分の名は石や木に留めたりしないで、この土地に名をとどめよう」と言って、大須佐田と小須佐田の料田を定めた。この由緒によって郷名を須佐と呼ぶようになった。そこには官倉があるというものである。

前の話はスサノオの踊躍奔騰の姿を伝え、後の話は、スサノオがとどまった場所を示し、あわせて地名の由来を説いている。すなわちスサノオが須佐神社に鎮座する縁起がここに説かれている。これは寺院縁起の影響をまったく受けない神社縁起の一つと見て差支えない。

古代日本には神にしろ、天皇や皇子にしろ、まれびとが各地を遊幸してあるくという思想があった。そのまれびとは各地を経めぐったあげく、託宣によってとどまるところをさがすのがつねであった。こうした例のもっとも代表的なものは『日本書紀』の垂仁天皇二十五年の条が伝えるヤマトヒメの巡幸である。アマテラスの神霊を身につけて、ヤマトヒメはその鎮座地をさがしもとめた。大和国宇陀郡から近江国、美濃国をへて伊勢国に到着したとき、アマテラスが自分はこの国にいたいと神託を下したので、神社を伊勢国の五十鈴川のほとりにたてた。アマテラスがはじめて降臨したところであるという。これは伊勢神宮の縁起であるが、ここに作者も年代も不詳の『倭姫命世記《ヤマトヒメノミコトセイキ》』なるものがあって、ヤマトヒメの巡幸の経路をいっそうくわしく述べている。この書は僧契沖によって偽書とされたが、宣長や篤胤には一部分が評価され、伴信友は『倭姫命世記考』をあらわして注解をほどこし、後世の付加とそうでない部分を削定した。『倭姫命世記』の書かれた時期は不明だが、一説によると平安初期といわれ、また鎌倉時代の初期から中期にかけてともいわれて、まちまちである。

その中には志摩の磯部にある伊雑宮の由来が記されている。ヤマトヒメがある日、鳥の声があまりにもかまびすしいのに不審を抱いて、人をつかわして見にやると、伊雑《いざわ》の芦原に稲が生えており、一羽の鶴が稲の穂をくわえていた。そこでその場所を千田《ちだ》と名づけて、伊雑宮を祀ることにした、という話である。この千田という地名は今でも磯部町の上之郷《かみのごう》に残っている。これと瓜二つの挿話がおなじ『倭姫命世記』の中に載っている。ただ場所が今の松阪市と伊勢市の中間の佐々牟江《ささむえ》というところになっている。そこで、御巫清直は『大神宮本記帰正鈔《だいじんぐうほんぎきせいしょう》』の中で、伊雑宮の氏人が佐々牟江の故事を伊雑宮の故事として付会したことを強調している。

かりに御巫清直の言う通りであったとしても、この挿話は民俗伝承として見のがすことのできない内容をふくんでいる。鶴や鷲が海の彼方の原郷であるニライカナイから稲の穂をくわえてきたという説話は奄美や沖縄の久高島に見られるものである。また対馬の上県《かみあがた》町の伊奈《いな》にある伊奈久比《いなくい》神社は名神大社で祭神は大歳神となっているが、そこは白い鶴が飛んできて、稲の穂を落した。里の人がこれを田に植え、刈り取って神に供えた。そこでその土地を稲と呼ぶようになったが、これに伊奈の字があてられた、という話が残っている。大歳のトシはもともと稲をあらわす語であるが、「穂落《おと》し」にちなんで大歳神がまつられたとも考えられる。

こうしてみると、『倭姫命世記』に伝えられる故事は南島や対馬の伝承と共通するものがある。そして鶴や鷲などが稲の穂をくわえてきたという説話がすでに『倭姫命世記』の書かれた時代にまでさかのぼって存在したことを知るのである。神社縁起の中の古伝承を歴史的事実とかけはなれているからといって一概にしりぞけることができないのは、これからも分かるはずである。

こうした例は本巻に収めた『住吉大社神代記』からも拾うことができる。この中から『日本書紀』を踏襲した部分をはぶけば、住吉大社の神主である津守家に残された古伝承のあからさまな姿が現出する。本書は古くから住吉大社の神殿内陣の唐櫃の中に保存されて神宝あつかいをうけてきたが、昭和十年にいたってはじめて公開されたものだけに、すこぶる信憑度の高い、貴重な史料である。その中の「船木等本記」には、世界各地に流布する「太陽の船」の神話の断片がみとめられ、古代日本の日神信仰をさぐるのに好個の資料を提供する。また「膽駒神南備山本記」は生駒山麓に蟠踞する物部氏の勢力範囲を示唆していて興味深い。

『諏訪大明神絵詞』は坂上田村麿（丸）の蝦夷征討に触れており、蝦夷には、「日の本、唐子、渡党」の三種類があったことを伝えていて、古代東北の歴史研究には欠かせない文献となっている。

また諏訪大社の大祝がそのまま神と見なされるという記述もある。すなわち諏訪祭巻一に「正月一日荒玉社若宮宝前を拝して、祝以下の神官氏人皆衣服をただしくして参詣す、祝は神明の垂迹の初、御衣を八歳の童男にぬぎきせ給いて、大祝と称し、我において体なし、祝を以て体となすと神勅ありけり」と記されている箇所がそうであるが、ここに「神明の垂迹の初」という言葉が出てくる。これは神仏習合、本地垂迹の説にのっとって、『諏訪大明神絵詞』が記されていることを物語っている。諏訪大明神の本地は普賢大士であるとし、「仏陀の慈悲は、幽玄にしてたやすくあらわれがたき故に、和光の方便をもうけ、名を神名にかりて賞罰を明かにし、信心を催すなかだちとす」と述べられている。

本地垂迹説は平安鎌倉の時代から盛行した。八幡は大菩薩の称号を受け、熊野は権現ということになった。多くの神社がその影響を濃厚に受けたが、諏訪大社もその例外ではなかった。しかし『諏訪大明神絵詞』に諏訪の神は「遊興の中に畋猟殊に甘心する所なり」とあるように、本来狩猟神の性格をもっているために、狩猟の際の殺生に尤もらしい仏教の理屈をつけねばならなかった。

『諏訪大明神絵詞』の中の御射山《みさやま》の御狩《みかり》神事の描写はとりわけ華麗である。その中に記されているが、諏訪下社の大祝であった金刺《かなざし》盛澄は、寿永二（一一八三）年の夏の頃、木曽義仲を助けて京都に攻め上り、越中国の阿努《あぬ》まで従軍したが、御射山神事に奉仕するために諏訪に帰国したという。諏訪大社にとっては御射山神事がきわめて厳重であったことがこれによって知られる。

日本の神道に見られた神仏習合の傾向に対して、神儒合一の理を説いたのが、林羅山（道春）の『本朝神社考』である。その序文の冒頭には「延喜式神名帳に載る所の日本国中大小の神社、三千一百三十二座、其の外、石清水・吉田・祇園・北野を式外の神と号す。後朱雀院の長暦三年秋八月二十二社の数を定め、毎歳神祇官に勅して、以て幣帛を奉て、年穀を祈り、禍災を除く。之を名けて祭と曰ふ。是より先、毎歳仲春四月、幣使を諸国に遣はす。是に至りてその国司、詔を奉じて、各々その国の神を祭るなり。伊勢大神宮・八幡宮これを宗廟と謂ひ、賀茂・松尾・平野・春日・吉田・大和・竜田等これを社稷といふ。また祖神の詞、これを廟といふ」と解釈している。

つづいて本地垂迹説を攻撃して「嗚呼、神在まして亡きが如し。神もし神ならば其れ奈何んぞや」と詠歎している。さらに「今我れ、神社考における遺篇を尋ね、耆老に訪い、縁起を伺て、之を旧事記・古事記・日本紀・続日本紀・延喜式・風土記鈔・古語拾遺・文粋・神皇正統記・公事根源等の諸書に証して以て表出す。其間、又浮屠に関る者有れば則ち一字低書して之を附す。以て見る者として惑わざらしむ。且つ又、議するに己が意を以て幷せ書して附す。上巻に二十二社を記す。中巻に諸社の名有る者を記す。下巻に霊異方術の事を記す。全て三巻と為す。庶幾《こいねがわ》くは世人の我神を崇て、彼の仏を排せんことを。然れば則ち、国家上古の淳直に復し、民俗内外の清浄を致さし、亦、可ならざらんや」と自序をむすんでいる。

これで分かるように『本朝神社考』はイデオロギーにつらぬかれた書物である。羅山の狙いは、仏教の影響を受けた中世の神道の弊をあらためて上古の淳直に復しようというものであったが、その裏には朱子学を奉ずる林羅山が仏僧の天海と対立し、そのために神道を利用したのだともいわれている。こうした意図をもった書物であるにもかかわらず、『本朝神社考』は神仏習合・本地垂迹説を随所に紹介し、またさまざまな民間伝承もとり入れて記述しており、神社縁起を民俗学の立場から研究するのに利用価値はすくなくない。

たとえば、さきの諏訪の神については次の記載がある。

「信州の諏訪、下野宇都宮、専ら狩猟して鳥獣を供す。諏訪の託宣に曰く、業の尽きたる有情は放つと雖も生きず、故に人中に宿して同じく仏果を証せよ。」

つまり、諏訪大明神は、命運の尽きた生物はそのままにして置いても生きないので、それを人の腹中に入れて仏果を証明するのだと託宣しているというのである。虫のよい弁疏であるが、このようにして神仏習合のつじつまをあわせたことが分かるのである。

『本朝神社考』の上巻は二十二社の記述にあてられている。二十二社とは、官社の制度の外に立って、朝廷から有事のとき頼られ、殊遇を受けた神社である。平安時代にその社格が固定した。室町時代の中頃までは二十二社の奉幣が継続された。

二十二社には伊勢をはじめとする皇室の祖神のほか、大神、石上、大和など奈良時代以前からの古社、また広瀬、竜田など豊作祈願のための神社、丹生川上や貴船など、長雨をやめることを願う神社など、さまざまな種類に分けられるが、伊勢をのぞいて五畿内に集中しているのが特徴である。それは朝廷から奉幣使をたてるのにつごうがよかったためでもある。

二十二社について説明を加えた書物として『二十二社式』(『二十二社註式』)がある。そこには二十二社だけでなく、それ以外の神社についての記載もある。たとえば「石清水」の項には、宇佐八幡宮、筥崎八幡宮などの縁起が記されており、大隅国正八幡宮の「本縁の事」の条では、日光感精説話やうつぼ船の話を紹介している。

二十二社が格別に重視される神社であったので、そこに参詣することを念頭する人たちの数はすくなくなかったと思われる。本巻に収めた『二十二社参詣記』はその一つである。著者は二十二社以外の神社にも足をとどめて参詣しており、神社研究の資料とすることができる。

神社参詣や巡拝は江戸時代に盛行したが、肥前平戸出身の橘三喜の著した『一宮巡詣記』はその代表的な記録である。諸国一宮は官人や庶民のもっとも尊崇の厚かった神社である。したがってその巡拝は当時の信仰や主要な道路山川などを知るよすがとなる。

これらの参詣記の先駆となる書物の一つは『通海参詣記』である。真言宗の僧通海が伊勢神宮に参詣したときのことを書きとめたもので、その中には「斎宮ノ事」と題して「サテモ斎宮ハ皇大神宮ノ后宮ニ准給テ夜々御カヨヒ有ニ、斎宮ノ御衾ノ下へ、朝毎ニ虵《クチナハ》ノイロコ落侍ヘリナント申人有」という注目すべき伝承記事も載せている。アマテラス大神は蛇身の男神だという伝承が当時、民間に存在したことが分かる。

日本における神社の起源はきわめて古い。それは古墳前期にまでさかのぼることができる。もとよりその頃は現在見るような社殿を設けることはなかったであろうが、祖先の霊をまつる風習はすでに始まっていた。今日神社の境内に古墳のあるものがすくなくないことがそれを傍証している。その中でも、二十二社、あるいは八十近い数の諸国一宮は、日本の古代国家の歴史と共に歩んできたと言っても差支えない。更に言えば、本巻の『神名帳考証』にも記載されている式内社は三千一百三十二座、社数にして二千八百六十一にのぼる。これらの神社が日本の歴史の中で担ってきた役割は、まことに大きなものがある。私たちは、神社と神社にまつわる縁起とをぬきにして、日本の歴史と庶民生活を古くさかのぼることはできないのである。

神社を政治の次元で捉えるのではなく、学問研究の対象として眺めるとき、その価値を強調しすぎることはなく、その意味において神社の可能性は未来に開かれているのである。神社縁起を『日本庶民生活史料集成』の一巻に加えた意図もそこに存する。

なお、本巻には奈良県下の神社縁起を集録すると共に、伴信友の『験の杉』ならびに蒲生君平の『山陵志』を併録することにした。

（『日本庶民生活史料集成』第二十六巻、一九八三年三月）

『日本の神々――神社と聖地』編者のことば

戦後の日本人が神々のことをかえりみなくなった頃、私は民俗学を通して、日本人の信仰の原型を追い求めることをはじめた。私はここ二十年近く、日本各地を旅行しているが、その大半は、歴史的な由緒ある古社を訪ね歩くことに費やしている。

戦時中の狂熱的な神がかりを最も嫌悪し忌避していた私が、戦後になって神社に重要な価値があることを発見したというのは、まさに時代と逆行しているように見えるかも知れない。しかしそれは私にとって必然的な道程であった。私の戦後史は、一日本人が日本に再接近しようとして模索をつづけた、たどたどしい軌跡である。日本人とは何か、日本人の根底にはどのような世界観や死生観が横たわっているか、それを解くことなしには私は一歩も進めなかった。

結局、この根本問題と取り組むために私は民俗学の道を歩むようになり、やがて民俗学を「神と人間と自然の交渉の学」と定義するに至った。

時局の先棒を担ぎ、国策の尻馬に乗った国家神道が、日本の神々の本来あるべき姿でなかったことは、敗戦の手痛い教訓がこれを証明している。戦後に私が日本人の心の再建を目指して追い求めてきたのは、国家と等身大の神ではなく、幾多の風雪に耐えて日本の歴史や古い文化を今日に伝えてきた古社の神々と、農山村・漁村の片隅や陋巷《ろうこう》に息づく神、すなわち細部にやどる小さな神々である。

今回とりあげる神々は主として前者であるが、そのなかには先史時代までさかのぼると思われるものもまじっている。最も古く最も変わりない日本の伝統文化の担い手、それは神社と地名である。戦後の生活革命のなかで古い慣習や伝統が一掃されようとする今日、日本人の意識の伝導体の役目を果たしている神社と地名は、その学問的価値をいちじるしく増大させている。

神社を政治の次元で捉えるのではなく、あくまで学問研究の対象として扱うとき、祭神の系図を中心とした研究のせまい枠をぬけ出て、「祀《まつ》られるもの」から「祀るもの」へと視座を移す必要がある。神社の立地条件、歴史環境、祭祀の内容、縁起、祭祀氏族、周辺の地名等々を、歴史学、民俗学、考古学などと関連づけて検討しなおさねばならない。

本シリーズ十三巻はそのささやかな試みであり、『延喜式』神名帳などに載る古社の神々を中心とすることはもちろんであるが、同時に各地の代表的な民俗神をもとりあげ、さらに最終の一巻を南島の聖地信仰にあてた。それらが神道の原初形態をうかがい知るのに、すこぶる有効と信ずるからである。

最後に、御多忙にもかかわらず貴重なお時間をさいてくださった執筆者の皆様と、企画全般にわたって並々ならぬ御協力と配慮を賜った大和岩雄氏に、深い謝意を表する。なお白水社編集部の関川幹郎氏の熱意を多とするものである。

昭和五十九年一月十日

谷川健一

（『日本の神々――神社と聖地1 九州』白水社、一九八四年四月）

志賀海神社――『日本の神々1　九州』

博多湾の東側の海につき出した砂州は、砂浜の上に松林のいりまじる景観が一二キロメートルもつづく。その尖端に志賀島がある。「海《うみ》の中道《なかみち》」と呼ばれるこの砂州は、玄界灘の波と風を防ぐ自然の突堤の役目を果たしている。そして志賀島との間は、潮が引けばつながり、潮が満ちるととぎれるという具合で、その接続地点を「道切《みちき》れ」（満切れ）と言っていた。しかし、昭和六年に全長二〇五メートルの橋ができてから、その橋脚に砂が溜って陸つづきになった。

志《し》賀《か》海《うみ》神社は志賀島の勝山のふもとにある。今日では「しかうみ神社」というのが正式の呼称である。この神社が本来どのように呼ばれていたかについては「しかのわた」（『大日本地名辞書』）、「しかのあま」（『神祇志科』）、「しかのうみ」（『神名帳考証』）など、各説があるが、『古事記伝』のように「しかのわたつみ」ともよむことができる。最も古くは「しかにいますわた」の神社と呼んだことも考えられる。

『延喜式』神名帳に載る名神大社であり、祭神は綿津《わたつ》見《み》三神で、底津《そこつ》綿津《わたつ》見《み》神、仲津《なかつ》綿津《わたつ》見《み》神、表津《うわつ》綿津《わたつ》見《み》神を本殿にまつる。『旧事本紀』には「少童《わたつみ》三神、阿曇連等斎祀、筑紫《つくしのし》斯香神《かのかみ》」と注してある。『古事記』には「三柱の綿津見神は阿曇連等の祖神《おやかみ》と以《も》ち伊《い》都《つ》久《く》神なり。故《かれ》、阿曇連等は、其の綿津見神の子、宇《う》都《つ》志《し》日《ひ》金拆《がなさく》命の子孫《うみのこ》なり」とある。これによって、志賀海神社が海人の阿曇氏の奉斎する祖神であることがわかる。

平城天皇の大同元年（八〇六）に阿曇神に神封八戸が寄進され、清和天皇の貞観元年（八五九）に従五位上の神階が授けられた。南北朝の頃には衰微したが、大内持世が再興し、さらに豊臣秀吉が五十石を寄進している。また小早川隆景、黒田長政なども崇敬した。明治五年村社に指定。大正十五年官幣小社に列せられた。

境内には本殿の左側に今宮社がある。祭神は穂高《ほたかみ》見神と安曇磯良神《あずみのいそら》である。『新撰姓氏録』の右京神別下に「安曇宿禰。海神綿積豊玉彦神子穂高見命之後也」とある。また河内国神別に「安曇連。綿積神命児穂高見命之後也」とある。安曇磯良については『八幡大菩薩愚童訓』に、神功皇后の乗船の梶取をつとめた人物とし、筑前国では志賀大明神、常陸国では鹿島大明神、大和国では春日大明神と記している。また、ながく海中に住んでいたために牡蠣《かき》などが顔面に付着して、磯良の容貌は醜怪であったと述べている。

袋中上人の『琉球神道記』にも「鹿島の明神は、もとはタケミカヅチの神なり。人面蛇身なり。常州鹿島の浦の海底に居す。一睡十日する故に、顔面に牡蠣を生ずること、磯のごとし。故に磯良と名づく。神功皇后、三韓を征し給ふときに、九尾六瞬の亀にのりて、九州にきたる。勅によりて、梶取となる。また筑前の鹿の島の明神。和州春日明神。この鹿島。おなじく磯良の変化なり」とある。

安曇磯良という海底の怪物が鹿島明神としてまつられ、それが大和の春日明神や筑前の志賀明神と同体異名であるというのは、奇怪な伝説であるが、そこには古代の海人の信仰に由来するものがあると推察される。志賀海神社では一月二日、宮司が「わたつみ志賀島」という謡曲を謡い初めする。そのなかには志賀明神は「磯良の神と称しつつ、面《おもて》に覆面の帛《きぬ》を垂れ、前に羯鼓《かっこ》のつづみをかけ、八尋《やひろ》の亀に乗給ひて浪の上に出現す」とあり、さらに「御神《おんかみ》の顕はれ給ふ御崎をば、磯良か崎と申すなり。あがらせ給ふ所をば、海の中道と是をいふ」とある。磯良崎は神社の西南の浜とみなされている。また磯良が乗った亀は石に化したという故事を受けて、志賀海神社の鹿の角収蔵庫脇の柵のなかには、地面にめりこんだ二つの石を亀石と称して祀っている。

神功皇后の朝鮮出兵の折、磯良は水先案内をしたというが、対馬の豊玉町の仁位《にい》にある和多都美《わたつみ》神社の社殿の北側には安曇磯良の墓と称する石塚がある。対馬の各地に磯良の伝承が残るのは、志賀島の海人が対馬と密接な関係をもっていたことを暗示するものである。

たとえば『万葉集』巻十六には筑前国の志賀の白水郎《あま》の歌十首が載っている。作者は山上憶良である。志賀村の白水郎の荒雄というものが対馬に食糧を運ぶ途中、海中で遭難して死んだのを悼《いた》んだ歌である。志賀の荒雄は宗像郡の宗形部津麿の身代りとして船頭をつとめた。それは志賀の海人が対馬への水路を熟知していたことを示すものであろう。現に博多港を出港して壱岐・対馬に通う汽船は、志賀島と能古《のこ》島の間を通る。さらに壱岐・対馬の果てに朝鮮半島があることを考慮に入れると、志賀の海人がたんなる漁師ではなく、航海業者の一面をそなえていたことは推測するに難くない。かつて志賀島から有名な金印が出土し、また島の尖端にあたる勝馬《かつま》という集落から細形銅剣の鋳型が発見された。これらのことは、博多湾の入口を扼《やく》する志賀島が、大陸との通交の尖端に位置していたことを物語るものである。

志賀の海人の信奉するわたつみ神は、航海の際の安全を祈願する神であった。

「ちはやぶる鐘の岬をすぎぬともわれは忘れじ志賀の皇神《すめかみ》」という『万葉集』の歌を刻んだ歌碑が神社の境内に建っている。福岡県糟屋郡玄海町鐘崎は海女の発祥地として注目されてきているところである。その鐘崎の北端にある鐘の岬は古代から海の難所としておそれられていた。そこを無事通過してもなお、祈願をかけた志賀の神のことは忘れまいという歌で、そこには海を旅する者の切実な心情がこめられている。

この万葉歌碑と並んで、高さ二三〇センチの宝篋印塔《ほうきょういんとう》が建っている。南北朝時代の代表的な宝篋印塔とされている。

境内の建物で人目をひくのは鹿の角を収めた格子戸の倉庫である。収められた角の数は一万本と称せられているが、正確な数はわからない。五、六百年まえから鹿の角の奉納が始まったと伝承され、加賀の藩主前田利長が寄付した鹿角六本もあるという。この付近の漁村では「お志賀《しか》さま」に、といって、鹿の角を切りとって浮子《うき》をつけて海に流すと、鹿角を拾ったものが、志賀海神社に届けるしきたりがあったので、そのように溜ったとされている。

さきの『琉球神道記』には志賀島を鹿の島と記し、また志賀明神は鹿島や春日の明神と同体異名であるとしているが、鹿島神宮や春日大社に鹿がつきものであるように、志賀海神社も鹿と関係がふかい。神社では春秋二回「山ほめ祭」がおこなわれる。現在の祭日は、春は旧の二月十五日、秋は新暦の十一月十五日である。春の場合は「山ほめ種まき狩り漁《すなど》り」といい、秋の場合は「山ほめ狩り漁り」と呼んでいる。その祭のときにうたわれる「鹿狩の唄」のなかに

（一の禰宜）山は深し木の葉はしげる。山彦の声か鹿《か》の声か存じ申さぬや
（二の禰宜）一の禰宜どの。こは七日七夜の御祭《おんまつり》、御酒《ごしゅ》に食べ酔《た》い、臥《ふ》って候。七頭《ななかしら》八頭お髪《ぐし》のまえを通る鹿《しか》、なんとなさる
（一の禰宜）そのときこそ志賀三社大明神の御力《みりき》をもって、一匹たりとも逃《の》がしはせぬ

という問答体の文句がうたわれる。また神功皇后が異国を征伐したとき対馬の豊崎や紫の瀬戸で狩り漁りをしたという箇所もある。対馬はかつて鹿が繁殖して、その害が目に余るものであったが、ここにも対馬との関係が語られている。

貝原益軒の『筑前国続風土記』には志賀海神社の大祭と小祭の主なものがくわしく記されている。それを現在の当社の祭事表と比較していくと、旧の二月十三日に祠官らがあつまり、神山の榊葉をとって、村中のこらず毎戸に挿んでいき、その日の夕方から三の禰宜が榊の枝をささげ、家ごとに祝詞《のりと》をとなえ、災難を払うという行事が貝原益軒の時代にあって、今日には見られない。そのほかはすべて昔通りに厳格におこなわれている。

そのなかで注目すべき祭事を述べてみる。正月五日には阿曇家で蔦《つた》の餅を作る。餅に蔦をまいたもので、それを神前に供える。正月十五日には歩射《ほしゃ》祭がある。前日の十四日に射手《いてし》は勝馬という集落にある末社の沖津宮と中津宮に詣《もうで》る。まず沖津宮鎮坐の島に、潮時を見て渡り、射手一同裸となる。新参の射手は岩間の波にもぐってガラ藻をとる。ガラ藻というのはホンダワラ科の「うみとらのお」に「ふくろのり」の寄生したものである。

ガラ藻をとって海からあがった新参は、岩の上でそれを高く捧げて無言のまま三度ずつ舞う。そのあと沖津宮に詣で、神前にガラ藻を供える。

三月五日は禰宜座の社人が海藻を調物《みつぎもの》として香椎宮《かしいぐう》に供献する。現在は海藻のかわりに魚介を献ずる。これを香椎古宮祭献魚という。旧二月十五日はまえに述べたように「山ほめ祭」である。四月三日は社人や八乙女が拝殿前の石段下の広庭で田おこしの行事をおこなう。五月五日は御田植祭である。七月三十日は夏越《なごし》祭である。八月七日は七夕祭である。最も大きな祭は九月九日の御神幸祭である。この祭は「おみくじ」によって決せられる。したがって毎年おこなわれるとはかぎらない。

九月一日に神社関係者があつまる。三方においた二枚の「くじ」が、禰宜の手をへて「宰領」と呼ばれる代表にわたされると、これを開いて紙面の文字を朗読する。「御神幸あらせらる」「御神幸あらせられず」のどちらかが記されている。「御神幸あらせらる」ということになると、神職および社人がお仮屋にひもろぎをたてる。

御神幸祭は九月九日の夜、昔は月が落ちてからはじまった。それで夜渡《よど》と呼ばれた。現在は午後八時頃からおこなわれる。神官、社人、八乙女、氏子と数百人の集団が宰領の指揮のもと、行列をつくって三台の神輿を頓宮《かりみや》（お仮屋）に移す。行列のなかには、八軒の家が一軒一挺ずつの櫓《ろ》をもって供奉するという変わった参加も見られる。頓宮では竜の舞、八乙女の舞、羯鼓《かっこ》舞などの芸能が奏せられる。この御神幸祭は七夕祭とおなじように、にぎやかな祭である。

『筑前国続風土記』によると、当社には以前は末社が三百七十五もあったが、戦国の乱世のときに社殿も損傷したままになっていた。大内持世が永享十一年（一四三九）に復興したので、ようやく百二十社ばかり興立したが、残りは絶えてしまったという。その後もしばしば兵乱にかかって末社も亡び、今はわずかに五社だけが残った、と益軒はなげいている。

益軒は「社僧の坊を金剛山吉祥寺と云、禅宗にして、承天寺の末寺也」と記している。志賀海神社と併立していた金剛山吉祥寺の創建は、永享年間（一四二九―四一）といわれている。折居正勝氏によると、中世以降、志賀海神社の実権はこの吉祥寺がにぎっており、神社に室町末期から江戸時代までの文書類が現存しているが、ほとんどが吉祥寺に関するものが中心であるという。明治元年三月に神仏分離がおこなわれ、神宮寺の吉祥寺はそのとき廃止された。この吉祥寺は神社の境内本殿の左側にあったといわれているが、今はその跡も分からなくなっているという。

また加藤一純・鷹取周成の『筑前国続風土記附録』によると「むかしより、祠に仕ふまつるもの三十余人、みな阿曇なり」と記されている。現在の宮司も阿曇氏を名乗るが、すべての神職が阿曇を名乗る人たちによって占められてはいない。

志賀島は周囲一二キロの小さな島で、勝馬、弘《ひろ》、志賀島の三地区に分かれている。『筑前国続風土記』には勝馬村は「皆農人なり、漁家はなし」とあり、また弘浦については「此一村の婦女は、皆かづきする海士人也」と記している。このことは今日も変わりない。弘の地区のすべての人たちが海にもぐるというわけではないが、かなりの人数の男女が素もぐりの海人である。万葉の昔に「志賀の白水郎《あま》」と呼ばれた海人の伝統はとだえることなく受けつがれているのである。勝馬と弘の二地区に対して、志賀島地区の女たちは福岡市の中心部へ鮮魚の行商をするので有名である。筑前では女の行商人をシガと呼んでいる。志賀島の志賀はシカでシガと濁らないのであるが、両者の関連には一応留意しておいてよいであろう。

志賀島と接続する海の中道の突端には大岳と小岳が並び、そこには志賀海神社の摂社の大岳神社と小岳神社が鎮座する。大岳神社には大浜宿禰、小岳神社には小浜宿禰をまつる。大浜・小浜の名は『釈日本紀』の引用する『筑前国風土記』逸文に見られる。

それには志賀島の名の起こりとして次の話が記されている。

昔、気長足姫尊《おきながたらしひめ》(神功皇后)が新羅に兵をすすめたとき、その乗っていた船が、志賀島に停泊した。皇后の従者に大浜という者がいた。大浜は小浜に命じて、夜の明りと食物を煮焚きするための火種をもらいにやらせた。小浜がすぐ火種をもらい受けてきたので、大浜が「この近くに家があったのか」と聞くと、小浜は「この島と打昇《うちあげ》の浜とは近くつづいている。ほとんど同じ場所といって差しつかえない」と答えた。そこで、この島を近島と呼んでいたが、訛ってのちに資珂島というようになったという。

この話に出てくる打昇の浜は海の中道を指すとされている。そこはまた奈多の浜とも呼ばれた。『万葉集』には塩を焼く志賀の海人をうたった歌が数首ある。海の中道に塩屋という地名が残っているところから、その付近が古代の製塩地であったろうと推定されている。

折居正勝氏によると、塩屋鼻の東およそ一キロの砂丘の下から遺物が出土したが、そこでは製塩に用いられたタタキ目のある土器片や漁網の土製おもり、製塩炉跡らしいものが発見されているという。こうした製塩の仕事にたずさわる漁人にも、村君のような管理する首長が存在したのであったろう。

さきの『筑前国風土記』逸文に出てくる大浜という人名は、応神紀三年十一月の条に、阿曇連の祖の大浜宿禰が各地で朝廷の命令にしたがわず騒ぎたてる海人を平定し、朝廷から海人の統率者に任ぜられたという記事を思い起こさせる。

大浜宿禰をまつる大岳神社の西側のふもとには大岳古墳と呼ばれる円墳がある。そこは志賀島の族長の墓という伝承がある。戦時中に発見され、昭和三十四年から発掘調査された。鉄製の刀子や須恵器、それに金製や銀製の耳環、銅鏡や首飾が出土したといわれる。『筑前国続風土記』は「此大岳浜及那多浜の中処々に、かはらけ塚とて、土器をうづみたる所あり。民俗は、皇后異国退治の時、此浜にて御遊びの折ふし捨置たりし物也といへども、むかし志賀宮に大祭有し時の、土器をすてし所なるべし」と述べているが、この「かはらけ塚」の土器は、あるいは古代の土器だったかも分からないのである。

海の中道の根もとにあたる新宮や和白《わじろ》のあたりは『和名抄』にいう糟屋郡の阿曇郷に比定されている。和白の東南には三六七メートルの立花山がある。立花山の北には青柳という地名がある。青柳は阿波岐《あわぎ》（原）

と発音が似通った地名なので、「筑紫の日向の橘の小戸の阿波岐原」と記紀に述べられている場所はこの付近ではないかと、『大日本地名辞書』は推定している。黄泉国から脱出してきたイザナギがみそぎをして身体を洗った場所だというのであるが、そのとき海水のなかで生まれたのが阿曇連の祖神の綿津見神三柱であった。志賀の海人の信奉する神威の領域は、志賀島、海の中道あるいはその根もとの阿曇郷にかけてであったことが推定できる。

（『日本の神々――神社と聖地1　九州』白水社、一九八四年四月）

鍛冶神と目一つの鬼

鍛冶と鬼の関係は古くから見られる。

「出雲国風土記」の大原郡阿用《あよ》の郷の条には「或人、此処《ここ》に山田を佃《つく》りて守《も》りき。その時目一つの鬼来りて、佃《たつく》る人の男《をのこ》を食ひき」とある。目一つの神というのは金属精錬に従事する者をさしていると思われる。炉の火を長く見つめていて一眼を失する例は、実際に存在する。島根県飯石郡吉田村の菅谷でたたら炉を復元して鉄を吹く実験がおこなわれたのは一九六九年の一〇月でその記録を作成するのに参加した山内登貴夫氏は「和鋼風土記」の中で、たたら師の堀江要四郎氏（このとき八三歳）の「どっこのたいがいの村下《むらげ》でも六〇ぐらいになると目の見えぬ者が多いですた。火に左の目をとられると、右で、右をとられると左で見るのがあたりまえですた」という話を載せている。村下というのはたたら炉の指図をする棟梁《とうりよう》で、炎の色を観察しながら、金属の熔融度をたしかめる役で、堀江氏はその村下の生き残りの証人であった。石塚尊俊氏も「鑪と鍛冶」の中で、堀江氏から同じような証言を得ている。こうしたことから目一つの神はたたらで銅や鉄を吹いていた人を指すことが分かる。「出雲国風土記」に登場する「目一つの鬼」もそうした人びとを指すと考えられる。

岡山県の吉備津神社には大きな鉄製の釜があって、占い事に使われているが、その釜を鋳替える役は、吉備津宮から約八キロ西北にあたる総社市西阿曽の人びとであった。そこには鋳物師《いもじ》が住んでいて、九戸の金屋《かなや》が江戸時代に存在した。西阿曽には次の話がまつわっている。

昔、阿曽郷の鬼ケ城に温羅《うら》という鬼が棲んでいて荒しまわったので、吉備津彦が退治しようとしたが、温羅はなかなか強く、左の目を射られたのにもかかわらず、反抗をつづけたが、ついに捕えられた。そうして吉備津神社の釜鳴《かまなり》神事のおこなわれるかまどの下に首は埋められた。鬼ケ城から血吸川が流れて阿曽村を通っているが、血吸川の名があるのは、温羅が左の目を射抜かれた時に出た血が、真赤に川砂を染めたからだという。

温羅という鬼が片目を傷つけられたという話は、それが鋳物師の住む阿曽村とつながることによって、鍛冶屋との関係を思わせる。また温羅の首が吉備津神社の釜鳴神事のおこなわれるかまどの下に埋められたというのは、人間の死体をたたら炉に投じたり、高殿の柱にむすびつけておくと、鉄がよく沸くというたたら炉の信仰を思い出させる。

こうして見ると、鍛冶に関係の深い「目一つの神」が「目一つの鬼」の伝説に変化していったのではないかと推定される。

丹後の大江山は鉱物資源にめぐまれている。私は、大江山をおとずれて、鬼茶屋の近くのある民家に、自然銅の大きな塊を飾ってあるのを見たことがある。酒呑童子を退治しにやってきた頼光の一行が休憩したという鬼茶屋から千丈ケ原をへて河守鉱山に達する。この河守鉱山は大正六年に発見され、昭和三年に日本鉱業の営業となり、昭和四五年頃まで、銅鉱石を掘り出していた。またふもとの仏性寺にも銅山跡が認められるという。鉱山で働く労働者は昼夜の別なき労働を強制されていた。その中には、罪人などもまじっていたので、丹後の大江山の鬼が都に出ては若い娘たちをさらっていくという伝承が生まれたのではないかと想像する。この場合の鬼は周囲と隔絶された鉱山労働者であり、法を犯して逃げこんだ者もまじっていた。

大江山の酒呑童子は不死身と思われていた。酒呑童子だけでなく弁慶もまたそうであった。弁慶は熊野新宮の鍛冶屋の娘を母として生まれたという説がある。

美濃の南宮大社は中山金山神社と呼ばれ、ふいご祭をおこなう。そこの掛本尊を描いた掛軸を見ると、刀をふりかざした金山彦神とその前で刀を打つ鬼が描かれている。この掛軸は岐阜県関市の刀鍛冶の家に飾られるのを常とした。島根県太田市には旧鬼村という所があった。白石昭臣氏によると、同村にはタタラ跡やカナクソの出る所があり、また岩穴があって、そこに観音様が祀られている。そのそばに仏谷というのがあり、昔、大和の国から鬼神がやってきて仏谷におり、そこから出てきたから鬼村というのだと伝えている。また岐阜県吉城郡神岡町の神岡鉱山は、その地に鬼ケ城という山があり、越中から越してきた鉱山師がこの鬼ケ城から銀鉱の出ることを発見したのが、神岡鉱山のはじまりであると伝えている。このように鬼は鍛冶と深い関係があるが、そこには金物を鍛えて鬼のように強くなってほしいという願望がひそんでいるかも知れない。先程も述べたように、酒呑童子も弁慶も不死身の鉄人であった。その鉄人が鬼と呼ばれたのは、私の推測を裏付けることになる。

（『特別図録シリーズ1　絵図に表わされた製鉄・鍛冶の神像』金屋子神話民俗館、一九九四年）

人間認識の変革迫る――藤村久和『アイヌ、神々と生きる人々』

私は本書を読んで、アイヌがこの地上でもっとも敬虔《けいけん》な人たちであり、アイヌを同胞としてもつことは日本人の誇りである、という感想をもった。軽薄短小の思想風俗の横行する日本のなかで、神々と生きてきたアイヌの存在は、まさしく現代の奇蹟と呼ぶに価する。その一、二の例を本書から拾ってみよう。

「アイヌの人たちは赤ちゃんは神に近いものだと言う。人間界の言語ができない、そのために、わあわあぎゃあぎゃあ泣く。しかしあれは神の言語であって、人間には理解できない神言葉なのだという」。

「おじいさん、おばあさんも神に近くなっているのである。人間の生活をだんだん終りかけて、神に近づいている。だから老人はときどきわからないことを言ったりするのだと考えた。アイヌの人たちはぼけるということを、ぼけというふうにとらないで、神用語を使い始めたと言う。年をとると子供に帰るというが、子供に帰るのではなくて、あの世への旅立ちの準備で、神に近くなってきたからそうなると考えるのである」。

このように、アイヌは人の一生の始まりと終りを比類のない思いやりと同情で包んでいる。それは弱者切り捨ての論理が子供と老人に集中する今日、人間認識の変革を迫る思想ではないか。クマの霊は肉体を人間に与えてあの世に戻っていく、というアイヌの考えは、一面では犠牲の貴さを教えているのである。神との深い交感に生きるアイヌに学ぶところは限りない。本書では日本本土の民俗との比較の上でも興味ある事実にしばしば出会い、考えさせられるところが多い。

本書は口述を文章に直したものであるが、話し言葉の平易さが、かえって全体の見通しをよくしている。アイヌとはどんな人たちであるかを、全体としてつかみたい人たちのためのすぐれた入門書であり、子供たちにもひろく読ませたい書物である。

（「北海道新聞」一九八五年七月二九日）

神々と自然海岸の破壊と

国つ神と天つ神の違い

古事記の国生みの神話では、生まれた国や島には、それぞれ人の名前がつけられていた。たとえば、伊予国は愛比売《えひめ》と呼ばれた。このことは、古代日本人が、国土は人格をもつという発想を抱いていたことを示している。

国そのものが神であった。古代人は国には国魂《くにたま》があると信じていた。それは大地の精霊であった。国魂を身につけたものが、その土地を支配する資格をもった。国魂はやがて国つ神と呼ばれ、その土地に住む神としてあがめられた。それに対して天つ神は、中央と関わりの深い政治的、文化的な神である。

国つ神で表現される国と、天つ神で表現される国がある。一方は国土で、他方は国家である。だから国を愛すると言っても、この二つの区別があることに注意しなければならない。

日本国家という場合には、さまざまな夾雑物がある。たとえば日本を敗戦にみちびいた国家主義のにがい思い出がまじる。しかし日本の国土にたいしては、純一でひたむきになれる。つまり私は国つ神の信奉者である。

そういう私が日ごろ心を傷《いた》めているのは、日本の海岸の破壊である。さる十一月十日付の朝刊各紙の報ずるところでは、離島をのぞく本土の海岸線総延長のうち、自然海岸の占める割合はわずか四十六パーセントという。そして五百六十五キロの自然海岸がこの六年に消滅したという。これはほぼ東京と大阪間の距離に相当する。高度経済成長期以来、日本の自然海岸の破壊は今日にいたるまで、一向におとろえを見せていないことが、今回の環境庁の調査結果で判明した。日本の海岸はざっと三万キロであるから、この分でいけば自然海岸は遠からず姿を消すことは必定である。

いまや企業を神として

私たちの祖先の日本人は岬やなぎさに神のいますことを信じ、畏敬の念をかくさなかった。神の住居としての自然の美しさを鋭敏かつ繊細な感情でうたいあげた。その日本人が、なぜ今日の事態を招くまで、大量な自然破壊を平然とやるようになったか。一口に言えば、戦後日本が企業を神としたからである。

自然海岸消滅の危機に対応して、今年の九月二十一日から三日間、兵庫県高砂市で入浜権宣言十周年全国集会が開かれ「自然、ことに海に関する非常事態宣言」が発せられた。この宣言が現実的な根拠をもっていることが、今回の環境庁の調査で裏付けられた。入浜権運動は高崎裕士氏ら、高砂市に住む人びとによって十数年前から始められた。その主張は海浜にはだれもが立ち入り、だれもが利用する権利があるとするものである。その主張を歴史をさかのぼって検討してみよう。

「太平記」巻九に「日吉の祭礼もなければ、国つみ神もうらさびれて、御贄《みにえ》の錦鱗いたずらに湖水の浪にはつらつたり」とある。

日吉神社の祭礼もないので、国つ神も心さびしく感じておられるが、御贄、すなわち神にささげる御供物となる魚類は、琵琶湖の水に元気よく飛びはねている、という意味である。これで見ると、国つ神をまつるのに魚類を供物としたことが分かる。

誰にも属さぬ山野河海

日本のもっとも古い漁業の形態は、漁獲物のことごとくをその土地の神の御贄として供進し、その御贄をことごとく各戸へ平等に分配し、ゆきずりの旅人にも与えることである、と今は亡き民俗学者の倉田一郎は言っている。その考えの背景にあるものは何か。漁獲物はすべてその土地の神、つまり国つ神のものであり、海辺は国つ神以外のだれのものでもない、という思想である。

国つ神にささげた御贄は天皇に貢進することになった。このことについて中世史家の網野善彦氏は次のように解釈している。山野河海というのは「公私共利」だれもが自由に出入りできるゆえに、だれのものでもない「無所有」の本質をもっていた。海浜は「無主空間」であった。そうした山野河海にたいする人民の関わりを倒錯させたところに、山野河海への天皇の支配権が成立した。つまり天皇に御贄を貢進したというのは、もともと山野河海がだれのものにも属していなかった証拠だというのである。

それを私流に言い直せば、天つ神の支配する以前、この国土に住んでいた国つ神に属していたのである。国つ神にささげられていた御贄が、天つ神としての天皇にささげられるように変貌したのである。

国土を人間の身体にたとえると、海岸は皮膚にあたる。この皮膚はいつも呼吸している。自然海岸が破壊されることは、火傷を負った身体が皮膚呼吸できなくなり、窒息死することを意味している。それを抜本的に防止する対策を講じることもなく、放置している。私はそうした国土に住む日本人として、胸苦しさ、息苦しさを感じないではいられない。

（「毎日新聞」夕刊、一九八五年一二月一三日）

目ひとつの神

一つ目の神の諸説

一つ目の神の諸説を検討すると、さまざまな難点が目につく。まず柳田国男の説であるが、柳田は片目の魚や一つ目の神が鍛冶や鉄に関係があることに気が付いていた。しかしそれを徹底して追求することなく、後退して一般的な命題の中に解消してしまったのである。それは第一には彼の頭にフレイザーの所論がこびりつき、その影響からのがれられないどころか、その考えをすすんで借用しようとしたためである。第二には、柳田民俗学がアニマをもつ世界に傾斜し、金属は非情なものとして、その扱いにいささか消極的であった点がみとめられよう。こうして柳田の折角の努力にもかかわらず、彼の仮説は通用できない。したがって柳田説を踏襲した貝塚茂樹氏の説もまたそのまま適用しがたい。柳田説と貝塚説とは信仰に片目片足の神の発生の起源を求めているところに無理がある。信仰は第一原因ではなく、むしろその結果である。

これを性神と規定する加藤玄智説は、天目一箇神と並んで金属神の称とされる天津真浦を念頭に置いているのであろう。真浦が目占《まうら》、つまり目で炉の炎の色を占うことであるとする説もあるが、マラすなわち男根を意味するというのが通説である。加藤はそこから天目一箇神の性格も推量したのであろう。しかし加藤が天津真浦から天目一箇神を類推しようとしたのはあまりにも飛躍的であり、加えて天目一箇神が他方では跛者でもあるという説を解釈し得ない。高崎正秀説と福士幸次郎説とは、鍛冶神との関連において把握しようとしたことは一歩前進である。しかし、目一つの神を日神とむすびつけるにとどまり、鍛冶の作業そのものにおいて追求しなかったことに問題がある。そうした意味において、若尾五雄説が火男（ヒョットコ）と天目一箇神とをむすびつけて考えているのは卓越した視点と言わねばならぬ。一つ目小僧が天目一箇神のなれの果てであるように、ヒョットコもまたその変形を受けた末裔であることが、若尾説から推定されるのである。

ただ柳田が大正六年に「郷土研究」誌上において指摘しているように、片目をつぶるという動作はかならずしも炉の炎の色を見きわめるだけには限らない。この点をどのように突破するかが問題である。またふいごに片足をかけ、他の足は地面におくということをもって一本足の神を想定するという考えには、どこかもどかしいところがある。

たたら炉の棟梁村下

石塚尊俊氏の『鑪と鍛冶』には次のような報告がある。石塚氏が島根県飯石郡吉田村大字菅谷に住むたたら師堀江要四郎から三回にわたって聞き取った体験談である。村下《むらげ》というのはたたら炉の指図をする棟梁で、炎の色を観察しながら、金属の熔融度をたしかめる役である。堀江氏はその村下の生き残りの証人であった。

「村下は年中火の色を見ておりますから、だんだん目が悪くなっていきます。火を見るには一目をつむって見ねばなりません。両眼では見にくいものです。右目が得手の人や左目が得手の人や、人によって違いますが、どのみち一目で見ますから、その目がだんだん悪くなって、年をとって六十を過ぎる頃になると、たいてい一目は上がってしまいます。私なども一時は大分悪くなっておりましたが、中年から吹きません

ので、この頃また少しなおりました」(傍点引用者)

菅谷でたたら炉を復元して鉄を吹くという実験がおこなわれたのは一九六九年の十月で、その記録を作成するのに参加した山内登貴夫氏も『和鋼風土記』の中で、おなじく堀江要四郎(このとき八十三歳)からの次の聞き書きをのせている。

「どっこのたいがいの村下でも、六十ぐらになると目の見えぬものが多いですた。火に左の目をとられると、右で、右をとられると左で見るのがあたりまえですた。真ん中に炎があがあますが、あれが少し青味がついてあがあますが、それがしげんじげんに青から赤になると、白じゃあなくて、少し黄色い星があがあますじぶんには、少し砂鉄のか(量)がたらなかろうと、黒い星がでたじぶんには、少しか(量)がすぎたと……」

この話で分かるように、村下は炎の色に対しては芸術家はだしの敏感さで対応している。したがって六十ぐらいになると片方の目がつぶれるのもやむを得なかった。堀江村下は更に、昔は十人の村下のうち、七、八人は目が不自由であったとも証言している。

眼病の多いたたら師

牛尾三千夫氏は石見国邑智郡で昔うたわれたというたたら歌をあつめているが、その中には

船はやぶれ船　船頭は片目　乗り手はあるまいこの船に

という歌がある。この船頭というのは、片目の村下のことを意味している。

これらの例からみて、たたら炉の仕事に従事する人たちに、一眼を失する者がきわめて多く、それゆえに、

彼らは金属精錬の技術が至難の業とされていた古代には、目一つの神とあおがれたと私は考える。

つまり、炉の炎の色をみつめすぎた結果、目を悪くして一眼を損じたと考えるのがもっとも妥当であると思われる。砂鉄を炉に投げ入れるときの分量はつねに一定していなければ、よく燃えない。分量が多過ぎると黒い火焔が上がり、少な過ぎると白い火焔が上がる。多過ぎても少な過ぎても火所穴《ホドアナ》が詰まってしまい、吹けぬようになる。直してもそこのところだけは鋼に傷がつくと、菅谷たたらの村下は言っている。このように炎の色を見きわめる仕事は大切であった。そのために両眼よりは片目をつぶる方がよく見きわめられるとしても、それはまた他の一眼を保存するための行為でもあったのだ。ホドアナをのぞいた方の目がかすんだり、見えなくなったりすると、否応なしに他の一眼を使用しなければならなかった。

この片目のたたら師こそが天目一箇神であったにちがいないと私は思う。たたら炉の炎の色をみつめる者がかならず目を悪くするということは、私たちが鉄工場で飛び散る火花を見ただけでも目を痛くすることからたやすく想像がつく。そこで六十を過ぎる頃になると、たいてい片方の目はだめになってしまうという事実は、洋の東西を問わず、銅や鉄の精錬に従事する人たちの宿命であったろう。片目の神というのはたたら師たちの職業柄とでも称せられるものの異なる表現であったのだ。

私は島根県仁多郡横田町で人間国宝に指定された阿部由蔵という村下の話を聞くことを得たが、阿部氏の話によると、たたら炉の作業にたずさわっている人の中には目の悪い人が非常に多いということであった。鳥取県日野郡日南町の印賀《いんが》で聞いた話でも、村下は顔が炉の火で赤くやけ、また目も悪くなる、とかつてたたらの仕事をしていた老人は言った。印賀の人たちは田植がすむと一畑薬師にお参りしたというが、さらに私の推定を助ける話を、兵庫県宍粟《しそう》郡の千種町で井口二四雄氏から聞いたことがある。この千種というのは印賀鋼とおなじように千種鋼の産地として世間に知られたところであり、千種町の岩鍋（現在、岩野辺）というところに金屋子神《かなやごしん》が降臨したという伝承をもっている。千種でたたら製鉄がおこなわれていた頃には、村下の家ではどこでも柱に出雲の一畑薬師のお札を貼っていて、それに朝夕祈りを欠かさなかったものであるという。一畑薬師は眼病の神として有名である。すなわち村下たちがいかに目をわずらい、また眼病をおそれていたかがこれによって分かる。

私はこうしたたたら師たちを神としてみる時代があったのではないかと考える。その理由は金属精錬の仕事というのは狩猟や農業や漁業とちがって、容易に真似のできない特別な技術を要するからである。そしてその製品も今日では想像がつかないほどに貴重なものとされていた。これらのことから金属製品を作り出すための苛酷な労働に従事して目を傷つけた人びとに対する畏敬の念が生まれ、彼らを神として遇するまでにいたったにちがいない。ここで注意すべきは古代人は超越神を考えず、畏敬すべき対象ならば人間でも動物でも神と呼んだのである。

一本足

では一本足の方はどうであろうか。たたらを踏むのは中国地方では、伯耆大山に後向きに登るように辛い作業だと言われていた。そこで足や膝を酷使して疾患も起りやすく、足萎えになりやすかったのではないかと、想像するのである。少なくとも一本足の神を一つたたらとか一本たたらとか呼んでいるのは、送風装置のたたらと一本足とが関連をもつことを暗示している。

片目、片足の神は不具者で、いわゆる片輪者である。ここで想起させられるのは、すでに触れたように、尾張国愛知郡の片葩《かたわ》の里の農夫が金の杖で雷を捉えたという『日本霊異記』の記事である。『今昔物語』には片輪の里となっている。ここは愛知郡の伊福村と同一地域にあるので、伊福部氏の居住地とみなされるが、製銅製鉄に関係する氏族としてまぎれもない伊福部氏の住んでいるところに片葩の里という名が付いていることには意味があると思われる。吉田東伍は片葩・片輪はもと潟廻の義であって、愛智潟の環を形成する一岸の謂であると述べている（『大日本地名辞書』）。しかし、この片輪の里とは鍛冶師たちの職業病である片目片足の者の多いことを伝えているとも解されるのである。アナシを痛足とか病足と記すのも、たたらを踏む者の職業病を暗示している。福士幸次郎が『原日本考』であげている例として、朝鮮には山中に棲み人里を襲っては人間を食らうので鬼よりもおそれられる単眼の妖怪がいて、それをウエ・トンペキ（片端鬼）と呼ぶそうである。

こうした地名としては、今日でも兵庫県多可郡の中町に間子《まこ》という大字名がある。この間子には郷社の加《か》都良《つら》神社があって、その境内に天目一箇神を祀っている。ところで、小川美啓の説によるとメッカチの借字が眼一箇で、メッコの借字が間子であるという。こうしてみるとき、間子のばあいと同然に前記の片葩（片輪）の里もそこに住む人たちの身体不自由な特色をあらわしているのかも知れない。

（「自然と文化」新春号　一九八五年一二月一五日）

民俗のカミ観

カミは私の生涯のテーマです。小さな時からカミの問題をひきずってきて、いまだに解決できないでいる。人間は生物界の一員ですから他の生物と変わりはないわけです。ただ人間は自分より高次元の目に見えない存在を推測することができる生物なんですね。つまり自分より高次元の存在というのはカミなんです。そのカミは各人各様ですが、人間を超えたものなんです。超えた存在であるゆえに、人間が惨めにおちいった場合にね、勇気を与えたり慰めてくれる。

カミへの志向、衝動は人間に本来的に備わっているものです。ただし、これは抽象的にはそうなんだけれども、各民族、各国民ではいろいろ違う面が出てくる。

人間が誕生した時にカミは発生する。人間が人間以上の力を発揮する場合があるわけです。シャーマニズムのエクスタシーがそれです。カミがとり憑いた場合、外部の強力な力が身体の中心に入ってくることを自覚する瞬間があるわけです。

沖縄ではいろんな祭りを見ましたけれどもね、カミに憑かれた女が現われます。異常な状態です。祭りが終わると元に返る。カミに憑かれるということはどういうことかというと、カミが体の中をぬけるということです。外側から突如大きな力が侵入して、突如として出ていく。この大きな力というのが人間を超えた存在を類推に向かわせる根拠となっている。人間がカミを体験するということは、一般には余りないのだけれど、神懸りはシャーマンにはあるわけです。と同時に外部には大きな力の存在という認識が生まれます。それはごく限られた権威を持った人たちなんでしょうが、カミが自分の体の中に入ってきた時、絶対性を獲得する。そこからカミが発生されてきたんじゃないですか。人間は相対的な社会に絶えず生きていますからね、カミが体の中に入ってきた時には、絶対的な存在になります。その相対性というものは日常茶飯事のことですから、そういうものを全部すてて絶対的な存在感を確認したいという意識が強いわけです。カミに帰依するにしても、そこにカミと自分の強いつながりだけを確認する。日常の諸々の規範や束縛というわずらわしいことはなくなっていく。そういうところにあこがれるのではないでしょうか。

カミを確認する方法は、どうして手に入るか。カミに対する衝動を持っていることだけは確認できます。どうしたらカミを把握できるかという方法はなにもありません。カミを追いかけていれば、カミに出会えるというものでもないでしょう。

奄美や沖縄のユタを見ると、ユタになるのがいやでしょうがない。ユタは最初、日常的な世俗的な職業に従事しているのですが、カミは常に試練を与えて生涯をうまくいかないようにする。病気にさせたりね。最後にギブアップということでカミに向かわせるわけですね。ユタはカミから逃れようとするわけでして、逃れられなくなり追いつめられると、初めてカミに向かうのですね。カミに安易に向かっていればといってカミが出現したり到来したりするものではありません。

カミの姿を装った悪いカミの場合もあります。ユタの場合、カミダアリといって、あくびをしたり、くたびれたり、病気をしたりすると、その時、悪いカミが現われて、こうしろとアドバイスをするわけです。それに従ったら破滅するんです。悪いカミはユタを欺くわけですね。

イエスが四〇日間の修行をした時にも、いろんな誘惑があるわけですね。もしお前が神の子なら、この塔から飛んでみろ、神様は助けてくれるだろう。もし神ならばこの石をパンにしてみなさい、これだって誘惑ですよね。結局、皆しりぞけてしまうわけです。試練というのは、悪い神が善い神の声を装って誘惑することに耐えることです。

キリスト教の神は最高のカミのように言われますが、キリスト教の神だけでは人間の欲望を満足させるわけではありません。やはり一神教の排他的な性格を持っているのです。エホバ以外の神の性格に寛容ではないのですね。畏敬の念をいろんな人が持ってきましたが、キリスト教の神以外はカミではないとして、それを認めようとしないわけですね。

それは、間違いだと思います。未完成の神の姿だと思えばいいわけです。神はすべて完成された姿でなければならないと思うと欲求不満におちいるのであって、しかし未完成的なものからキリスト教の一神教的な完成された宗教へ、世の中動いているのかというと、必ずしもそうではない。なぜかというと、未完成な神はあくまで未完成ですから。日本のカミは超然的な力を持たないけど、それが日本の神そのものの姿なんです。超然的な神だけが本来的な神であるということは言えないわけです。完成された神と未完成の神の間には、優劣の秩序があってはならないのです。

キリスト教の神とか親鸞の説く阿弥陀は、絶対的な力をそなえていて、人間はそれにすがろうとする気持ちがあります。しかし、人間の日常的な生活というのは、風が吹いたり、波がたったり、花が咲いたり、赤ん坊が笑ったりすることの総体です。その中に絶対的な神がいては、余りにも問題が多くなります。どちらかというと日常性の総体の中でカミを感得することの方が多いわけです。初歩的なカミ、素朴なカミの必要性を私は感じます。それが民俗の神ということになるのでしょうか。

（「自然と文化」春季号　一九八六年三月）

東北地方と白鳥伝説

ヤマトタケルが亡くなって白い鳥となり、西の方に飛んでいったという話は、古事記の中でも最も生彩を放つ場面であるが、古来日本人は白い鳥をたましいのかたどりと見なしていた。これは沖縄などにも共通している。ただ東北地方のばあいは、白鳥を神とあがめるという点では他地方といささか異なっている。白鳥神社は全国各地にあり、その西の果ては五島の玉の浦まであるが、その祭神はヤマトタケルであって、白鳥ではない。つまり白鳥神社では白鳥を神として祀っているわけではない。

しかし東北では白鳥は神として祀られている。その信仰のもっとも強烈なのは宮城県の刈田郡・柴田郡であるが、白鳥を殺したというので血なまぐさい事件まで起っている。この白鳥によせる狂熱的で絶対的な信仰は東北地方以外では見ることのできないものである。秋に北方から渡来する白鳥を迎えて厚くもてなし、春にはまた北へかえる白鳥の群を名残おしげに見送った。それは神の去来に対する心情とまったく変りはなかった。

しかもこの白鳥への信仰はヤマト朝廷の勢力が侵すまえから東北の大地につちかわれてきたものであった。蝦夷の流れを汲み奥六郡を支配した安倍氏も白鳥を信仰した。貞任、宗任の弟の則任は白鳥八郎と名乗った。その八郎が死んでからは、白鳥を祀る刈田嶺神社の所在する宮城県の宮に葬られ、白鳥明神とあがめられたことが、秋田系譜にある。

東北にしか見られない強烈な白鳥信仰は蝦夷と呼ばれる人びとの信奉したものであったことがはっきりす

る。そのルーツをさぐればシベリヤのバイカル湖畔に住むブリヤート族の白鳥信仰にまでたどりつくと私は考えている。日本人のルーツがバイカル湖畔にあるという説は血液型の研究を専門とする医学者によっても唱えられているから、私の推測もけっして荒唐無稽なものではない。

しかし日本人の白鳥信仰を仔細に点検すると、もう一つ特異な信仰が存在する。それは物部氏の白鳥信仰である。物部氏が白鳥を先祖とみなしたことは、余呉湖の白鳥処女説話（羽衣伝説）に見ることができるが、その物部氏の先祖は弥生時代から金属精錬にふかく関わりをもっていた。鳥取という地名が産鉄や産銅の遺跡であることがはなはだ多いのは考古学者も立証しているところである。この鳥取の鳥は白鳥である。

ところで胆沢城址から鳥取の文字を記した墨書土器が発見され、都鳥という地名があり、止止井神社がある。これは物部氏が胆沢地方にいたことを暗示する。

かくして東北地方の白鳥信仰は蝦夷の信奉する白鳥信仰があり、その上に物部氏の白鳥信仰が入りまじり、重なり合ったものである。この背景には、弥生時代に畿内地方まで進出していた蝦夷の勢力と物部氏が同盟関係をむすんだ歴史がある。それについては拙著「白鳥伝説」で詳しく述べている。

（「シンポジウム　北上川と白鳥伝説　資料集」古代の北上を考える市民のつどい、一九九六年五月）

日の神の系譜

日を祀る女たち

今年の春分の日、私は三輪山のほとりの台地にある檜原神社の境内から、大和国原をへだてて葛城の山々が昏れていくのを眺めていた。真西にあたる二上山の二つの峯、雄岳と雌岳が鳥居の間にすっぽり入っている。

私の関心は太陽がどこに落ちるかということであった。私は二上山の雄岳と雌岳の間に沈むことを期待していた。というのも折口信夫の「死者の書」の主人公にあたる藤原郎女《いらつめ》が春の彼岸の中日に、二上山にくるめき落ちるはなやかな夕陽を見つめながら、仏のまぼろしを見たという箇所がながく念頭にあったからである。

だが居合せた地元の人の話では、ちょうどその地点に落ちるのは春分よりも十二、三日前のことであるということであった。果して私の見守る夕陽は二上山よりもやや北にある穴虫峠のあたりに沈んでいった。

藤原郎女の見た幻影は、落日に西方浄土の姿を観想する日想観を思わせるが、その背後にあるのは太陽神に奉仕する古代の日祀りの女の信仰であったことは、これまで論者によって指摘されたとおりである。それは「日むかえ日おくり」とか「日の伴」などと呼ばれる民間の習俗として、日本各地にながく残りつづけた。春分や秋分に相当する日に、若い女たちは昇る太陽を拝み、一日中、野原ですごしながら日かげと共に歩み、はては西に落ちる陽を心惜しげに送ったといわれる。太陽が真東から出て真西に沈む日に、太陽を慕って野原をさまよう女たちは、古代の日祀りの女、すなわち「日《ひ》の妻《め》」の名残りなのである。

檜原は日原とも書く。太陽を祀るのにもっともふさわしい場所であった。崇神紀にトヨスキイリヒメがアマテラスを大和の笠縫邑《かさぬいむら》で祀ったという記事がある。その笠縫邑は檜原に比定するのがもっとも有力な説である。アマテラスは別名大ヒルメムチである。ヒルメは日《ひ》の妻《め》に由来する。ムチは尊称である。太陽神としてあがめられていたアマテラス自身が太陽に仕える巫女でもあったことは、これで分かる。

檜原神社は三輪山を御神体としている。古代の檜原（日原）にいた日祀りの女は三輪山から昇る太陽に奉仕することを神聖な使命としていた。その巫女の眼には、春分の日に太陽が黄金の火玉となって穴虫峠をめがけ落ちていくさまは、奈落の穴の底に吸いこまれていくように見えたにちがいない。穴虫峠は大和と河内とを結ぶ古代の重要な道路にそっている。大和から見れば、その峠のむこうは他界であった。穴虫の地名が何に由来するか知る由もないが、そこが太陽の沈む穴と見られていたのではないか、と私は想像を逞しくするのである。というのも、古代には、太陽は東の穴から昇って西の穴へ沈むと信じられていたふしがあるからである。

太陽の昇る穴

太陽の昇る穴は南島には実在した。琉球の古謡集「おもろさうし」には「太陽《てだ》が穴」という言葉で出てくる。

東方《あがるい》の大主《ぬし》

明けまどろ　見れば
紅《べに》の鳥の舞《ま》ゆへ　見物《みもん》
てだが穴の大主《ぬし》

太陽を真紅の鳥が乱舞するのにたとえ、また暁に乱れ咲く真赤な花にたとえもするこの「おもろ」は、久高島の八月の祭のとき、輪をつくって扇をもった神女たちによってうたわれる。久高島では三行目が「紅《びん》ぬ鳥の舞うように」となっている。しかしそのゆっくりした節まわしは、おもろ時代をしのばせるのに十分である。このときは神女たちは太陽と月の描かれた扇をもって舞うが、久高島で十二年に一度おこなわれる大祭イザイホーのときも同様である。

また「おもろさうし」には次の歌詞もある。

東方《あがるい》に　歩《あよ》で
てだが穴に歩で

「歩で」というのは船を漕ぐことをいう。東方の水平線上にある太陽の穴にむかって、船を漕ぐ、というのである。しかし太陽の穴は水平線上にあるとばかり考えられたわけではなかった。

「おもろさうし」には、

知念杜《ちねんもり》ぐすく
東方《あがるい》のぐすく
按司《あんじ》添《おそ》いぎや
思ひ揚《あ》げの城《ぐすく》

又大国杜《ぢゃくにもり》ぐすく
てだが穴のぐすく

ともうたわれている。知念杜ぐすく（知念ぐすく）は東方にある城で、豪族が思いあがめている城である。美しいりっぱな知念杜ぐすくは「太陽《てだ》が穴」のぐすくである、という意味である。沖縄本島の東南部につき出した知念半島にある知念ぐすくが、ここでは「太陽《てだ》が穴」と見られている。知念ぐすくへは、中途まででこぼこした古い石畳の山坂をのぼっていく。そのあと苔が生えていて滑りやすい坂道を山頂までくると、切り石積みになったアーチ型の優美な正門が東の方を向いて立っている。沖縄の学者の仲松弥秀氏は、これが人工的に変形された「てだが穴」であるという。また近くの玉城《たまぐすく》村にある玉ぐすくも急坂をのぼりつめたところに自然石をくり抜いてきずかれた城門がある。この城門も東を向いており、「てだが穴」になぞらえたものにちがいない。

知念ぐすくは「おもろさうし」に「神降《かみお》り初めの城《ぐすく》」と謡われている。また玉ぐすくは「天頂《あまつづ》」つまり天の頂《いただ》きと謡われている。神が神の世界から現実の人の世界へと出現する穴、それが「てだが穴」である。その穴がいずれも東方《あがるい》を向いているのは、太陽神を迎えるためのものであることを意味する。琉球王府の尊崇のもっとも厚かった斎場御嶽《せいふあうたき》にある巨大な自然洞穴もその一つで、はるかな東方海上からくる太陽神が、いったんは久高島に足をとどめ、そのあと斎場御嶽を訪れる通路と見られる。

「太陽《てだ》が穴」は宮古群島では「太陽《てだ》が洞窟《がま》」と呼ばれて、現に残っている。宮古島の属島の来間島《くりま》では、島の東がわに非常に深い洞窟があって、その底に牡丹の花があり、太陽の光線が射しこんでその花にあたる。そこでこの洞窟を「太陽が洞窟」という話を聞いたことがある。また来間島の北にある伊良部《いらぶ》島の佐良《さら》浜には「太陽《てだ》がなしの御嶽《うたき》」がある。これには一つの話がまつわりついている。むかし二人の兄と妹が住んでいた。妹が便所にいったとき、東がわから太陽の光が射しこんだ。太陽の指が妹の下腹にはいって、彼女は太陽《てだ》の子を宿したというもので、これは日光感精説話である。

宮古本島の下崎の海岸にある洞窟は、万古山《まんこ》の御嶽《うたき》の拝所のすぐうしろにあって、その御嶽をまつる老婆しかはいることができない。老婆は一年に一度、七日七夜の間、水だけ飲んで、海水でみそぎしながら、そこにひとりこもる。八日目の朝、太陽を誕生させるための用意をする。誕生した太陽が水浴びする場所も、その洞窟の中にある。

今から十五年前に私がこの話を聞いた万古山の老婆はすでに亡くなったが、彼女は「太陽《てだ》が洞窟《がま》」を主宰する巫女にほかならなかった。ここで興味があるのは太陽の水浴びする場所を、古代中国の「楚辞」「淮南子」「山海経」などには「咸池」または「甘淵」として記していることである。

さて、さきに述べた「太陽がなしの御嶽」に見られる日光感精説話は奄美群島にも残っている。思松金《おもいまつがね》という娘が川のほとりで洗濯をしていたら、太陽が手をさしたので心遠くなってしまった。そして孕んだが、神の子なので十二ヵ月かかって生んだ。父無し子とあざけられた男の子は天に昇って太陽に自分の子であることをみとめさせる。そののち、子どもの母は巫女（ユタ）の先祖になり、男の子はトキ（男ユタ）の先祖となった、という話である。奄美のトキ、ユタは年の始めにこの説話を唱えることで、あらたに聖性を身につける。ここで注目されるのは、思松金が童女にして日光に感じ孕んだ、つまり人間の妻でなく、太陽の妻、日《ひ》の妻《め》であるということである。同様の話は大隅正八幡宮の縁起にもある。震旦国の陳の大王の娘の大比留《おおひる》女《め》が七歳にして身ごもった。父王がそれをあやしんで問いただすと、朝の日の光が胸を覆っている夢をみたら、自分は妊娠したと答えた。父王はいよいよおどろいて、娘とその産んだ皇子とを空船にのせて海に流した。母と子が流れ着いたのは日本国の大隅国の海岸であった。その皇子を八幡と呼んだという。

これも日光感精説話の一つであるが、娘の名が大比留女となっているのは、アマテラスを連想させずには置かない。日神を斎《いつ》きまつる巫女は、太陽の妻であるがゆえに独身であり、また託宣をおこなう存在でもあった。

大隅正八幡の縁起と関わりのある日光感精説話が対馬に残されている。対馬の豆酘《つつ》に照日之菜《さい》という娘があって、その娘は日輪の光に感じて子どもを産んだが、のち豆酘の卒土《そと》の山で死んだ。この女を中古から正八幡という説があるとする。

ここで注意すべきは照日之菜という名前である。謡曲「花筐」の中の物狂いの女は照日の前である。柳田国男が指摘したように「能」の中の狂女には神に仕えた巫女の面影が残っている。中将姫の伝説ではまま母、悪女とするために照夜の前と名づけたのだろう。古事記には天若日子と下照姫の物語がある。小栗判官の物語の中の一方の主役は照手姫である。照手姫は照天姫《てるあまひめ》ともいわれており、巫女であったと考えられる。それらと照応するように「おもろさうし」には「照る妃《きしやき》」「照る真物《まもん》」「照る雲」「照る日」など、「照る」を冠する神名をもつ神女の多いことが目立っている。そうして、「照」の名をもつ巫女の中で最大なものが、天照大神であることはいうまでもない。しかしこれまで見た巫女の名はすべて照るであるのに、天照大神だけが照らすになっている。照るという自動詞から照らすという他動詞へ変化するには大きな飛躍があったはずである。すなわち太陽が自然神としての崇拝の対象から、国家神としての崇拝の対象へと変貌をとげるには断絶のあったことを物語っている。

琉球のばあいは、最初の統一王国をうちたてた第一尚氏が沖縄本島の東南部の知念半島に本拠をかまえたことから、東方崇拝がいちじるしく強化され、それは第一尚氏の後継者である第二尚氏にもひきつがれた。東方《あがるい》の大主《ぬし》である太陽《てだ》は、豪族である按司《あじ》や国王の代名詞となった。「太陽《てだ》が末《すえ》」すなわち太陽の末裔という言葉は国王の美称として使用された。万葉集にも「日《ひ》の皇子《みこ》」という言葉が登場する。では、「照る」から「照らす」への過程、そして太陽神として祀られる神の正体は古代日本の歴史の中ではどのように展開しただろうか。アマテラスの神話といま一つの降臨神話であるニギハヤヒの伝説を軸に見ていくことにしよう。

天孫の降臨地

アマテラスは天孫降臨を司令した最高神と思われているが、日本書紀の天孫降臨の段に述べられたいくつかの異説をふくめて分析してみると、タカミムスビの神が司令したとしている記述の方が古い型であることに気がつく。降臨を司令する神はタカミムスビからアマテラスへと推移したのである。これは古代天皇制の支配を強化するために、アマテラスの神格がのちの時代になって最上位にひきあげられたことを物語っている。

では天孫ニニギはどこに降臨したか。記紀を見てみよう。

古事記は「筑紫の日向の高千穂の久士《くし》ふる嶽《たけ》に天降りまさしめき」とあり「ここは韓国《からくに》に向ひ、笠沙の御《み》前《さき》をまき通りて、朝日の直刺《たださ》す国、夕日の日照る国なり、故《かれ》、此地《ここ》は甚吉《いとよ》き地《ところ》」とニニギが詔を下したとある。つまり、天孫降臨の場所は「韓国のほうにもむかい、笠沙の岬にもゆきとおって、朝日夕日が照りかがやく国であって、たいそうよい土地」であると述べている。それに対して日本書紀の本文には「日向《ひむか》の襲《そ》の高千穂峯に天降ります」とあり、つづけて「膂宍《そしし》の空国《むなくに》を、頓丘《ひたお》から国覓《くにま》ぎとほりて、吾田《あた》の長屋の笠狭《かささ》崎に到ります」となっている。

つまり天孫の降臨した場所は「膂宍の空国」であったといっている。「膂宍」というのは鹿や猪などの背中の肉を指す。「空国」というのだから、通説では背中に肉がない国、荒れてやせた不毛の地ということになる。

これを見ると、古事記と日本書紀はまるで逆の印象を述べている。本居宣長は記紀のくいちがいを調整するのに苦慮した。彼は「古事記伝」の中で、日本書紀の文章を古事記にひきつけるのではなくして、その反対の操作をやってのけた。古事記の原文には「此地者、向韓国」とあるが、この向は肉のあやまりであるとし、その上に「膐《そ》」の字が脱けているとみなした。さらに韓国《からくに》は空国《からくに》の借字であるとした。そうすると「向韓国」は「膐肉空国」という言葉に化けるのである（膐と膂とは同じ）。

古事記を金科玉条としているはずの宣長が古事記のほうを日本書紀に合わせるための大修正をおこなったのはなぜか。それは天孫の降臨した場所が「韓国に向ひ……甚吉《いとよ》き地《ところ》」とあるのが気にくわなかったのである。天孫降臨にまつわる話は大隅、薩摩、日向の間のことで、東南に向う地域だから韓国に向う土地などというはずはない、と宣長は力説する。しかし、天孫降臨の神話は「駕洛国記」に見られる首露王の降臨神話と酷似している、ということからして、この神話をもたらした人びとは朝鮮半島からの渡来人であったことが推定される。「韓国に向いて」というのは渡来人の心境をあらわすものと解せられる。また「日向《ひむか》」は太陽に向う土地であって、日向一国を指す固有の地名ではない。

この天孫降臨の記事では、天孫は「吾田《あた》の長屋の笠狭崎」に達している。そこには大山祇《おおやまつみ》神の娘のコノハナサクヤヒメ、またの名は吾田津姫《あたつ》がいた。ニニギはアタツヒメと結婚して、ヒコホホデミ、ホアカリ、そして吾田君小橋などの先祖のホノスソリの三人の男の子をもうける。さらにヒコホホデミの孫の神武帝は吾《あ》田邑《たむら》のアヒラツ姫と結婚する。日本書紀の神武東征説話に、阿太の鵜飼部の名が見える。この阿太は和名抄の大和国宇智郡阿陀郷で五条市の東部にあたる地域である。この阿太ももとは薩摩半島の吾田に由来する地名と見られることから、隼人が鵜飼に熟達していたことが推測できるのである。倭国に鵜飼の技術が見られたことは隋書倭国伝に記されている。アタという地名は沖縄語の鵜を意味するアタックと関係があるという説がある。おそらく中国南部から渡来した人びとの手によって鵜飼の習俗が薩摩半島にもたらされたのであったろう。

ではニニギまたは神武帝がいずれも吾田隼人の先祖である海人族の娘と婚を通じたというのは、何を物語っているのだろうか。私はそこに魏志倭人伝に記された邪馬台国とその南に位置する狗奴国の関係の反映を見るのである。そのことに触れる前に、まず邪馬台国はどこにあったかを述べておこう。

邪馬台国の東遷

北九州は中国・朝鮮にもっとも近く、その政治や文化の影響を受けやすい位置にある。倭の国々の中でもっとも強大な邪馬台国の所在地を求めるとすれば、北九州以外にない。北九州の中でも、もっとも広大な平野は筑後川の下流流域にひろがる筑紫平野である。久留米市の高良山《こうら》(三一二メートル)にある高良大社の境内から見下すと、壮大な景観が展開する。邪馬台国はおそらくここにあって、倭の国々の上に君臨していたであろう。

そのように推測する理由の一つとして磐井《いわい》の乱がある。「筑後国風土記逸文」には上妻《かみつやめ》の県《あがた》の南二里のところに、筑紫君である磐井の墓があるとされている。瀬高町の山門《やまと》から直線距離で二里半ぐらいの八女《やめ》市に今も残っている岩戸山古墳がそうである。八女市周辺が筑紫君磐井の本拠であったことは、磐井の墓だけでなく、その子孫の墓と称するものもそこにあることで分かる。磐井は根拠地の八女の山地から、筑紫平野一帯に進出し、御井《みい》（久留米付近）で物部麁鹿火《あらかび》に決戦をいどんだことが雄略紀に見える。筑紫平野を掌握するものが北九州を支配する覇者としての資格をもつことがこれで分かる。邪馬台国もおなじように和名抄にいう、筑後国山門郡山門郷（今日の瀬高町のあたり）から筑紫平野を目指したのではないか。

邪馬台国が御井、つまり、和名抄の三井郡にあたる一帯を中心に展開していたとすれば、その中心となるところが、筑紫平野を一望に見渡す形勝の地の高良山であったことは誰しも異論のないところである。御井の名も高良山のふもとの三井郡字朝妻にある泉から起ったといわれている。

高良山にまつられる高良神は高良《こうら》玉垂《たまだれ》命とされているが、記紀やその他の古典に見えないのでいかなる神か不明であり、諸説紛々としている。しかし住吉や宗像や阿曇や水沼君など、水や舟運に関係の深い氏族の神であるとしてさほどあやまりはないであろう。

日本書紀には、宗像の三女神は筑紫の水沼君がまつる神であると記されている。一方、「旧事本紀」の天孫本紀には、物部の阿遅古《あじこ》連《むらじ》は水間《みぬま》君の祖なり、とある。水間君と水沼君は同一である。ここから物部氏と宗像の神との関連が浮びあがる。水沼または水間の名は和名抄にいう筑後国三潴《みづま》郡のあたりの地名をとったものである。潴は水たまりや沼のことである。低湿地帯で、クリークが縦横に発達している筑後川の下流一帯の地形を水沼または三潴の名であらわした。太田亮は物部氏の故国は筑後の平原であって、高良神はその氏神であると推定している。もしそうだとすれば、邪馬台国の領域と物部氏の勢力の基盤とはほぼ重なり合うことになる。

さて北九州にあった邪馬台国が東遷して大和地方に統一政権を樹立したと考える論者はすくなくない。またその中には、邪馬台国東遷の事実が日本書紀の神武東征説話に反映されていると見る者もかなりある。ただ私が不審に耐えないのは、正史である日本書紀には神武東征に先立って、ニギハヤヒが天磐船で国の中央に降臨したという伝承が再三明記されているにもかかわらず、それをとりあげて仔細に吟味しようとする者がいないことである。これは甚だ一方的かつ恣意的ではないだろうか。

神武紀によればニギハヤヒは物部氏の遠祖である。したがってニギハヤヒの降臨伝承は物部氏によって伝えられたと見てよい。ニギハヤヒは大和地方の豪族ナガスネヒコの妹を娶ったとある。そのナガスネヒコは、河内国の草香邑の白肩津に侵入した神武の東征の軍隊と孔舎衙《くさか》で交戦し、散々相手を苦しめている。こうしたことから、ナガスネヒコと同盟して神武の軍隊と戦った物部氏の姿が浮びあがる。

「旧事本紀」にはニギハヤヒは河内国の河上の哮峰《いかるがのみね》に降臨したと記されている。哮峰は生駒山脈の峯の一つである草香山であったと見られている。草香山は現在の東大阪市の日下《くさか》町の背後にある山で、一名ニギハヤヒ山とも称せられていた。この伝承は物部氏が草香（日下）を本拠にしていた事実を暗示するものである。

ニギハヤヒを奉斎する物部氏は、かず多くの集団をひきつれながら、筑後川の下流地方を出発し、天磐船、すなわち磐のように堅固な楠船で、当時潟湖であった河内の内部に進み入り、生駒山脈のふもとの草香（日下）の入江にたどりついた。物部氏は草香を拠点として勢力をひろげ、大和地方の先住の豪族のナガスネヒコと結托して、物部王国をきずいた。そのあと一世紀以上経過して、こんどは邪馬台国が東遷して、おなじように草香（日下）に上陸しようとして阻まれた。邪馬台国の軍隊はやむなく迂回して大和に攻め入り、物部氏を打倒し、初期ヤマト政権を樹立したというのが神武東征説話にかくされた歴史的意味であったと思う。

従来の邪馬台国東遷論の欠陥は、東遷当時の大和地方にどのような政治権力が存在したか、を不問に付していることである。邪馬台国は空屋同然の大和に引越したわけでもあるまい。先住者があれば、両者の間にはかならず葛藤が生まれたにちがいない。その葛藤の実体は、先行したニギハヤヒを奉斎する物部氏及びナガスネヒコと後発の神武の軍隊との間の戦闘という形で神武紀に投影されていると私は思うのである。

神霊のよりつく青銅器

では物部氏および邪馬台国の東遷の時期はいつか。紀元前一〇八年、漢の武帝のとき、朝鮮半島に楽浪郡が設置された。後漢末の二〇四年頃にその楽浪郡の南に帯方郡が新設された。中国はこの楽浪、帯方の二郡を通じて、朝鮮半島の諸国と倭国とを支配した。朝鮮半島と倭国との政治動向を決定づけたのはこの二郡の消長であったといって差支えない。二世紀の後半、朝鮮半島には大きな変動が起っていた。楽浪郡の支配力がよわくなり、それに乗じて馬韓や辰韓、それに辰韓の北にある濊などが勢力を増し、楽浪郡の流民が南の馬韓や辰韓になだれこむという事態があいついだ。それと連動するかのように、時期をおなじくして倭国にも大乱が起ったと、魏志倭人伝や後漢書倭人伝には記されている。

倭国の大乱よりも更に大きな変化は、四世紀の初頭三一三年に、朝鮮半島における中国の植民地であった二郡が消滅したことである。すなわち楽浪郡が高句麗に、帯方郡が百済に併合された。朝鮮半島の小さな国々は高句麗、百済、新羅の三国にまとまった。朝鮮半島の動向に刺戟された倭の諸国は急速に統一に向う気運をみせはじめた。この頃、北九州にあった邪馬台国が東遷して大和地方に西日本を統一する政権を樹立したとする榎一雄や井上光貞の見解はもっとも説得的である。邪馬台国の東遷を四世紀の初頭とすれば、それに先行する物部氏の東遷は二世紀後半の倭国の大乱の時期に求めるのがもっとも妥当である。

物部氏は東遷するにあたって金属工人をひきつれていた。それは「旧事本紀」に記された天磐船の乗組員に天津真浦など鍛冶の連中の名前が見えるので推察がつく。弥生時代の青銅器の銅剣、銅矛、銅鐸などに霊威がついたものは、フツノミタマまたはフツヌシと呼ばれた。フツという言葉は光るもの、赤きもの、すなわち神霊の降ることを意味する朝鮮語である。

「肥前国風土記」には肥前国三根郡物部郷に物部経津主《ふつぬし》の神が鎮座すると記されている。壱岐国の石田郡に物部郷があり、郷の浦町（旧渡良村）に物部布都神社がある。また壱岐郡に佐肆付《さじふつ》都神社がある。こうしたことから物部氏はフツヌシを奉斎していることが分かる。また伊予には桑村郡に布都神社があり、その所在地の旧吉岡村から平形銅剣が二個出土している。阿波には阿波郡の建布都神社、河内には弥加布都命神社、比古佐自布都命神社がある。こうしたことから太田亮は物部氏がフツヌシを奉じながら、四国の北岸を通って畿内に入ったと推定している。物部氏のまつる大和の石上神宮の祭神がフツヌシであることはよく知られている。

神霊のよりつく青銅器をまつっていた物部氏は、青銅器を製作する工人の管理にもあたっていたと考えられる。それは物部氏の遠祖とされるニギハヤヒ（饒速日）の名にもうかがわれる。速日の名をもつ記紀の神々は雷神を意味していたと見て差支えない。雷神は鍛冶氏族の信奉する神であった。しかもニギハヤヒは太陽神の性格も備える神であった。天照御魂神をニギハヤヒとして祀る神社がいくつかある。その例が摂津国三島郡の新屋坐《にいやにいます》天照御魂神社である。この神社から数キロはなれた茨木市の東奈良で銅鐸の鋳型が多数発見された。ということからして瀬戸内海を東に進んだ物部氏が最初に落着いたところは摂津の三島であったと考えられる。

そのほか大和国城上郡の他田坐《おさだにいます》天照御魂神社や山城国葛野郡木島坐天照御魂神社もニギハヤヒをまつっている。天照御魂神社の祭神はニギハヤヒだけでなく、尾張氏の遠祖の火明命をまつるばあいもある。いずれにしてもアマテラスとは別系の男性神格をもつ太陽神であることは論者の指摘するところである。こうしてニギハヤヒは雷神であると共に太陽神であるが、この二つの性格は深く絡みあっている。というのも、製作した直後の青銅器はまばゆいばかりの光を放って、太陽を思わせるからである。日鏡とか日矛とかいう言葉が生まれる所以である。

日の下の草香

物部氏は河内のもっとも東の奥の草香に到着して、ニギハヤヒを背後の草香山にまつった。ということから草香は太陽の昇るところ、すなわち日《ひ》の下《もと》と見られた。草香という地名に「日《ひ》の下《もと》の」という冠辞がつけられた。つまり「日の下の草香」という呼称が生まれた。それがのちには日下と書いてクサカと訓ませるようになった。それはあたかも「飛鳥《とぶとり》の明日香《あすか》」という表現が、あとでは飛鳥と記してアスカと訓ませるようになったのとおなじ過程を辿ったのである。

物部氏の勢力が河内から大和へとひろがるにつれて、大和をヒノモトと称するようになった。おそらく物部王国はヒノモト国と称していたのであったろう。その原点は草香（日下）であった。それがやがては日本全体をヒノモトと呼び、日本という国号の生まれる機縁を作ったのである。

東大阪市の日下町の近くにある石切剣箭《いしきりつるぎや》神社はニギハヤヒとその子のウマシマジをまつる。その祭司は古くから物部氏の一族の穂積（木積）氏である。その近くの鬼虎川遺跡からは銅鐸の鋳型が出土している。物部氏が銅鐸の製作に関わりをもっていたことがこれによっても察せられるのである。物部王国のシンボルは銅鐸であった。銅鐸が時期をおなじくしていっせいに地上から姿を消し、埋納されるか破却されるかしているのは、緊急の事態が突発したとしか考えられない。すなわちそれは邪馬台国の侵入と物部王国の終焉を告げるものであった。

邪馬台国東遷の史実は神武東征説話に反映されているが、神武天皇と共に崇神天皇もハツクニシラススメラミコトと日本書紀に記されている。しかし実際はハツクニシラスは崇神天皇一人であって、神武紀には崇神天皇の業績が混入していると見る学者は多い。したがって侵入当時の邪馬台国の首長は崇神天皇ということになる。邪馬台国は東遷する前に、ながく敵対関係にあった狗奴国と和睦したと私は考えている。狗奴国は南九州に勢力をもっている隼人の前身というべき存在であった。さきに述べたように神武帝が吾田隼人の娘と結婚したというのは、邪馬台国と狗奴国との和解を意味するものにちがいない。

さて、崇神天皇は御間城入彦とか水間城《みまき》の王《きみ》とか記されている。水間《みま》は水間《みずま》の略語である。ここにおいて物部氏の故国が水沼、水間、三潴と呼ばれた筑後川の下流であったことを想起する。水間城の王とは水間地方に城をかまえていた王ということになる。邪馬台国と物部氏の領域がほぼ重なっていることはこれによっても証せられる。

邪馬台国の軍隊は大和に入るにあたって苦戦をなめた。神武紀によると、河内から海路を南下して熊野に到着したとき、東征軍はひどく疲労していた。そのとき、高倉下《たかくらじ》という人間の夢にタケミカヅチの神が現われ、おまえの倉の裏に置いてあるフツノミタマを天孫にたてまつれ、と告げた。そこで高倉下がいわれたとおり、フツノミタマを天皇に献上すると、東征軍は元気を回復したという。日本書紀には、神武の軍は熊野の神邑《みわのむら》の天磐盾《あまのいわたて》にのぼったと記されているが、それは現在の新宮市の神倉山にある巨岩で、そこには高倉下をまつる神倉神社がある。戦後、巨岩の下から銅鐸の破片が出て人びとをおどろかした。「旧事本紀」によると高倉下はニギハヤヒの子どもとなっている。これで見ても物部氏が銅鐸に関係のある氏族であることが推定できる。

物部氏のまつる倭大国魂

東征軍は熊野から吉野へ、さらに大和の宇陀地方へむかった。宇陀の穿《うがち》というところでは菟《う》田《だ》県《あがた》の首長の兄猾《えうがし》が叛いたので殺した。そのとき兄猾の死体から流れる血がくるぶしをひたすほどであった。そこで菟田の血《ち》原《はら》といったという。これはそこの土が赤い色を示していたからにちがいない。神武帝はそれから菟田の高倉山にのぼって国見をした。その近くに八《や》十《そ》梟帥《たける》がいて、女《め》坂《さか》には女の軍隊、男《お》坂《さか》には男の軍隊を配置していた。それからまた兄《え》磯《し》城《き》の軍隊がいて、磐余邑《いわれのむら》に布陣していた、とある。女坂は大宇陀町の上宮奥にあり、男坂は大宇陀町の半坂付近と見られている。忍坂《おつさか》が男坂に訛ったと考えられる。磐余は大宇陀町にあり、今日でも磐余老人クラブの名がある。こうしてみると神武東征の記事に出てくる忍坂や磐余は桜井市に求めるべきでなく、大宇陀町の忍坂（男坂）や磐余であると考えるほうが、戦闘の経路などから見て順当である。

さて、神武の軍隊は武力ではナガスネヒコと物部氏の連合軍を制圧した。しかしそれだけで充分とはいえなかった。大和の国魂を身につけねばならなかった。ニギハヤヒは大倭をつかさどる威霊であり、倭大国魂と呼ばれていた。それをまつっていたのは物部氏であった。

崇神紀には、アマテラスと倭大国塊の二柱の神を宮殿に祭祀していたが、神威をおそれて、神殿を別にこしらえ、アマテラスはトヨスキイリヒメに託して、倭の笠縫の邑にまつらせた。冒頭に述べた檜原の地である。一方、倭大国魂の神のほうは、ヌナキノイリビメに託してまつらせたが、ヌナキノイリビメは毛髪が落ち、身体がやせてまつることができなくなった。そこで物部氏にまつらせると、疫病は終息して、国内はようやく納まったという。垂仁紀に、倭大国魂神が物部氏の遠祖の大水口宿禰にとりついて、自分の祭を粗末にしたから、先帝の崇神天皇の命は短かったのだと託宣した話が記されている。これは外来者である邪馬台国の首長が先住者の物部氏の神をまつるのに、慎重さを欠いていたことを意味している。

アマテラスの勝利

さてアマテラスの祭祀はどうなったか。日本書紀によると、垂仁天皇の二五年に、アマテラスをトヨスキイリヒメから離して、ヤマトヒメにつけたとある。トヨスキイリヒメとヤマトヒメのこの二人の女性はオバとメイの関係にあり、当時の祭祀権がオバからメイへと譲渡されることを暗示している。ヤマトヒメはこの大神をしずめまつる場所を探して、菟田の篠幡《ささはた》にいき、近江国に入り、東の美濃をめぐって、伊勢国に到達した。ここにいたって、アマテラスがヤマトヒメに託宣を下して、自分はこの国にいたいと希望を伝えたので、それにしたがって、アマテラスの祠を伊勢国に建てたとある。一説には、天皇がヤマトヒメを御杖としてアマテラスにたてまつったと記している。御杖だったというのは、ヤマトヒメがアマテラスの憑代《よりしろ》であったことを示すものとされている。アマテラスの憑依者であったヤマトヒメが巫女であったことは容易に推察できる。

ではヤマトヒメはなぜ転々と諸国を巡幸したのだろうか。日本書紀には「大神の教へのまにまに」とある。そこには個人の意思からではなく、神に憑かれ、神の命ずるままに歩かずにはいられない巫女のさまよう姿が浮ぶ。そして巫女が伊勢の松阪の近くまできたとき、アマテラスはそこにとどまりたいと告げたのだった。

壬申の乱のとき、大海人皇子は吉野を脱出して美濃に赴く途中、伊勢の朝明郡の迹太川《とほ》（朝明川）のほとりで、天照大神を遥拝したと日本書紀にある。のち大来皇女を斎宮にした。この頃から皇祖神としての伊勢神宮の地位は確立したと見られる。すなわち、東のほうに昇る太陽を崇拝していた一般人の信仰が、ここでは東方にとくべつの意味を与えるようになったのである。

こうしてアマテラスは天つ神の筆頭の皇祖神として国家に君臨するようになった。それにひきかえてニギハヤヒは大和一国の国魂としてとどまったものの（大和《おおやまと》神社はニギハヤヒをまつるという説がある）、その影をいちじるしく薄くしていった。それはニギハヤヒに対するアマテラスの勝利といえるかも知れない。

ヤマト政権は物部氏を屈服させ、自分の支配下に従属させたが、それを肯んじない物部氏の一派もあった。それらは異族であるナガスネヒコと結んで中原に覇を唱えた栄光の日々を忘れることはなかった。東北地方の蝦夷の首長である安倍氏や安東氏はみずからナガスネヒコの兄の末裔であると公言した。東北地方の北部はながくヒノモトと呼ばれ、津軽の十三湊に勢威を張った安東氏は日下将軍と自称した。河内の生駒山脈のふもとの日下はヒノモトの名と共に、ここに蘇ったのである。

（「太陽」二九三号　一九八六年七月）

現代と妖怪

柳田国男は『妖怪談義』の中で、たそがれ時に町や村の辻で行き会う人に声をかけるとき、モシと呼ぶだけでは化物ではないかと疑われ、相手を不安がらせるので、かならずモシモシと言う地方があったと述べている。

二〇世紀もたそがれる現代は妖怪の出没しやすい時代である。人と化物のけじめがつかないのはもちろん、男と女の境目もぼやけている。価値はことごとく相対化され、すべてにわたって両義的な現代では、人びとは半信と半疑の間に宙吊りにされたまま生きている。神と妖怪の間にはさまれたとは言っても、どちらかと言えば妖怪よりの社会である。こうした世紀末の時代にとりわけ妖怪が好まれるというのも怪しむに足りないのである。モシと呼ぶだけではコンピューターではないかという不安がおそう。そうした意味で本誌に紹介する器物の妖怪にも進展が見られたのである。

お化けにも時代と共に消長する歴史がある。明治の半ば頃には狸が蒸気機関車に化けて鉄路を突進し、本物の汽車と衝突して死んだ話がよくあったが、汽車が電車に変った今日、その話は絶えて聞かなくなった。

柳田の説によると、日本の妖怪は神の零落した姿であるという。とすれば妖怪は神の末世の姿と見て差支えないが、妖怪にも末世があるらしい。たとえば世間にもてはやされてきた石燕《せきえん》や暁斎《きょうさい》の妖怪は、やせほそっていて、醜く、貧乏神や疫病神とまぎらわしい。これは妖怪に対する信頼の欠如と想像力の衰えを、型にはまった写実性と奇抜な趣向で補おうとしているように私には思われる。

それに比べると本誌ではじめてその全貌が公開される備後三次《みよし》の「稲生物怪録絵巻《いのうもののけろくえまき》」に登場する妖怪のごときは、一月間も主人公をなやませながら、カラッとして明るく、どこか大らかで、いわゆる神聖なる喜劇の特色が全巻に横溢している。神のなれの果という視点に立てば妖怪の本領は、むしろこちらの方にある。

『稲生物怪録』は日本の妖怪譚の白眉である。平田篤胤や泉鏡花や折口信夫をはじめとしてその心酔者は今以て跡を絶たない。私もまたその末席を汚《けが》す一人で、今から二〇年前に、篤胤の著作をひもといて『稲生物怪録』に触れ、その怪物が現代人の想像力の域をはるかに越えた姿で登場するのを見て驚歎した。これほどの非凡な化物群を縦横に活躍させる筆者の手腕に敬服する一方では、それが篤胤ひとりの頭脳から生まれたものとはとても思われぬことから、彼が題材を何処に求めたか、その出所を知りたく思っていた。しかし長い間手がかりをつかめなかった。

先年、たまたま広島市に所用があり、ついでに物語の舞台の三次市にまで足をのばし、そこで『三次実録物語』と柏正甫の『稲生物怪録』の原本のコピーを入手することができた。『三次実録物語』の原本は広島市に在住する稲生武太夫の子孫が所蔵している。また柏正甫の『稲生物怪録』の原本は、もと大阪の古本屋でそれを見付けた人が、終戦直後三次市の吉祥寺に滞留した際に、友人であった同寺の住職に置いていったものだという。

柏本には柏正甫の自序が載っている。それによると、彼が稲生武太夫と同役であった折、夜を徹して親しく聞き出し、話の内容を書き留めて置いた。柏は後年、武太夫と一緒に江戸に上ったとき、また念入りに聞いてみたが、前に筆写して置いた内容とすこしもちがうところがなかったと述べている。この自序が書かれた天明三（一七八三）年はいまだ物語の主人公の稲生武太夫が存命中であった。

この柏本の『稲生物怪録』を寛政一一（一七九九）年に筆写していた人物がいた。平田篤胤は人を介してその所蔵本を借り受けて筆写したが、それから六年たった文化八（一八一一）年に取り出して読んでみると、文字のあやまりがあり、文章の結びがはっきりしないものもあったので、篤胤は自分の門下生に校訂させて、あらたな筆写本をこしらえたという。このことは柏本に付された篤胤の序文の中に記されている。このようないきさつから、柏本をもとにして、同題名の篤胤の書物は生まれたのである。

一方『三次実録物語』は物語の主人公を一人称で記しているところから、稲生武太夫自身が筆を取ったものと推定される。淡々とした文体で事実を書きとめ、素朴な回想録になっている。したがって余人が主人公になりかわって書いたものとは思われない。魔王が平太郎（のちの武太夫）を呼ぶのに「御自分さま」と言うのは備後三次の方言であろうか。この『三次実録物語』の内容は簡略化されながら「稲生物怪録絵巻」の文章に受けつがれている。それは三〇日間にわたる化物の登場の順序がまったく同じだということからも裏付けられる。それに比して平田本の『稲生物怪録』は化物の登場の順序がちがうところがあり、その文章も記録風というよりは、物語風の体裁を取った説明調である。平田本には柏本の模写が多く目立っている。しかしちがっている箇所もかなりある。それはおそらく次のようないきさつによるものであろう。稲生武太夫の体験譚は藩の内外に知れ渡っており、それを武太夫の口から直接に聞いたものは多かったと思われる。中には柏正甫以外にも書き記して置いたものもあったと考えられる。折口信夫が泉鏡花に会ったとき、鏡花が折口にむかって、稲亭随筆だの、稲亭何だとかいう写本をよく貸本屋がもってきたと告げている。そうして五、六種を挙げたが、たいていは写本であったという（『鏡花との一夕』『平田国学の伝統』）。そうした本が幾種類か写本として流布していたのを、篤胤が入手して参考にしたのではあるまいか。ともかく平田本には柏本に見当らない重要な箇所が付け加えられている。

この物語の結末は、平田本によると、魔王である山本《さんもと》五郎左衛門が一つの手槌を取り出して、それを平太郎にさずけ、この後怪しいことがあったら、北に向かって、早く山本五郎左衛門来たれと申して、この槌で柱を強く叩くがよい。そうすれば私はいち早くやってきて、お前を助けるだろうと言った。その槌は魔王が去ったあとも残されていた。槌の形は六寸ぐらいで柄の長さ一尺余であった。丸木の皮を剝ぎとっただけであったが、黒くなっていて塗ったように見えた、と記されている。更に篤胤は付記して、この槌は広島の国前寺の末寺である三次の妙栄寺に納めておいてあったが、妙栄寺から享和二（一八〇二）年六月八日に国前寺に移った和尚が持参して、今は国前寺に納まっていると述べている。享和二年は武太夫の死の前年にあたる。

ところが柏本にはその部分がまったく欠落している。また平田本では山本五郎左衛門が物語をしている間、冠装束した人の姿が腰から上だけ現われて、魔王の話に答えながら平太郎を守護している様子であった。これは産土神《うぶすながみ》が平太郎に付添い給う姿で、平太郎は深くありがたく嬉しく思ったと述べてあるが、この記事も柏本には見当らない。

「稲生物怪録絵巻」には貴人の話は載っているが、槌の話は欠落している。では稲生武太夫が書いたと見られる『三次実録物語』はどうであろうか。そこでは魔王は山本太郎左衛門と名乗っている。その魔王が話をしている間、冠をつけ、直垂《ひたたれ》を着て、笏《しやく》を手にもった人の姿が見えたと記されている。また槌については、この槌で西南の間の椽《たるき》を思うさま叩けば、即座に自分が出てきて助力すると述べ、五〇年すぎない間はこの槌を他人に見せてはならぬといましめたとある。

この『三次実録物語』の末尾に「槌之次第覚」という付記があり、稲生武太夫が魔王に槌をもらった寛延二（一七四九）年の七月晦日《みそか》から数日を経た八月三日、小屋の隅に渋紙につつんで埋めたのをはじめとし、転々と埋めた場所を変え、宝暦八（一七五八）年に広島に移住した際それを持参し、床の下に埋め置いたのを、享和二年に国前寺にあずけることにした、と記してある。これは篤胤の記述の経緯とはちがうが、国前寺に納めた年月日は一致している。先にも述べたとおり、その槌を国前寺にあずけた年の翌年の享和三年、武太夫は六八歳で亡くなった。

国前寺では今日でもこの槌を寺宝として大切に扱い、年に一度、一月七日の一日だけ一般に開帳することにしているという。

稲生家系図では稲生武太夫の正式な名前は第七代目の忠左衛門正令である。享保二〇（一七三五）年に生まれ、幼名を平太郎といった。彼が化物に出会った寛延二年は数えの一六歳で、怪異とたたかうこの物語は、元服を前にした稲生平太郎の武勇物語と見られている。彼はのち武太夫と名を改めた。旧三次藩御徒歩《かち》組一二石四人扶持であった。五万石の三次藩は広島藩の支藩であったが、享保五（一七二〇）年に広島本藩に合併された。そうして宝暦八（一七五八）年には家臣団も広島城下へ引き揚げた。稲生武太夫もこの年に広島へ引越したのである。

さて稲生平太郎をおそう化物は奇抜な趣向のものと、ありふれた日常雑器との二つに分かれる。貞八の頭が二つに割れて猿のような赤子が二つ三つ出てくるというもの、また車止めの石に大指のような足があって、それには蟹の眼がついているというもの、は前者である。また日常雑器には、唐臼、石塔、漬物桶、塩俵、水瓶、擂《す》り粉木《こぎ》、擂り鉢、葛籠《つづら》、盥《たらい》、箒《ほうき》、瓢箪《ひょうたん》、鼻紙、行燈、香炉、錫杖といったたぐいがある。これらありふれた器物もまた並々ならぬ怪異を見せて、恐怖をさそうのである。「稲生物怪録絵巻」にはないが、化物の到来の前兆として、畳の隅が揚るというのも他の怪異譚に見ることのできない特色である。このように化物は手を変え品を変えて、これでもかと迫ってくるのであるが、その真意はどこにあるのだろうか。化物の出現の仕方がじめじめしていなくて、ただ相手をおどろかすことを趣味として出現するといった風のところがある。そこで折口は平田篤胤が『稲生物怪録』を書いた動機を推測しながら、次の点を指摘している。かならずお化けも、われわれの祖先がもっていた神の考えから出ているのだ。だから悪意もなんにもなしに、人間に触れて自分のもっている技巧をば、示したくなるのだ。篤胤のこのお化けに対する考えは、近代のわれわれがお化けに対してもっている考えとはちがう。つまりお化けの中にある神性を篤胤は認めていた。

この折口の指摘は的を射ている。先にも述べたように、最後の夜、魔王と相対した平太郎の傍に、産土神《うぶすながみ》あるいは氏神のような貴人が坐っていて、魔王の物語に返答していたという箇所がそのことを暗に示している。

だがしかし、折口は『稲生物怪録』には篤胤の創作したお化けがよほど入りこんでいる、と推測を加えているが、これまで見たところからすれば、それは当っていない。平田本に登場するお化けはすべて『三次実録物語』にも登場するのである。それは篤胤の創作ではなかった。さりとて、三次盆地につたわる百物語のような怪談を集成したものともちがっていて、あくまで稲生武太夫の体験にもとづくものであった。そこにこの怪異譚のユニークさがある。

『稲生物怪録』は明治以降の文人にも愛せられて、泉鏡花は『草迷宮《くさめいきゅう》』の中にそれらしき魔物をとりあげ、巖谷小波《いわやさざなみ》は『平太郎化物日記』でお伽噺にした。稲垣足穂《たるほ》もそれの現代訳を試みた。このように有名な怪談も、その絵巻の全貌は公開されることがなかった。今回ここに「日本の妖怪」特集を編む本意はこの絵巻を広く見て貰いたいためである。

（「別冊太陽　日本の妖怪」一九八七年四月）

神々の足跡――神社が語る古代史

初詣でと日本人

なぜ日本人は、正月になると神社に初詣《はつもう》でに行くのでしょうか。大きな謎ですね。それも有名大社ばかりに人が集まる。私自身は初詣でに出掛けたことがないのですが、もし行くとすれば祠のような小さな神社の神々に祈るでしょうね。

なぜかといえば、大きな神社の神々は、国家と結びついて政治のお先棒を担いだり、どこか威丈高だったりして、等身大の神ではないんですね。私は、それが好きになれない。土地に根ざした神とか、自然への畏れから生まれた神とかの方が、安心できるし、民俗学の立場からいっても興味がありますね。

大きな神社の神とはいえ、日常的に信仰している場合は違います。たとえば、出雲大社や大神《おおみわ》神社などは、土俗的な空気を持っていますし、朝な夕なに礼拝する人もいるわけです。でも、それは自然な信仰だから苦にならない。

ところが、日本人は、正月だからということで、非日常的なレベルでの神社に足を伸ばす。日ごろ、コミュニケートしている神社でなくて、伊勢神宮とか明治神宮で聖なる気持を抱いてしまう。というよりも、そういうところでしか、聖なる感情がわいてこない。

それには、いろいろな理由があげられる。一つには、土俗的な小さな神が身近なところから失われてきているという都市化現象のため。また、〝新年〟という心情を、初詣での雑踏の中で、相互確認したいため。大きな神社の方が、小さな神社よりも、偉くてご利益があるんじゃないかという日本人独特の事大主義のため。そのほかにも、人びとが初詣でに押しかける要因は考えられる。

いずれにしても、正月を迎えて神社に行くというのは、旧年をすべて忘れて、心改めて新年のスタートをきろうという感情が強く潜在的にあるからだと思う。竹の節《ふし》のように一年一年で完結し、年が切り替わっていくのが日本人の時間観念の特徴なんですね。

元号についてもそうですが、たった一日で昭和から平成に変わってしまう。それで、昭和の時代が終わったという気分になる。西暦では、そうはいきません。一九八八年から一九八九年では連続していきますからね。

さまざまのものを蓄積しないで、水に流してしまう。悪いことは忘年会で忘れてしまって、新しい年を迎える。都合のいい考え方で、世界でも珍しい。「若水《わかみず》を祝う」というのも、魂を切り替えて新しく出発するための儀式です。

沖縄の宮城島《みやぎ》では、旧正月に門中《もんちゅう》と呼ばれる一族が集まって、産井《うぶかー》という泉で行う行事があります。男はその水を額《ひたい》に垂らし、女はその水を頭にふりかけるんです。やはり魂を新しくする儀式ですが、見ていて、とても気持のいい光景でしたね。そこには土着の神がいるだけで、国家とか権力などの他者を意識しなくていいですから。

小さな山村とか漁村では、小さな神社とか祠にお参りするしかないでしょう。しかし、氏神《うじがみ》や産土神《うぶすながみ》に祈るというのが本来の形なんですね。氏神というのはもともと同族の神だし、産土神というのは郷土の神ですから、そこを詣でることによって、共同体の精神的な紐帯《ちゅうたい》も強まるんですね。それがいちばん自然な形です。都会には、そういう郷土的な神が少なくなってきているから、大きな神社に初詣でに押しかけるのも仕方ないんですが。でも、産土神や氏神の方が、精神的充実感という点においては、はるかに大きいと思います。

いずれにしても、神と人間の関係の原形がどこにあるかを見きわめて、それを見失わないことが大切です。それは、民俗学をはじめとして研究に携わる者の重要な役目といえますね。

神の前の平等

元来、神々というものは、一族が祀る氏神とか、地域共同体が祀る産土神だった。血縁共同体と地縁共同体が重なったところに何があるかというと、生産共同体があったと思う。というのは、非血縁の者でも生産共同体には入れますからね。

たとえば、よく「竈《かまど》を一つにする」といいますね。共同飲食をすれば、親しみがわいて、血縁と同じような関係になる。一緒に寝起きをしたり、生産に従事したりしても、同じです。

私は熊本県の水俣の生まれなんですが、そこは漁村で、朝早くから地曳き網をひいていたんです。小学生のころによく見に行きましたが、そのとき空《から》の弁当箱などを持っていくと、そこに小魚を入れてくれたものです。なぜかというと、ただ子供が遊びにきたからというわけではなくて、その場に居合わせた者は分配される権利があるからなんです。

昔からのしきたりですが、それを「見たます」と呼びます。「たます」というのは、分配される量のことですね。南九州や沖縄で使われる言葉です。とにかく、子供がそこにいるだけで、「たます」をくれるわけです。収穫物の大部分は平等に分けるということが、共同作業の根本にある。

なぜ平等に分けるかといえば、それは神の前の平等だからです。魚という収穫物は、神の恵みである。神々に祈った結果、豊漁がもたらされた。したがって、まずそれを神にすべて捧げ、そのお裾分けが平等に分けられるということです。

マタギなどの山の狩りの場合もそうですね。そこに居合わせた旅人であっても、「たます」をもらいますし、猟犬ですら分け前にあずかります。ですから、生産に従事した人のみならず、生産の場にいるだけで分配される。それがもっとも普遍的な平等です。そして、それは、神が存在してはじめて可能となる。その神は、やはり土地の神ですね。

氏神、産土神、郷土神、小さな神もさまざまですが、このうちのどれかが生産共同体の神になっていく。そして、その共同体の神にお参りに行く。ところが、こんどはその神に仕える人が出てくる。そうすると、収穫物の初ものを神に捧げても、村人に平等に分ける前に、その人が少し取るわけです。これが税金の原初形態ですね。

伊勢神宮の外宮で、神嘗祭《かんなめ》のときに「懸税稲《かけちからのいね》」という行事があります。神戸《かんべ》などから奉納される稲をすべて玉垣に懸けるのですが、「税」と書いて「ちから」と読ませている。形は神に捧げられたものですが、じつは税なんですね。政治的支配者がとるのではなく、初めに神が税をとってしまう。これは余談ですけれど。

天つ神と国つ神

村が生まれ、村が合わさって、国が生まれる。国には、国の神が祀られる。それが国つ神ですね。また国《くに》魂《たま》ともいいます。大国魂神社といいますが、大国魂とは国つ神のことです。国魂の保護がないと、国は成り立たないから、土地の豪族はそれを身につけなければならないわけです。それが日本の初めの状況だったと思う。

やがて、「分かれて百余国となす」という状態から、統率者が出て、統一へ向かう。新しい支配者は、その土地の国魂を身につける必要が出てくるわけですが、外来者ですから間接的にならざるを得ない。だから、そこの土地でとれた稲を食べるとか、土地の豪族の娘を采女《うねめ》として宮中に入れたりして、その土地の魂を身につけていく。

一方で、支配者の系譜に属する神々や、支配者が引き連れる豪族の神々が、その土地に出現することになる。それが天つ神です。ですから、国つ神が先住民の神で、天つ神が後来の民族の神であるとした柳田国男の分析は、私は正しいと思っています。

それで、日本には、天つ神と国つ神という神々の系統ができるわけです。そして、天つ神が朝廷との結びつきを強めていくなかで、国つ神の影は薄くなってゆく。さらには、天つ神によって、辺境に追いやられてしまう。

また、辺境には、国つ神ほど出自が明らかでないけれども、山とか川とか温泉とかの自然神のような小さな神がいっぱいいるわけです。天つ神は、そういうところへも進出していく。

それがいちばん特徴的に表われているのが、東北地方ですね。鹿島神宮の御子神を祀る神社が太平洋岸、いわゆる福島県の浜通りから宮城県の海岸部にかけて多いんですが、それは何を物語っているのか。鹿島の神は天つ神ですが、その所在地をつないでいくと、どうも海沿いのコースをたどって北上しているとしか思えない。

つまり、中央政府が蝦夷《えぞ》を制圧していく過程で、鹿島御子神を祀りながら進出していっているわけです。鹿島御子神は、いわば中央政府の宗教的なお先棒となっている。また、九州の隼人《はやと》の場合を見ても、宇佐八幡宮が同様の役割を担っている。

異族制圧のために、神社が使われている。これは怖いことですが、重要です。太平洋戦争でも行われていて、朝鮮に朝鮮神宮とか、シンガポールに昭南神社とか、外地に侵略の手段として置かれている。こういう神社の利用法は、すでに古代からあったということです。

中央政府と神社の結びつきを示すものとして、神階があります。正一位稲荷大明神というように、朝廷が神に位階勲等を授けるわけですが、神々が人間の位と同じ評価をされるというのは実に不思議です。しかし、それを受けることによって、神田や神戸などが増えていくから、神社はより上の神階を求めていく。

とくに天つ神は、外来の神ですから、その土地との関係が希薄なので、こういう形で国家とつながらざるを得ない。天つ神には、国家の政策を背後で支えるという危険が高いわけです。明治になってからも、天つ神が官幣社、国つ神が国幣社に分けられ、天つ神が上位にランクされている。

神社と政治の癒着は近代の所産と思っていたわけですが、奈良時代以前からあることに愕然《がくぜん》とします。日本の神はそういう性質をはじめから持っているのです。

神々の素性

このように、神々の変貌を白紙に戻さないと、古代の歴史像が出てこない。ところが、神道史などを研究している人は、フォークロア的視点に欠けるきらいがあります。それは、学者としての怠慢だと思う。とくに、中世以降の神学が困ったものなのです。神そのものの存在が曖昧《あいまい》ということもありますが、自派の都合のよいように神々の意味づけをしていくわけです。

それはさておき、気比神宮の場合でいうと、「記紀」などに、ツヌガノアラシトという新羅の皇子が敦賀に来たとありますが、私はもちろんツヌガノアラシトが気比神宮の本来の神と考えています。ところが、神宮は仲哀天皇や応神天皇などを主神として祀り、ツヌガノアラシトは客人神《まろうどがみ》として脇に追いやられているんです。

主神と客人神の転倒は、非常に例が多い。アラハバキ神などもそうですね。もともとは土地の神でありながら、外から強力な神がやってくると、客人神になってしまう。だから、歴史の実像を探るためには、こうした関係に注意することが必要です。

それから、天目一箇神《あまのめひとつのかみ》のような金属に関わる神というのも、農業を基盤とした朝廷の進出によって、脇役に追いやられ、農業神に駆逐されていってしまう。また、天つ神といっても、宗像《むなかた》神や安曇《あずみ》神などの海人《あま》族の神は、朝廷が侵出を進める際に海のルートを確保するために組み入れられ、直属の神として天つ神にならざるを得ないわけです。

神社の素性をひとつひとつ洗っていくと、さまざまな役割が付せられており、カラーがついている。だから、神社を細かく見ていくと、いろいろなことが分かってくると思います。

日本の神社の中に式内社《しきないしゃ》というものがある。それは『延喜式』に所載された神社だから、少なくとも延喜の時代（九〇一〜二三）までは、神社の存在を確認することができる。さらに式内社のうちで『風土記』『続日本紀』や金石文などに神社名が出てくれば、もっと遡って存在が分かる。

土地に根ざした神社の場合には、土地の名前が付いていることがあるし、また、土地の豪族の名前や役割が付いていることもある。だから、神社を調べていくと、土地と深い関係があることが見えてくる。

一方で、地名を追っていくと、『和名抄』に郡・郷・里の地名が出てくるので、その地名と神社の名を並べて考えてみる。神社名が直接に地名を表わしていなくても、所在地が分かれば、土地とのつながりが読めてくる。

地名は「記紀」や『万葉集』『風土記』にもたくさん出てくるので、土地についての神話や伝説を知ることもできる。それらには、あとから作られたものも多いだろうが、非常に古い時代からのもの、あるいはそれを新しい形に直されたものもあるだろう。

豪族の名前でも、人名というのは七、八割は土地の名前から出発しているので、土地と豪族を結びつけるのも可能だし、そこに神社があれば、さらに別のことが分かってくる。

神社をはじめとして、地名・豪族・伝承などの要素から、ある程度、歴史を復元することができるのです。

柳田国男は、現代を基点とした民俗学の方法では、室町時代以前には遡及できないといっていますが。とにかく、そのようにして、民俗学的アプローチから、立体的に歴史の構造を考えることができるのです。それを私は、『青銅の神の足跡』（集英社刊・一九七九年）と『白鳥伝説』（集英社刊・一九八六年）の中で、試みたわけです。

見えてくる歴史

『青銅の神の足跡』では、古代天皇制成立以前の社会の実像を探ったのですが、そのキーとなったのは、目が一つしかないという神の存在でした。

柳田国男が「一目小僧」の伝説について、鍛冶の工人との関係を説きましたが、一目小僧こそが一目の神と考えて調べていくと、ことごとく金属に関わる土地に、その伝承があることが判明してきたわけです。また一方で、イフクべという氏族や、さらにその名と関連するイフクという地名に注目すると、イフクべ氏というのは、銅や鉄を精錬する人々ではないかと思われてきたのです。

そうして、天目一箇神などの金属神や、金属にまつわる地名・氏族・伝承を追ってゆくうち、金属神から農耕神への逆転、かつて精錬技術をもった民族が、ヤマト朝廷によって追い払われていった歴史が浮かんできたのです。

また、『白鳥伝説』では、それ以後の古代天皇制成立期の歴史をみたのですが、東大阪市にある日下《くさか》という地名が、なぜ「日下」と書いて「クサカ」と読むのかという疑問から出発したわけです。

調べてみると、物部氏と関連のある神社が付近にたくさんあるんですね。物部氏が蘇我氏らとの戦いで敗れ、滅亡したという地も近くの八尾市にあるし、また、物部氏の祖神であるニギハヤヒノミコトが天磐船《あまのいわふね》に乗って降臨したという生駒山地も、日下のすぐ東側にある。

日下という土地は、物部氏の痕跡が色濃く残っているところだったんです。そうして、河内の日下がヒノモトと呼ばれた国であったこと、その支配者はニギハヤヒノミコトを奉戴する物部氏の一族だったことが明らかになったのです。

また、物部氏は九州より東遷して河内に入り、それに続いて河内に東遷してきたのが、神武を指導者とする邪馬台国ではなかったかと、推理したのです。神武とニギハヤヒの戦いは、邪馬台国とヒノモトの攻防戦の伝承ではないかと、考えられるわけです。

両書の内容はともかくとして、このように、神社や地名・豪族・伝承などに留意すれば、古代へ遡ることは可能なのです。これまでのように、文献史学や考古学だけによる研究でなく、民俗学や民族学など、あらゆる分野にわたる古代史の研究成果を加えて、歴史を捉える必要がある。

古代の世界は謎に包まれています。しかも、「記紀」などの記述は、朝廷の立場から書かれたもので、正当性を欠いている。とくに政権成立までの前史は欠落し、かつ対立者の姿を正しく描き出してはいない。しかし、それにもかかわらず、抹殺しそこなった部分があって、それが歴史の実像を語らしめようとしていると、私は思う。そのための重要な手掛かりのひとつとなるのが、神社や神々なんですね。

地方の小さな神々、あるいは大きな神社の境内の片隅でひっそりとしている神々。それらもまた、朝廷によって追われた神が多いだけに、逆に歴史を雄弁に語っているともいえるんです。

（「歴史読本」一九八九年三月号）

羽衣——水辺の天女たち

謡曲「羽衣」の「疑いは人間にあり、天にいつわりなきものを」という天人の言葉ほど、人間界のすがたを一言で突き刺す表現があろうか。この言葉を聞いて三保に住む白竜《はくりょう》という漁夫は「あら恥づかしやさらば」と言って、隠していた羽衣を天人に返すのである。

この言葉の大要は「丹後国風土記」逸文の中からとったものである。それによると丹後の国丹波郡の郡家《ぐうけ》、つまり今の京都府峰山町の西北方に、比治《ひじ》という里があって、その里の比治山のいただきに真奈井《まない》という泉があった。そこに天人が八人、降ってきては、いつも水浴していた。和奈佐《わなさ》の翁、和奈佐の嫗《おうな》という老夫婦がその近くに住んでいたが、この老夫婦は天女の一人が水浴しているところを見計って、ひそかにその衣服を隠してしまった。そして翁は、天女に自分の子になれと強要した。天女は一旦、人間の世にとどまった以上、お言葉にしたがいますから、どうか着物を戻して下さいと懇願した。翁は天女に自分をだますつもりだろう、と言うと、すべて天人はまことを本としているのに、どうして疑って着物を返さないか、と天女は問いただした。翁は「疑いが多く、信のないのは人の世の常である。それで、そうした人間界の心をもって、許すまいと思っただけだ」と答えて、隠していた羽衣を返し、自分の家に連れていって十年あまりすぎた。

天女は酒づくりがうまく、その酒は一杯飲んだだけで万病が癒えた。世間の人は、高い値段でその酒を買い求めた。ところが家が豊かになると、老夫婦は天女につらく当たり出し、おまえは自分の子ではないから、はやく出てゆけ、と責め立てた。天女はなげき悲しみつつ家をあとにし、さまよい歩いた。そうしてある村にたどりつき、そこの村人にむかって、老夫婦の邪慳な仕打ちを思うと、自分の心は荒塩のようだとなげいた。そこで、その村を荒塩《あらしお》の村と呼んだ。

また、つぎの村に行って、槻《つき》の木によりかかって泣いた。だからその村を、哭木《なきき》の村と呼ぶことになった。さらにつぎの村にたどりついて、村人たちに「ここにきて自分の心はおだやかになった」と言って、そこにとどまった。そこでその村を、奈具《なぐ》の村と呼ぶようになった。その天女が、奈具の社に鎮座する豊宇賀能売《とようかのめ》命である、という。トヨウカは豊受で、穀物神である。

荒塩、哭木、奈具という地名は、悲劇の進行と、それに伴う天女の心境の推移をたくみに表現している。これを地名の上で見ると、天女が水浴したという比治山（磯砂山《いさなご》）から流れ出る小川が竹野川と合流する地点に、峰山町の荒山がある。これは、荒塩の村の名残りとされている。その竹野川の中ほどに峰山町の内記《ないき》があり、そこは哭木に由来すると見られている。さらに竹野川の下流にあたる竹野郡の弥栄《やさか》町には、船木の奈具の岡がある。これらの地点が、物語の筋にしたがって、竹野川の上流から下流にむかって川沿いに順次に展開しているのは注目にあたいする。峰山を中心とした丹後の盆地一帯が、羽衣伝説に古代劇の舞台を提供しているのである。荒山、内記、奈具の岡などの現存の地名を手がかりにして、古典に見られる荒塩、哭木、奈具などの地名を知ることができる。

羽衣伝説の特徴の一つは、天女たちの地上における艱難の生活である。それは「常陸国風土記」の香島郡の条に見える、白鳥伝説にうかがわれる。垂仁帝の御代に白鳥たちが朝方に天から飛んできては、乙女の姿となって、石を拾い、池をつくり、堤をきずいた。そして夕方には、また天に戻っていった。しかしいたず

らに月日をすごすばかりで、堤をきずこうとしてはそれがくずれ、一向に完成しなかった。乙女たちは、
「白鳥《しろとり》の　羽《は》が堤を　つつむとも　粗斑《あらふ》・真白き　羽壊《はこ》え」
と口々にうたいながら天に昇って、それから二度と降りてはこなかった。そこでその土地を、白鳥《しろとり》の郷《さと》と言う、とある。池の堤をきずく作業が完成しなかったことを悲しむ歌にちがいない。白鳥の羽が、痛ましくも破れている光景が想像される。

　琵琶湖の北の余呉湖にも、羽衣伝説がある。そこは昔は伊香《いかご》の小江《おうみ》と称した。「近江国風土記」逸文によるとその小江に天女が八人、水浴をしていた。あるとき伊香刀美《いかとみ》という男がその光景をはるかに望見して、自分の飼っている白い犬に一番若い天女の羽衣を盗み取らせた。天女は天に昇ることができず、伊香刀美と結婚して二男二女をもうけた。母となった天女は、そののち羽衣を探し出して天に戻っていった、という。日本には羽衣伝説は多いが、白鳥が乙女の姿をして現われるのは、さきの常陸国香島郡の白鳥の郷の話と、この話の二つだけである。

　その余呉湖には、別の話も伝わっている。

昔、ある漁夫が余呉湖で魚をとっていると、三尺余の金の鯉が網にかかった。その鯉を持ってかえろうとしたが、途中、あんまり重くて歩けなくなった。一《ひと》休みしていると、肝心の鯉が見えなくなった。鯉を探して歩き、柳の木の下までできたとき、枝にうすものの衣がかかっているのをみとめた。鯉の代りにそれを持ってかえろうとすると、うしろから呼びとめられた。ふりかえると、世にもうるわしい美女が立っていて、その衣をかえしてくれと懇願する。だが漁夫はそれを聞き入れないので、天女はやむなくあきらめて漁夫の妻となった。

そのうちに、男の子が生まれた。男の子の子守がある日、

「おまえの母は天女さま、おまえの母の羽衣は、千束千把の藁の下」とうたった。

彼女は、それを聞くなり、藁束の山に駆けよって羽衣を探し出すと、身にまとい、天に昇っていってしまった。

天女は羽衣を奪われていったん人間界にとらわれの身となるが、それを見つけ出すと人間の手の届かない天上世界に去っていく。そこに、羽衣伝説の底に流れる悲しみがある。

鳥取県の東郷池の南に、羽衣石山《うえしやま》がある。その名の示す通り、そこには一つの物語が伝わっている。

天女は、その山にある、大きなうつくしい石のところで舞い遊ぶのがつねであった。あるとき、石の上に羽衣を脱ぎ捨てたまま眠ってしまった。とおりかかった農夫がその羽衣を見付け、こっそり持ち帰った。天女は羽衣がないと天に帰ることができないので悲歎にくれていると、どこからともなく声がして、「あなたはしばらくの間、人間の世界に住まねばならない。そして何年かの後に、白い花の咲いた蔓草《つるくさ》の下で、子どもに救われるであろう」と告げる者があった。

天女は、農夫の妻となった。そして二人の女の子をもうけたが、自分が天人であることをすっかり忘れていた。あるとき天女は偶然のことから、農夫が羽衣石山から持ち帰った羽衣を身につけた。するとたちまち、天人であったことを思い出した。とたんに身は、高い空に浮かんでいた。そうして、天女の子どもたちが夕顔の花の咲くほとりで見守る中を、天に昇っていった。

この話で注目すべきは、しばらく人間の世に住まねばならないという天の声に命じられて、天女が下界の人となったということである。そこには、苦難の前途が予言されている。そうした運命に出会うことは、天

女が犯した天上の罪のむくいであることが暗示されている。それは、かぐや姫と同然である。

天女の物語は、沖縄や奄美にもある。隠してあった羽衣を探し出して天に昇るのは同じであるが、隠し場所が高倉である点が異なっている。高倉というのは、六本または八本の柱で支えられた稲束や粟束の収蔵庫で、話というのは次の通りである。

むかし、沖縄本島の牧港《まちなと》の近くの村に奥間《おくま》という若者がいた。ある日、田んぼから帰って泉のほとりで手足を洗おうとすると、見たことのない美女が水浴している。その先は同じ経緯をたどって奥間は天女と一緒になり、一男一女をもうけたが、羽衣は高倉に隠して天女に渡すことをしなかった。ある日、天女の娘は弟の守りをしながら遊んでいるとき、次の歌をうたいだした。

母君の飛び衣　母君の舞い衣
六つ股の倉に　八つ股の倉に
稲束のしたに　粟束のしたに
置き古みにしているよ
置きさらししているよ
ねんねよ　泣かぬならあげるよ

母なる天女はそれを聞いて、高倉の奥の稲束や粟束の下にあった羽衣をとり出して身につけ、空高く舞いあがって消えてしまったという。

沖縄や奄美では天女のことを「天降《あも》れ乙女《おなぐ》」という。そのほか「羽衣美女《はごろもまんじよ》」ともいう。奄美の島々には、アムルとかアムロと呼ぶ地名が点々とある。それは「天降れ乙女」(アムロオナグともいう)にゆかりのある地名である。奄美大島に阿室《あむろ》、加計呂麻《かけろま》島に西阿室、請《うけ》島には請阿室《うけあむろ》がある。沖永良部島には、阿茂留《あむる》という地名が残されている。また、阿室川《あもろごー》も見られる。奄美大島の宇検村阿室《うけんそんあむろ》の阿室川では、天女が時折降りてきて水浴し髪を洗った。その日は村人はつつしんで外出しなかったといい、また、村のある女が川上から流れてきた櫛で髪をさばいたら、たちまち一丈ばかり伸びたという話が残っている。

天降れ乙女はたいてい川上や山間の泉など、あるいは人がしばらく足を停める山野の神秘感をそそるところに降りてくる。降りるときにはどんな晴れた日でも小雨が降り、雨とともに姿を現わすといわれている。「天降れ乙女」に出会ったという人びとの話によると、天女は二十《はたち》まえの目もさめるような美女で、ふしぎなことには、かならず白風呂敷の荷物を背負い、下着の裳をちらつかせ、男と出会ったら媚を含んで笑いかける。天女をにらみつけないと、女は男の魂を抜き取って天に昇るという。

しかし、携帯品を入れた白風呂敷を一方の肩から他の肩にまわして背負い、胸のところでむすぶかっこうをしているアモレオナグは、奄美の村から村へまわり歩いて酒席にはべる女の旅姿の反映にほかならなかった。そうした女たちが、村ざかいの峠の上で一息入れるために、清水で身体を冷やしたり、着物に風を入れて休息している姿は、なまめかしく、はじめて行き会った村人の眼には、天女の姿とも見まがうものがあったにちがいない。和泉式部の伝説が、泉や清水や化粧坂などとむすびつけて語られるのと同然である。とはいえ、浮き草にひとしい流離の生活をつづけている女たちも、もともとは歌舞をもって神をなぐさめた巫女なのであった。それを「神サカシ」と呼んでいる。巫女が白風呂敷を背負って奄美の島々を巡り歩いた時代があったのではないか。それに対して、美貌や歌舞によって男をひきつけ、色花を咲かすことを「男サカシ」という。天から降った天女をいうアモレオナグは、いつしか、男たちをもてなす女を指すように変化していったのである。

神サカシから男サカシへ、巫女から遊女へ、これも降《くだ》れる世の天女の変形譚の一つなのであろう。

（「Ａｑｕａ」四号　一九九〇年、ＳＰＲＩＮＧ）

地方の神話・伝説――もう一つの神話空間

物部氏とフツノミタマ

『常陸国風土記』信太《しだ》の郡の条には次の記述がある。

「古老のいへらく、天地《あめつち》のはじめ、草木言読《ことど》ひし時、天より降《くだ》り来し神、み名は普都大神《ふつのおほかみ》と称す。葦原《あしはら》の中津《なかつ》の国に巡《めぐ》り行《い》でまして、山河の荒ぶるかみのたぐひを和平《やは》したまひき。大神、化道《ことむけ》すでに畢《を》へて、み心に天《あめ》に帰らむと存《おも》ほしき。その時、み身に随《そ》へましし器仗《いつ》の甲、戈、楯、剣、及執《またと》らせる玉《た》珪《ま》をことごとに脱履《ぬ》ぎて、この地に留め置き、すなはち白雲に乗りて、蒼天《あめ》に還り昇りましき」

これが物部《もののべ》氏の伝承であることは、『常陸国風土記』逸文に、信太郡を建てたのが、物部河内・物部会津など、物部氏族であると記されていることで分かる。

常陸国における物部氏の勢力は信太郡に限らなかった。『国造本紀《くにのみやつこほんぎ》』によると、久自《くじ》（久茲）国造は、物部連の祖である。『和名抄』には常陸国の久茲郡に佐竹《さたけ》郷がある。そこは佐竹物部のいたところからつけられた郷名で、中世の豪族の佐竹氏の興った土地でもある。常陸太田市に天神林という地名がある。そこに佐竹寺があり、佐竹天神がある。天から降臨した神という意味で天神の名を付したのであるが、佐竹天神はニギハヤヒを祀る稲村神社で今も残っている。

一方、常陸太田市の天神林から那珂川を越えた西方二〇キロメートル位のところに岩船《いわふね》（茨城県東茨城郡桂村岩船）の地名があり、岩船に石船神社があるが、そこは『和名抄』の那河郡石上《いしがみ》郷に属するところである。岩船も石上も物部氏に由縁のある地名である。『旧事本紀』に収められた「天孫本紀」には、ニギハヤヒが天磐船《あまのいわふね》にのって、河内国の河上の哮峰《たけるがみね》に降臨し、のちに大倭の国の鳥見《とみ》の白庭《しらにわ》山に移ったと記されている。

このことは記紀には記されていない。しかしそれを認める文章が「神武紀」に記されている。

「天皇《すめらみこと》、素《もと》より饒速日《にぎはやひ》命は、是天より降《くだ》れりといふことを聞《きこ》しめせり。而して今果して忠効《ただしきまこと》を立つ。すなはちほめてめぐみたまふ。これ物部氏の遠祖なり」

これは神武東征に先立って、ニギハヤヒを奉戴した物部氏の遠祖が九州から大和へ東遷したことを物語っていると私は考えている。それがニギハヤヒが天磐船にのって河内に降臨したという物部氏の伝承として語りつがれてきたものであり、それを『日本書紀』の編纂者も抹殺できなかったのである。

さきに述べた『常陸国風土記』の普都大神の降臨神話も、それが物部氏族の手によって、常陸まではこばれていったのであろう。『聖徳太子伝暦』には物部守屋《もりや》が蘇我馬子《うまこ》に討たれたとき「物部府都《ふつ》大神矢」と誓って、弓を引きつつ死んだとある。このように物部氏はフツノミタマに対する信仰をもっており、その具体的な形としては銅剣や矢があてられたと考えられる。

「神武紀」にはタケミカヅチが高倉下《たかくらじ》の夢にあらわれて、自分の剣のフツノミタマを天から降して与えたとある。「天孫本紀」では、高倉下はニギハヤヒの子どもとなっている。『古事記』によると、天から降ってきた刀であるフツノミタマは石上《いそのかみ》神宮に置いてあるという。

このフツという語は剣だけでなく、鏡にも用いられる。麻布都《まふつ》鏡（『播磨国風土記』）とか真経津《まふつ》鏡（『倭姫命世記』）というように、真フツの鏡と表現されている。剣や矢や鏡にフツの名前がつけられているのは、フツが霊威を示す語であるからであり、霊威をもつ剣や矢や鏡ということになる。物部氏の奉祀するフツノミタマの宝剣は宮中で一一月の鎮魂祭のときタマフリに使用する聖具であった。このタマフリは外来魂（マナ）を付着させる儀式にほかならぬことは、折口信夫の力説するところである。

しからば剣や矢や鏡には付着するマナとしてのフツとはどのような語義をもつであろうか。フツは刀剣で物を切る音をあらわす擬声語とされている。「ぷっつり」とか「ぶった切る」という言廻わしにそれが表われている。しかし三品彰英は『フツノミタマ考』で、朝鮮語の pur（火）、purk（赤・赫）park（明）などを想定している。借字として古くから発、伐、弗などが使用されてきたという。フツとフルがおなじ言葉の転訛であることは、古戸《フルト》という地名を古戸《フット》と呼ぶことがあることからも理解されよう。

ところで古朝鮮の史書である『三国史記』には高句麗の神話として次の話が記載されている。それは朱蒙《しゅもう》の子の類利《るり》が、父の言うように、七稜《しちりよう》の「石上松下」を掘ってみると、宝剣の断片が出てきたというものである。これは中国の「捜神記」に由来するとみられる神話である。「捜神記」にあるのは、刀剣の名工として知られる干将莫邪《かんしようばくや》の話で、莫邪の子が、父の言うとおり、堂前の松柱の下の石上を掘ってみると、剣が出てきたということが記されている。『三国史記』の話はあきらかに「捜神記」の影響を受けている。三品彰英は「石上松下の宝剣」に注目し、それは石上《いそのかみ》のフルに関連があるだろうと言う。石上は宝剣の所在を示し、フルは宝剣を指すのである。こうしてみると石上神宮（奈良県天理市）の所在する石上郷、またはそのあとの布留《ふる》郷の地名も高句麗の神話を反映していることが分かる。フルの枕詞のイソノカミのイを発語と考えて、ソノカミの古《フル》と考えるのは後代の解釈にすぎない。フル・フツが朝鮮語の火・赤・火明などをあらわす語と類縁があるというのは、物部氏の奉斎するフツノミタマの内容を明らかにすることでもある。

それにしても中国の神話が朝鮮に伝わり、それがさらに渡来人によって日本にもたらされ、しかも地名や神社名として残ったというのはおどろくべきことであるが、それは物部氏の出自を占う手がかりでもある。

〝大樹伝説〟の意外な流れ

『古事記』の仁徳帝の条に「この御世《みよ》に免寸河《とのき》の西に、一つの高樹ありき。その樹の影、旦日《あさひ》に当れば、淡道《あわぢ》島に逮《およ》び、夕日に当れば、高安山《たかやす》を越えき」とある。その樹を切って船を作ったところ、非常にはやく走る船であった。その船で淡道（路）島の寒泉《しみず》を汲んで、天皇の飲料水にした、とあるから、この樹が神聖な樹であったことが推察できる。

この樹を思わせるものが、『播磨国風土記』逸文にも載っている。「明石《あかし》の駅家《うまや》、駒手《こまで》の御井《みい》は、難波の高《たか》津宮の天皇（註—仁徳天皇）の御世、楠、井の上に生ひたりき。朝日には淡路島をかくし、夕日には大倭嶋根（やまとしまね）をかくしき。すなはち、その楠を伐りて舟に造るに、其の迅きこと飛ぶが如く……」とある。井戸の水を汲んでその船で宮中にはこんだ、と記されている。

『肥前国風土記』佐嘉郡の条にも、「むかし、樟樹一株《くすのきひともと》、この村に生《お》ひたりき。幹枝《もとえ》秀高《たか》く、茎葉しげりて、朝日の影には杵嶋《きしま》の郡の蒲川山《かまかわやま》を蔽《おほ》ひ、暮日《ゆふひ》の影には、養父《やぶ》の郡の草横山《くさよこやま》を蔽へり」とある。

『筑後国風土記』逸文にも「昔、楝木一株《あふちひともと》郡家《ぐうけ》（註―三宅の郡）の南に生《お》ひたりき。其の高さは九百七十丈《つえ》なり。朝日の影は肥前の国藤津《ふぢつ》の郡の多良《たら》の峯を蔽ひ、暮日《ゆふひ》の影は肥後の国山鹿《やまか》の郡の荒爪《あらつめ》の山を蔽ひき」とある。このように大樹伝説は楠とか楝とかちがっているがおなじような形式のものである。

大樹伝説を世界樹または宇宙樹神話の残映と見ることもできない訳ではない。現にそれを論じた学者もいる。

私は潜伏キリシタンの著作である『御パションの観念』の中に次のような一節のあることを紹介しておくにとどめる。

「ダニエル―ポロヘタの経典に見ゆるは『ナブコドノソルの夢に、世界の真中に植えたる一本の木あり。高きこと雲を払い、美《いつく》しき葉茂り、潤沢なる実を結べり』とあり。この木というは、世界の真中にてクルスに掛かり給うゼスーキリシトのヒグウラなり。御パションの観念を以てこの木蔭《こかげ》に休まん輩《ともがら》は、真に甘露の含む木の実を潤沢に求むべきなり」

ポロヘタは予言者、ヒグウラは象徴とか予兆の意とされている。御パション（キリストの受難）の観念を心につよくもって、十字架の木を象徴する世界樹のもとに憩えば、甘美な木の実をたくさん得ることができる、という意である。幕末の頃まで長崎県の辺地で息をひそめながら信仰を守りつづけていた潜伏キリシタンは、手作りのバイブルである『天地始之事』を作ったが、そこには、『御パションの観念』に登場する「ダニエル書」の宇宙樹の面影が残されている。それによると、

「三ちり島というところに六十六間もの高さのあるくろうすの木があった。この木のもとに天帝のデウスが天降って火をつけると、火はもえつづけ、この木が焼けてしまえば、世界はわずかの時間に焼滅してしまうといわれている。こうしたことから根本の三十三間は残して置いて、上のほうの三十三間を切り取り、それを磔刑《はりつけ》の台にこしらえ、キリストにかつがせて、かるわ竜《りゆう》が嶽《たけ》にうち建てた……」

とある。十字架《クルス》の材料となったくろうすの木もキリストの象徴をもった世界樹と考えられる。三ちり島は聖三位一体の島という意で、長崎県の西北にある生月《いきつき》島の近くの中江の島を指している。

風土記や『古事記』に見られる大樹伝説を宇宙樹神話の残欠とするとき、それがかすかな尾をひいて、九州島の西北部に残りつづけ、やがてキリシタン信仰の渡来と共に——ダニエル書の話を介してではあるが——、『天地始之事』に取り入れられたとするのは、強弁にすぎるであろうか。

天降った女神の伝承

記紀神話と無縁な神話伝承が風土記の中に見られる。たとえば『出雲国風土記』の飯石《いひし》郡の条には「飯石の郷の中に伊毗志都幣《いひしつべ》命、坐《いま》す」とあり、飯石の郷は「伊毗志都幣命の天降《あまくだ》りましし処なり。故《かれ》、伊鼻志《いひし》といふ」と説明されている。また波多《はた》の郷の条には「波多都美《つみ》命の天降りましし処なり。故《かれ》、波多といふ」とある。来嶋《きじま》の郷の条には「伎自麻都美《きじまつみ》命、坐す。故《かれ》、支自真《きじま》といふ」とある。さらに出雲郡・健部《たけるべ》の郷の条

には「宇夜都辨命《うやつべ》、其の山の峯に天降りましき。即ち、彼《そ》の神の社、今にいたるまでなほここに坐す。故、宇夜の里といひき」とある。これらは降臨した神の名が土地の名の起こりとなったことを示すもので、これらの神々はその土地を治める女酋であったと考えられる。「神武紀」に名草戸畔《なくさとべ》という女酋が抵抗して殺されている。ツベ・トミ・トベは戸女《トメ》、つまり一族の長老の女を指す語に由来すると考えられる。

『出雲国風土記』に登場する天降り女神に伝承の記載は見当らないが、以前は、かならず伝承の衣をまとっていたであろう。しかしそれは消えてしまっているのである。しかし宇夜都辨命が降臨した宇夜谷《うやたに》ととなりあわせの荒神谷《こうじんだに》（島根県斐川町）からは、昭和五九～六〇年におびただしい銅剣（三五八本）、銅鉾（一六本）が発見されている。宇夜谷のあたりは入江になっていたようで、『新撰姓氏録』には、垂仁《すいにん》天皇が物云わぬ皇子のために天湯河桁《あめのゆかわたな》をつかわして白鳥を追い求めたところ、それを出雲の宇夜江でついに捕えたという記事がある。白鳥と金属が密接な関係にあることは、私がすでに『白鳥伝説』で論じたところである。がこれらのことから宇夜都辨命にも神話や伝説があったことは充分考えられる。

伊豆諸島の誕生

現存の風土記は、逸文の存在から推測されるように、編纂された風土記の一部にすぎない。風土記に記載されない地方神話もかず多くあったことは想像にかたくない。その中の一つを左に紹介する。

伊豆の島々はたびたび噴火をくりかえしたが、『続日本後紀』には承和五年（八三八）七月五日の噴火が次のように伝えられている。

「上津《こうつ》島（神津島）のまわりの海中が焼炎して野火のようだった。一二人の童子があいついで炬火《かがりび》をとり、海に入って火を放《つ》けてまわったからである。童子たちが潮を履《ふ》むのはまるで大地を踏むようであり、大地に入るのはまるで水に入るようであった。大石を震《ゆ》り動かし、火でそれを焼き摧《くだ》いた。炎はもえあがって天に達した。朦朧とした状態で、ところどころ炎が飛んでいた。そうした状態が一〇日もつづいたので、神主たちをあつめて、卜占をさせてみると、上津島に鎮座する三島《みしま》神の本后の阿波《あわ》神のたたりであることが分かった。阿波神は五人の子どもを産んでいるが、後后である伊古奈比咩《いこなひめ》命に冠位が授けられても、本后である自分はそれにあずからない。そこで怪異を示したのである、と神託を下した。もし神官たちがこのたたりのことを言上しなければ、荒々しい火を出して、神官たちをほろぼし、また国司や郡司がなおざりにするならば、彼らをも滅ぼしてしまう、という恐しい神託であった」

上津島には阿波神とその子である物忌奈《ものいみな》乃命の二神が鎮座していた。このときの激しい地異におそれをなした朝廷では、その二年後の承和七年一〇月一四日に、伊豆国での造島の霊験を理由に、それまで無位であった阿波神と物忌奈乃命の両神に従五位下を授けたのである。これには多少の説明が必要である。

まえにも述べたように、阿波神は三島神の本后であるが、後后は伊古奈比咩である。三島神と伊古奈比咩が名神大社に列せられたのは、『日本後紀』によると、天長九年（八三二）のことである。この二神は深谷《しんこく》を塞《ふさ》ぎ、高巌《こうがん》をくだいたとある。噴火現象による地異を二神の威霊にもとづくものと朝廷が畏怖したためである。このようにして後后の伊古奈比咩がすでに冠位を授けられたが、本后の阿波神は無位であることに怒り、承和五年の噴火を起こしたという次第である。

こうして、三島神・伊古奈比咩の二神に加えて、阿波神と物忌奈乃神の二神にも位階が授けられ、地方神でありながら、中央の宗教組織に組み入れられた。

この四神のほか、阿米都和気《あめつわけ》（三宅島）、伊大氏和気《いたてわけ》（御蔵島《みくら》）、阿豆佐和気《あづさわけ》（利島《と》）、佐伎多摩比咩《さきたまひめ》（三宅島）、波布比売《はぶひめ》（大島）、多祁美加々《たけみかか》（新島）の六神が叙位にあずかった。これは三島神と妃神の御子神たちである。これは噴火造島の神々によって、伊豆諸島が統一した神話空間を構成していたことを伝えている。こうして、伊豆の島々の神々は天長九年（八三二）から、仁和二年（八八六）にいたる間にすべて朝廷とつながりをもつようになった。

一方、三宅島にはおそらく室町時代の頃のものとされる「三島大明神縁起」または「三宅島薬師縁起」が残っている。それはふつう「三宅記」と呼ばれ、元文・寛保（一七三六〜四四）の頃のものとみられる筆写本が伝わっている。

むかし天竺《てんじく》の王子が日本に渡来し、富士山頂の神と出会ったが、その後また丹波《たんば》で翁《おきな》と嫗《おうな》にも会って、伊豆の海中に島を焼き出して住むことを勧められ、また三島大明神と名乗るようにと言われた。王子は竜神や雷神をやとい、大規模な島焼きをおこなった。まず竜神が海中に大きな石を三つ置き、火雷が焼き、水雷が水をそそぎ、一日一夜で一つの島が出現した。こうして七日七夜の間に一〇島を焼き出した。明神は第一の島を初島《はつ》と名づけた。第二の島は神々が集まって島々を焼き出すための会議をしたというので神集島《こうず》と名づけた。第三の島は大きいので大島、第四の島は潮の泡を集めて造ったので色が白く、そこで新島と命名した。第五の島は家が三つ並んでいるのに似ているからで、三宅島と名づけた。第六の島は明神の御蔵《みくら》ということで、御蔵島と名づけた。第七の島ははるか沖合にあるからというので沖の島と名づけた（これは一名ヤタケ島、すなわち八丈島のことである）。第八の島は小島（八丈小島のことである）、第九の島はオウゴ島（オウの島、すなわち青ヶ島のことである）、第一〇の島は十島《としま》（利島のことである）とそれぞれ名づけた、とある。

三宅島の命名の由来については「三宅記」の説は取るに足りない。ミは尊称であり、ヤケは焼けるという意味にとるのが正解である。火山の噴火を山焼けという。三宅島は御焼島にほかならぬ。

三島神を主神とした神統譜は、平安時代に活躍した伊豆の卜部《うらべ》の存在なしには考えられないが、これをたんに神道家の述作として捨て去るべきものではない。その背後には、歴然とした伊豆諸島の噴火造島という自然現象があった。三宅島を中心とした伊豆の島々の地異に神の顕現を感じた人びとは、いつしかそこに一つの神話空間を作り出していったのである。しかしそれは記紀のつくられた後ということもあって、中央社会の神統譜に影響を及ぼすこともなく、伊豆の島々に局限されたまま、みすごされて終わったのである。

（「別冊歴史読本　日本古代史［神話・伝説］の最前線」一九九六年二月）

弥彦神と弥三郎婆伝説

一

以前、佐渡からの帰途、海上から遠望した越後の海岸線に一か所、大地の塊が海ぎわまでせりだしているのが注意を引いた。それは原始の雰囲気をまだ引きずっているように荒々しく、何か異様な印象を与えていた。人に聞くと弥彦だという。弥彦山塊のつらなりに国上山がある。良寛の五合庵のあるところとして知られている。国上という名の由来はおそらく海を航海する者が、海上から眺めて命名したものにちがいない。つまり、突出した陸《くが》のことだったのが、のちに国上と変化したと、私は考える。

新潟県の地図を展くと、弥彦山塊と海にはさまれた細く長い海沿いの道に、間瀬、野積、寺泊などの集落が北から南に並んでいる。林羅山の『伊《い》夜《や》比《ひ》古《こ》神廟記《しんびょうき》』によると、元明帝の和同二年、越後国の米水浦《よなみずうら》というところに光りが見えて七日七夜やまなかった。海人はこれをあやしんでいた。そこで坂上河内の遠祖が見に行くと、神船が海に浮かんでいたので、この光りの飛んできたところに祠を建ててまつった。米水浦ははじめは逃浜と名付けた。ところが神がやってくると白いシトギや白い水がそこから流出したので米水浦と呼ぶようになった。その神のたずさえてきた宝物はみな石と化した。しかし形は宝器のままであったという。米水浦というのは野積（現在の寺泊町野積）にある。弥彦神は現在の社地に鎮座する以前、野積にまず上陸したという伝承のあったことを知る。

終戦後、宮栄二氏によって発見された弥彦神社のもっとも古い縁起書には、「大国」からの神のもってきた宝物、すなわち鑊子釜《かないごがま》、カワコ石、鍔石、御器、御手箱、家具などことごとく石になったとある。藤田治雄氏はこの宝物の中の鑊子石に注目する。それは鉄山の守護神である金屋《かなや》護《ご》神または金鋳《かない》護《ご》宮と関連があるというのである。

野積には弥彦の神は片目であるという伝説が残っている。それは神が弥彦に移るとき足をすべらしてウドで目をついたからだという。それで弥彦山にウドが生えないともいわれている。同様な話は岩室村間瀬にもあり、弥彦神は兎の道案内で山を登ったが、山中でウドで目をついたとされている。弥彦神は片目の神であり、片目の神は天目一箇神《あめのまひとつのかみ》同様に、銅や鉄を精錬する古代の技術労働者が、炉の炎で目を傷つけ、一眼を失したことに由来すると私は考えている。

弥彦神社では三月一八日に祭りをおこなっていた。三月と九月の一八日については、柳田国男の「一目小僧その他」が、目にかかわる忌日としてその日の重要性に気付いて言及している。私も注意してみると、奈良県桜井市に坐す大神《おおみわ》荒魂神社の祭日は一八日におこなわれることを知った。そこの祭神は大物主命、事代主命、ヒメタタライスズヒメ、セヤタタラヒメで、タタラに関連した名前をもっている。九月一八日の方をしらべてみると、鏡作連《かがみつくりのむらじ》の祖神の鏡作坐天照御魂神社、また阿智氏に縁由のある倭恩智《やまとおんち》神社、河内大県郡青谷にある金山毘古神社、天目一箇神をまつる近江蒲生郡桐原郷の菅田神社があげられる。これらすべて金属に縁由のある神社であることは注目に値する。ここにおいて、弥彦神社の祭日が旧三月一八日であったという事実が重要な意味を帯びて浮かび上がってくる。

二

『弥彦神社叢書』に次のような記事がある。「明応の御造営成就して、大工鍛冶棟上げ異論に及び、一二を争ふて高橋にこれを訴へ、ついに壱番大工棟上ゲ、二番鍛冶棟上ゲ致すべしと裁断きまる。この時鍛冶弥三郎の母、悉く野心を含み、当小滝ケ沢の奥に入りて喰事せずして死す。その死体髪逆立ち、手を握りて爪肉の中へ延通す。顔色猶怒りて眼を開きてこれあり」。弥三郎は姓を黒津といい、黒津家は弥彦大神の随神印南鹿の末裔といわれ、代々弥彦神社の鍛匠として奉仕したと伝えられている鍛冶の家筋である。

寛永一一年（一六三四）六月に弥彦神社本殿を掃除したとき写しとったという『弥彦神社叢書』のこの話は、高橋吉雄氏が書いた『弥彦山周辺の史跡と伝説』という本では、明応ではなく承暦の頃のできごととされている。そして鍛冶屋の母が憤死したという筋といささかちがった結末をもっている。

承暦三年（一〇七九）弥彦神社の造営工事が斎行されたとき、鍛匠と工匠（大工棟梁家）とが上棟式の第一日目の奉仕をたがいに主張してゆずらず、とうとう時の弥彦庄司吉川宗方の裁断によって、工匠は第一日、鍛匠は第二日目に奉仕すべしと決定された。これを知った弥三郎の母は憤悶やるかたなく、怨の心が昂じてついに悪鬼と化して、庄司をはじめ工匠方にたたりをなし、さらに諸々方々に飛行して悪業の限をつくしたという。

また『高志路』二一九号によると、弥彦の周辺には次の話が残っている。鍛冶と大工が言い争いをした。その起りは、この世での仕事の始まりは、鍛冶が先か大工が先かということで、鍛冶に言わせると「かんな、のみなど鍛冶が作った道具がなくては大工は仕事になるまい」。大工に言わせると「ふいごを大工がこしらえなければ鍛冶はできまい」。こうして言い争っているときに、一二月八日に天からふいごが降ってきたということで、鍛冶が勝った。その日を金山講として、一日昔のことを語りあってお神酒をあげてお祭りをするようになった。この話をみると、鍛冶が大工に勝ったことになっている。私にはこの説話のほうが喜界島や大和高市など広く各地に分布している類似の民間説話から推測して、古いように思われる。弥三郎の母は各地で人をおそったが、ついには弥三郎が狩りをしての帰りを待ち受け、その獲物をうばおうとして、逆に片腕を切り落とされると、孫にあたる五歳の弥治郎をさらって逃げようとした。これも失敗すると、悪鬼の形相ものすごく、飛鳥のように風を起こして黒雲を呼び、天上高く飛び去ってしまった。そのあと諸国を飛行しては悪業に専念したが、八〇年たった保元元年（一一五六）に、弥彦で高僧の評判の高かった典海大僧上が、弥彦山のふもとの大杉の根本に横たわる一人の老婆を見つけた。その異様な姿にただならぬ怪しさを感じて声をかけたところ、年経て神通力を身につけた弥三郎の母であることが分かった。典海僧上は老婆に説教して真人間になることをすすめた。老婆は前非を悔い、名も妙多羅《みょうたら》天女《てんにょ》と改めて宝光院にまつられるようになったということである。

三

弥彦神社の祭りには、国上寺の稚児四人が神前で舞をするために参加した。いまではこの舞を大大神楽というが古くは舞童、八講と呼ばれていたという。これに関連して藤田治雄氏は次のような伝承のあることを紹介している（『高志路』二四一号）。「国上の人びとが、国上寺からふもと部落へいく稚児道というのがあって、今は草に埋れているけれども、国上寺の稚児僧が弥彦に通った道といわれている。この稚児道は、弥三郎婆や酒呑童子が出没して稚児をさらったと伝えられている。」

こうした話があるかと思えばまた、次のような話も伝わっている。

「明治まで、この稚児の舞（大大の舞）には稚児一人に一人ずつ袴姿の壮漢が太刀を持って守っていた。これは昔、鬼婆の襲撃に備えて、始められたことであると考えられていた」。私はここに主題の鍵を発見する。私の興味をひくのは、

第一、三月一八日の弥彦の祭礼の日の前後に弥三郎婆が出没すること。

第二、弥三郎婆と酒呑童子（外道丸）が並記されてあつかわれていること。

第三、さらわれるのは国上寺の稚児であるということ。
である。

越後の酒呑童子伝説では、外道丸の父俊綱は桃園親王の従者として寺泊に上陸した。子供に恵まれない俊綱は妻とともに戸隠権現に祈願したところ、妻は懐妊する。子供は三年間も胎内にあってようやく生まれた。外道丸の出生はこのように戸隠山と関連して語られている。外道丸は国上寺の稚児としてあずけられる。そこには、弥彦神社の祭りの大大神楽に参向する稚児をさらう弥三郎婆の顔がのぞいている。

越後弥彦に伝わる弥三郎婆の伝承が、鍛冶屋の母と縁由をもっていることは、柳田国男の『桃太郎の誕生』の「産ノ杉」や、南方熊楠の「千疋狼」の伝説などとの類似性からも推察される。鍛冶屋が呪力をもって多くの人たちから恐れられたり、鍛冶屋の母が産婆の前身の役割を果していたという世界は、南島には最近まであった。

（『特別図録シリーズ2　鉄人伝説・鍛冶神の身体』金屋子神話民俗館、一九九七年九月）

鬼の起源

カミとモノ

中世は華やかな鬼の跳梁《ちょうりょう》する世界であるが、それを遡った先史古代の日本ではどのような光景が展開していたか。

『日本書紀』には古代の夜のざわめく雰囲気が次のように活写されている。

「葦原中国《あしはらのなかつくに》は、磐根《いはね》、木株《このもと》、草葉《くさのかきは》も、猶能《なほよ》く言語《ものい》ふ。夜は熛火《はほ》の若《もころ》に喧響《おとな》ひ、昼は五月蠅《さばへ》如《な》す沸《わ》き騰《あが》る」

これは草や木や石がよく物を言い、夜は熛火（火の穂＝ほのほ）のようにやかましい音をたてて燃えさかり、昼はサバエ（ウンカ）のように、地上から沸きあがっていた時代の日本を述べたものである。

同様に、『日本書紀』には「多《さは》に蛍火の光《かがや》く神、及び蠅声《さばえな》す邪《あ》しき神有り」という表現も見られる。

また『出雲国造神賀詞《いずものくにのみやつこかむよごと》』には

「豊葦原の水穂の国は、昼は五月蠅なす水沸《みな》き、夜は火瓮《ほべ》なす光《かがや》く神あり、石《いは》ね、木立《こだち》、青水沫《あをみなわ》も事問ひて荒ぶる国あり」

とある。

ここに出てくる火瓮は火を焚いている瓮《かめ》、または熛火と同じとも解せられている。石根、木立、青水沫までが物を言い、不平を鳴らす時代があった。そこでは邪しき神、荒ぶる神が横行しては、炎のように燃えあがり、蛍火のようにかがやく夜があった。異形のものたちが登場しては、眼もあやに繰り展《ひろ》げる闇の絵巻とは、もとより古代人の想像力の世界に属するものである。そこに跳梁するものを古代日本はときにはカミともモノとも呼んでいた。この両者をはじめから区別することは困難である。なぜならばそれは森羅万象に遍在すると信じられたアニマ（霊魂）の両面を表現したものにほかならないからである。それはあらゆるものに付着する親和力を備えていると共に、付着する相手を侵害する力をもっている。

モノという言葉は神名にも使用されている。『日本書紀』の崇神天皇十年の条に三輪山の神の大物主神の話が記されている。大物主神は疫病をもたらす神であったことが、記紀に記されている。大物主神を丁重に祀ることで、人びとは災禍を免かれたと述べてあるから、大物主神がタタリ神であったことは明白であるが、その性格は大物主神の神名そのものに示されている。

モノは他者に災いを及ぼす物象にほかならない。「仏足石歌《ぶつそくせきか》」に

「四つの蛇《ヘミ》五つの毛乃《モノ》の集まれる穢《きた》なき身をば厭ひ捨つべし」

とある。これからしても毛乃の正体は人を侵害する力をもつことが推察される。

本居宣長は『古事記伝』の中で「悪きもの奇《あや》しきものなども、よにすぐれて可畏《かしこ》きをば、神と云（ふ）なり」と述べている。宣長が神と呼ぶ「可畏きもの」とは相手を侵害する能力をもつゆえに畏怖されるものである。『日本書紀』の中で「可畏きもの」「貴《かしこ》き神」「威《かしこ》き神」と呼ばれているのは、ヤマタノオロチ、狼、虎である。このように人間を害する邪悪な能力をもつものは動物であっても神と呼ばれた。これはアイヌでも同様であって、熊や狼やシャチは神である。それに引きかえ、鹿や兎や鮭などは神と呼ばれていない。邪悪なものをオニと呼び、正しく善きものをカミと呼ぶ後代の区別は時代を遡るほどあてはまらなくなる。

中山太郎の『日本民俗学辞典』には次の事例が報告されている。

「陸中紫波《しわ》郡飯岡《いいおか》村では、子供の身体が俄に黒く斑になる事がある。これを『モノに逢った』という。子供が神さんの遊んでいる時出会って、神の袖が身体に触れたもので出来るのだという。この時はイタコ（巫女）に祓《はら》ってもらう」

この例では、現代でもモノとカミが同じものとして捉えられている。

モノとオニ

カミとモノが合一していた時代がおわると、両者は分化し、モノはカミの反対物として、邪悪さのゆえに畏怖されるようになった。モノは異形のゆえにオニ（鬼）という字を宛てられた。

これを『万葉集』に見てみよう。巻四に、

「天雲の外《よそ》に見しより吾妹子《わぎもこ》に心も身さへ寄りにしものを」

という歌がある。原文は

「天雲之　外従見　吾妹児尓　心毛身副　縁西鬼尾」

である。ここでは「寄りにしものを」は「縁西鬼尾」と表記しており、鬼をモノと訓《よ》んでいる。

また『万葉集』巻十一に

「朝東風《あさこち》に井堤《ゐで》越す波の外目《よそめ》にも逢はぬものゆゑ瀧もとどろに」

という歌がある。その原文は

「朝東風尓　井堤超浪之　世染似裳　不相鬼故　瀧毛響動二」

である。ここでは「逢はぬものゆゑ」を「不相鬼故」と表記しており、同じように鬼をモノと訓んでいる。

このことから、鬼という字をモノと訓ませたのは、鬼がモノと同じ意味をもっていたために、鬼という字を借りたことが分かる。

それではどうしてモノに鬼の字を宛てたのであろうか。白川静の『字訓』によると、鬼は人鬼の形としている。そして鬼は畏《い》と字形が近く、畏は呪杖をもつ形であり、人鬼の恐るべき呪能を畏と称するのであろうと言っている。また『和名抄』に「人神を鬼と曰《い》ふ。於邇《おに》。或説に云ふ、於邇とは隠の音の訛れるなり。鬼物は隠れて形を顕はすことを欲せず。故に以て称するなり」とある説を退けて、「隠」とは「神隠《がく》れ」であって、人鬼ではないと言っている。『時代別国語大辞典　上代篇』でも「隠」の字にはオニに近い意味はなく、隠からオニが起ったのは疑わしいと言っている。

折口信夫はオニはおそらく大人《オニ》の義で、おほひとと同義であると言っている。また先住民を指すとも述べている。巨人がオニと呼ばれたとする折口説の根拠は不明であるが、先住民がオニと呼ばれたのはたしかであろう。

『常陸国風土記』久慈郡の条に、「東の山に石の鏡あり。昔、魑魅《おに》あり。萃集《あつま》りて鏡を翫《もてあそ》び見て、則ち自《おのづか》ら去りき。俗《くにひと》、疾き鬼も鏡に面《むか》へば自ら滅ぶといふ」という記事がある。魑魅は人面獣身で、四足にして好く人を惑はすと『史記注』にある怪物の称である。

ここには、「山に邪しき神有り。郊《のら》に姦《かだま》しき鬼有り、衢《ちまた》に遮《さいぎ》り逕を塞《ふさ》ぐ。多《さは》に人を苦びしむ。其の東の夷の中に、蝦夷は是《これ》尤《はなはだ》強《こは》し」（景行紀四十年）とある記事と思い合わせてみると、先住民の姿が浮びあがってくる。「姦しき鬼」は「邪しき神」とは対語になっているが、後の文章からして、先住民もしくは蝦夷と思って差支えない。

南島のムン

南島ではモノをムンまたはムヌと呼ぶ。奄美では怪火はムンビである。妖怪を恐ろしがることはムンタマガリである。またケンムンという妖怪が住みついている木が「ムンヌ憑《つき》チュン木」（物の憑いている木）である。奄美では現在でもケンムンの実在を信じている人が少なくない。榕樹《ガジユマル》を住み家とし、河童または猿のような風体をなしていて、その容貌は日本の鬼とはほど遠いが、これをケンムンと呼んでいることは注目される。ケンムンという語は、ケノモノ（化の物、怪の物）の訛語で、日本本土でいうモノノケに相当する。

また宮古島では人は死んだらカミの国にいくと信じられているが、まかりまちがえばマジムンに迷わされるという。マジムンは蠱物《まじもの》であって人を惑わす邪霊を指す。この場合のムン（モノ）は物体ではなく霊界のことである。南島ではモノシリといえば、ユタ（巫女）のことで、霊界に通じている人物をいう。このように、南島では古代日本のモノの意味が失われずに今も使用されている。

また南島では神とも妖怪ともつかぬ形をしたものが祭のときに出現する。宮古島の島尻という部落では、ニッダアという井戸から全身に泥をぬたくったパーント神が出現するが、それは南島風の鬼の面をつけ、部落に入って、逃げまわる村の人びとに誰彼なしに泥を塗りつける。秋田のナマハゲを彷彿とさせる行事である。

また西表島の古見《こみ》に出現するアカマタ・クロマタは全身草木におおわれ、仮面をかぶっていて「猛貌の神」と恐れられてきた。このアカマタ・クロマタの神はニールスクからやってくるのでニールピトと呼ばれている。

宮良当壮の『八重山語彙』によると、ニールスクは地底の暗黒界または魔界であって、そこに住むニールピトは荒ぶる神どもであるという。このような神と妖怪の未分化の姿を私どもは南島の祭に見ることができるのである。それが宮古島のパーントのように鬼の面をかぶっておれば、それを神ではなく鬼と呼ぶことも可能である。それからして次のような逆の類推もまた可能である。

『日本書紀』には、スサノオが「青草を結束《ゆ》ひて、笠蓑として、宿を衆神たちに乞ふ」とある。西表島のアカマタ・クロマタは全身草をまとい、また宮古島の祖神祭では神女は蔓草の笠をかぶる。こうしたことから笠は神聖な道具として祭に使用されることが分かる。

一方、『日本書紀』は、斉明天皇七年に朝倉山に鬼がいて、大笠を著て、喪の儀式を見ていたという記録がある。大笠を著て鬼の面をかぶったものと解釈すれば、それはその儘、南島の神の姿ともなるのである。つまり異形の姿は鬼だけでなく、祭の日の神の装いでもあった。それはハレの日の装いであるが、日常の日に異貌・異風・異俗のものがあれば、それを自分たちと別種の人間、すなわち異族と考え、自分たちを侵害する鬼と呼ぶようになったのはとうぜんの筋道であった。

異族と鬼

『古今著聞集』には次の記事が記載されている。

承安元年（一一七一）七月八日、伊豆国奥島《おきしま》の浜に、一艘の船が着いた。島人らが、難風に吹き寄せられた船だと思って、行ってみると、陸地から百メートルばかりはなれたところに船をとめて、鬼が縄をおろして、海底の石に四方をつないだ後、八人の鬼が船から降り、海に入って、しばらくして岸にあがった。島人が粟酒をめぐんでやると、馬のように飲み食いした。鬼は物を言わなかった。その身丈は三メートル近く、髪は夜叉のようであった。身体は赤黒い色で、眼はまるく、猿の眼のようであった。皆裸であった。身体に毛は生えず、蒲《がま》の草を編んで腰に巻いていた。身体には色々のものを入墨していた。それぞれ二メートルあまりの杖をもっていた。島人の中に弓矢をもっていたものがいた。鬼はそれを呉れとせがんだが、島人がそれを惜しむと、鬼はトキの声をあげながら、杖でまず弓をもったものを打ち殺した。居合わせた島人は次々に打たれ九人のうち五人は死んだ。四人は手傷を負って逃げた。その後、鬼は脇から火を出した。島人は皆殺されるかも知れないと思って、神前にささげていた弓矢をもち出して、鬼にむかったら、鬼は海に入って、船にのり、風にむかって走り去った——。

ここに出てくる伊豆国奥島はどこかはっきりしないが、熱帯の島から漂着した異国人であったことはまぎれもない。この異国人は容貌が異なるだけでなく粗暴なふるまいをしたことから鬼と呼ばれたのである。これは欽明天皇の五年十二月に、佐渡島の北の御名部《みなべ》の岬に粛慎《みしはせ》人の船が漂着したが、島の人は「鬼魅《おに》」と恐れて近づかなかったと『日本書紀』が伝えているのと同様である。

このように異国人は風貌や言動が異なることから鬼と呼ばれた。

さらにまた先住民の後裔たちも『常陸国風土記』にあるように、土蜘蛛や八《や》束脛《つかはぎ》と称せられ「あまねく土《つち》窟《むろ》を掘り置きて、常に穴に居《す》み、人来れば窟に入りてかくり、其の人去《さ》ればまた郊《の》に出でて遊ぶ。狼の性、梟の情にして、ひそかに窺《うかが》ひ、掠め盗みて、招《を》き慰《こしら》へらるることなく、弥《いよよ》、風俗《ふりしわざ》を阻《へだ》てき」と人間以下の存在として扱われている。八束脛というのは長髄彦《ながすねひこ》と同じように、足の長いことの比喩で、山野を長い足で駆けめぐる能力をもっていることを示したものである。彼らは敗残して山にかくれつづけた先住民の子孫であった場合がある。平地で農業をしている人たちがたまたま山奥に足を踏み入れると、そこに言葉も習慣もちがう人たちがいて、おどろくことがあった。農民は日頃顔を合わすことのない山人の姿を見て、彼らはふつうの人間以上の力を備えているにちがいない、と想像した。山人の荒々しい振舞に接し、また山人が飛ぶような速さで山路を歩くのを見ては、鬼ではないかと疑った。今日でもマタギは、険しい尾根道を信じられないほどの速さで一日に何十里も歩くといわれる。こうした異常能力をもつ山人が鬼と思われたのは怪しむに足りない。

九州の脊梁《せきりよう》出脈には、タケイワタツノミコトの手下で、その命令を受ける態度が素直でなかったばかりに殺された鬼八《きはち》の伝説がある。鬼八も神に反抗する天邪鬼《あまのじやく》の一種であり、九州の山岳地帯にいた先住民であったと思われる。

また金属精錬に従事するものも、炉の炎を長く見つめていて視力を失い、一眼を喪失するものが多かった。天目一箇神《あまのまひとつのかみ》（目一つの神）の呼称はそこから生まれた。こうした姿を『出雲国風土記』は「目一つの鬼」と表現している。一つ目の裸形の男が炉の炎に照らされた姿は道行く人びとには鬼のように異様に見えたにちがいない。金属精錬に従事する労働者は、山内《さんない》に囲われ外部と隔離されて生活した。彼らは山内者と呼ばれ、無法な振舞もあったので鬼と呼ばれた。

これらについてはこれまで論じられてきたところであるから、これ以上付け加える必要はない。ここに一言述べることがあるとすれば、鬼は強い存在であるということである。それは人名に冠するとき「悪」と同様に「強い」という意味をもつ。左大臣藤原頼長を「悪左府」、または源義平を「悪源太」と呼んだように、れている。

「鬼」のつく人名も強さを意味する。沖縄では首里王府とたたかった与那国島の英雄に鬼虎の名前がつけられている。

荒ぶる山の精霊が誇張されて鬼の姿をとることがある。三河の花祭などに見られる斧をもった鬼はそうである。花祭をこよなく愛した折口信夫は、三河の豊根村の奥で花祭を見て次のように歌っている。

さ夜ふかく
大き鬼出でて、
斧ふりあそぶ。
心荒らかに　我は生きざりき

これは鬼のように心荒く強く生きなかったというさびしさを告白している歌である。

山野の精霊であるモノがこのように鬼の姿をとっておおらかに遊ぶ姿は、折口ならずとも人間に畏敬と羨望の念を起さずにはすまないのである。

（「白い国の詩」四九六号、東北電力地域交流部、一九九七年一二月）

民俗学から見た猿田彦大神

『桃太郎の誕生』との出会い

ただいまご紹介にあずかりました谷川健一でございます。私の年もご紹介がありましたが、一九二一年に熊本で生まれました。正真正銘の戦中派で、終戦の年は二十四歳でした。戦中は国粋的な考え方がさかんでしたけれども、私はその時には外国の思想に憧れていた。ところが外国の思想を突き詰めていきますと、どうも日本人にはしっくりしないところがある、ということで大変悩んでいるうちに敗戦になった。敗戦になりますと、今まで国粋主義だった人たちがいきなり今度は外国思想のほうに目を向け始めた。私は戦時中は外国思想に傾斜していたんですが、戦後になりますと今度は逆に外国の思想だけではどうもぴったりしないものがあるということで、日本を知らなければいけないと思い始めた。私の性格はいつも時代と逆の方向に動いている感じがいたしますが、日本を知りたいという痛切な欲求が戦後沸き上がりました。戦争の悲劇も、日本人が本当の意味で日本を知らなかったからだということを漠然と感じております。しかしその方法が見つからなかったわけです。どうすれば日本を知ることができるかと考えても見つからない。

そしてだんだんと年もとってまいりまして、もう三十を幾つか越えた頃のある日のことでした。当時私は角川文庫から出た柳田国男の『桃太郎の誕生』という文庫本を買って本棚に置いて、そのままにしてありました。何か電車の中で読むものはないだろうかと思いまして、今まで手にしなかったこの本をある日初めて開いて、私は求めていたものをそこに発見したのです。

柳田国男の『桃太郎の誕生』というのは、われわれが小さい時に桃太郎の話を聞かされてうんざりしていたそれとまったく違う。五大おとぎ話と言われた「かちかち山」とか、そういうものに飽いていた私がそれを読んで大変感動したわけです。なぜ感動したかというと、桃太郎の話は一つではないことが分かったのです。バリエーションがたくさんあって、いろいろな形で筋道がたどられている。それが庶民の中に昔話として伝わっている。日本人の庶民の「そうぞう力」――「そうぞう力」には二つの意味があって、イマジネーションとクリエイティブなものをつくる力――「想像力・創造力」が庶民の中にあるということがわかったのです。それでやっと自分の求めるものにたどりついたという感慨がございました。

私は当時、小田急線の喜多見というところに住んでおりました。駅まで七、八分かかりましたが、その間に麦畑があって、ちょうど五月の晴れた日でした。麦畑の中の道を通っていく時に、何かひやりとするものが後頭部にかかるのです。空を見上げても真っ青な五月晴れの青空です。その時に私は、「ああ、自分の成熟の一雫が今、自分に訪れたのだ、それがこの晴れた日に雨の雫のような感じで自分に伝わったのだ」という感じがいたしました。それは柳田国男の本に接してしばらくしてから、やっと求めに求めた道が見つかったのだという喜びでもございました。それ以来、私は柳田国男を疑うことなく、やってまいりました。

しかし『桃太郎の誕生』だけはそれから一度も開いたことはありません。なぜならそこには火傷をするような思い出が込められているからです。柳田国男のほかの本はたくさん読みましたけれども、『桃太郎の誕生』だけは長い間、開けたことはなかった。

そういうことで、日本を知りたい、日本とは何か、日本人とは何か、その一筋の問いをめがけて今日までやってきたわけです。ですからそれに対しては、三十幾歳以降は疑ったことはない。今もって日本民俗学に踏み出たことを後悔したことは一度もありません。繰り返し申しますように、柳田の本の中に日本人とは何か、日本とは何かという問いに対する答が隠されているからであります。

私は一九六三年、平凡社の「太陽」の初代編集長になりましてやっていたのですが、病を得まして二年近く療養所生活をした後、会社を辞めて物書きになりました。私の郷里は熊本県の南部の水俣で、南のほうへのあこがれを前から持っておりました。私にとって南は非常にわかりやすい、理解しやすい郷里だったのです。そういうこともあって沖縄に足を踏み入れまして、日本の原形は沖縄にあるという柳田、またその弟子である折口信夫と同じように、沖縄に関心をもつことができたのです。

きょうの話も、その沖縄で得た私のささやかな体験から始めたいと思います。

サダル神と猿田彦

沖縄本島から約三百キロ南へ離れた宮古島という島がございます。私は一九六九年に宮古島に行きまして、そこでいろいろな祭りを見たのです。

宮古島の北のほうに狩俣《かりまた》という集落がございます。以前は三方を塀で囲まれていたと言われているところですが、いわば孤立した集落なんです。その中に冬祭りがありまして、祖神祭と呼ばれております。ウヤガンとも言います。その祭りを見たのです。ウヤガンというのは女たちが木の葉の冠を頭にかぶって、たすきのようなものをして、裸足で冬に山ごもりを五回いたします。山ごもりをした後はまた行列して部落の中央に下りてきてお祭りをやる。私が最初に行った時は二十人ぐらいいました。みな裸足です。冬で寒いです。

その行列を見ましたら、先頭に赤い頭巾をかぶったおばあさんが、長い木の枝――先だけは葉がついておりますが、黒木を持ち、地面を押さえながらずっと行列の先頭に立ってやって来る。それがある意味で大変異様な感じがしましたので、私の宮古の友人に、「あの先頭のおばあさんは何と言うのか」と聞きましたら、「サダル神です」と答えました。その時に「ああ、これがサダル神なのか」とわかったのです。

前に『伊波普猷選集』という三巻物の本が沖縄タイムス社から出ておりまして、それに猿田彦のことが書いてありました。沖縄ではたとえば結婚式の時に提灯を持って仲人が花嫁の行列の先頭に立つ。それを「サダリアムシタレ」と言うということから始まりまして、先頭に立つものを「サダル」と言う。この「サダル」が音韻の変化によって「サルタ」になった。たとえば「新しい」と申しますが、「新たな」が「あたら」になるように、音韻の交換ができますので、「サダル」が「サルタ」になった、そして最後は「サタ」になるということを、伊波普猷という沖縄の民俗学者が書いているのを思い起こしたわけです。

伊波普猷は宮古島の例を書いておりませんが、まさしくこれがサダル神だということがよくわかります。つまり神女たち、神に仕える女たちのいちばん先頭に立って先ばらいをする神、先導する神、これがサダル神です。

宮古狩俣のサダル神は持っている木の枝で地面を打っていく。これがきわめて重要です。それは何を意味するかといいますと、土地の霊、悪霊を鎮めながらいくわけです。先導しながら、土地を清めていく。だからこのサダル神の任務というのは、行列を導くだけでなくて、その土地の霊、邪魔をする霊、悪霊、そういうものを調伏させる、押さえつけながらいくことです。

「サダル」が「サルタ」に変化いたしましても、その職能は変わりません。宇治土公さんのお宮では、地鎮祭とか、棟上式の時に砂や土を配ります。その土には聖別された、浄化された、清らかなものが入っている。それを地鎮祭や棟上式の時に家の片隅に置くと、家の地面全体が清められるという考え方です。

つまり、この神社の土を配る、そしてそれが土地を清めるということの中に、サダル神の役目が入っているわけであります。ですからこの猿田彦神社の神は、そうした役回りを最初から持っていたと考えられるわけでございます。その場合、サダル神は男でも女でもかまわないわけです。

それから、猿田彦の顔は『日本書紀』によりますと、天狗のような鼻をして、目はらんらんとしてというふうに、何か猿を思わせるような描写がございますが、そういうふうに考える必要は最初はなかったわけです。ところが「サルタ」というふうになりますと、どうしても獣の猿を連想します。それでだんだんイメージが猿に近づいていくわけです。そしてそれが国津神である。『古事記』では、神代には人間も神様も区別なしに神なんです。だから神代なんです。神代というのは、人も神だった時代のことです。猿田彦大神は、だんだん猿の姿に似せてイメージができあがったのでございます。しかしその猿田彦のいちばんの源流というのは、猿とは似ても似つかない、おばあさんであっても、あるいは若い娘であってもかまわない。

「アザカ」の謎

ところが、猿田彦がこの猿に近い面相を持ったということには、もう一つの理由があります。実はインドネシア系の民話では、猿がシャコ貝に手を挟まれて死んだという話が多いのです。この話が琉球列島をずっと北上しておりまして、たとえば奄美ではキブ貝というシャコ貝に近い貝に、猿に似たケンモンという化け物が手を挟まれて死んだという話があります。それから、カラスがシャコ貝をつついたらくちばしを挟まれて死んだという奄美の民謡もございます。

シャコ貝というのは二枚貝の中では最大のものですが、ちょうど海底に口を開いて立っているわけです。竪琴のように口を開いている。そこに潜水夫なり、潜りの漁師が片足を突っ込んだらそれこそ大変で、シャコ貝の中には一メートル以上の大きなものがありますから、ギュッとしめると、これはもうどうにもしようがない。溺れ死ぬ以外になすすべがないわけです。

その話がどうやらインドネシアから琉球列島を経由しまして伊勢の海岸に流れ着いたらしい。その証拠に、猿田彦が伊勢の阿邪訶《あざか》で漁《すなど》りしている時に、ヒラブ貝に手を挟まれて溺死した、という話が『古事記』に出ています。阿邪訶というのは、今の阿坂というところであります。大阿坂、小阿坂、山の根にあるところでございまして、白米城伝説もあるし、本当に山城のあったところです。そこで昔、猿田彦が漁をしていたと書いてあるのです。猿田彦がヒラブ貝に手を挟まれて死んだということは、猿が貝に手を挟まれて死んだということです。それはインドネシアのセレベス島といったところからずっと北上しまして、伊勢の海岸にたどり着いた話なのではないかと思うわけでございます。

伊勢の松阪に住んでおりました本居宣長は、『古事記伝』の中で、ヒラブ貝というのはどうも月日《つきひ》貝のようなものだと、あるいは平貝《たいら》、つまりタイラギのようなものだと言っております。南方熊楠も同じような意見であります。それは三十センチぐらいまでになりますから、かなり大きな二枚貝です。手を挟まれて片手の自由が効かなくなって死ぬ場合もあり得ると思うのですが、しかし確実に死ぬのはシャコ貝です。これだけはどうにもならない。とにかく大きいですから。

そうしますと、ヒラブ貝というのは後でつけられた名前であって、もともとはシャコ貝ではないだろうかと、私は考えてみたのです。さっきサダル神の話を申しましたが、沖縄を歩き回りながら寿司屋に行くと、シャコ貝のお寿司が出てくるのです。「これは何か」と聞くと、「ギラ」と言うんです。「まだほかの言い方はあるか」と聞くと、「アザカイ」と言うのです。「アザケー」という言い方もします。「アジクァー」、そういう言い方もしていました。そしてある時、沖縄の人が書いた本を読んでおりましたら、沖縄の海岸に多い地名で「謝」をつけた地名があるが、これはシャコ貝を意味するのだというんです。たとえば「アザ」とか「アジャ」という地名がたくさんございます。そういう地名はシャコ貝を意味するのだというんです。そうすると、「アザカ」というのは、ひょっとしたらシャコ貝ではないかと考えてみたのです。

では、シャコ貝をなぜ「アザカ」と言うのかといいますと、校倉というものがございますね。正倉院の校倉づくり、これは互い違いに十文字なんです。これがアゼ、アザなんです。十文字の印がアゼだったのです。それがアザになった。なぜ十文字にするかというと、悪い霊が侵入しないように十字を描く。これは日本でも、生まれたばかりの子供たちに十文字を額に描くということがあります。これをアヤツコといいますが、それがもとでアザという言葉ができた。田のアザも十文字です。校倉の校も十文字です。沖縄の御嶽《ウタキ》という神を祀る場所にまいりますと、アザカという木がございます。それは下の葉は南北に、上の葉は東西に、またその上は南北というふうに互い違いになって生えている木です。しかも御嶽にはシャコ貝を置いた。これもアザ貝です。シャコ貝をなぜアザ貝と言うかと申しますと、この二枚貝の歯が上下嚙み合わさるようになっている。これが嚙み合わされること、その動作をアジュルといいます。そういうことからシャコ貝にアザ貝という名前がつけられた。

ですから、伊勢のアザカというのは、おそらく最初は猿がシャコ貝に手を挟まれて死んだという話が琉球列島を経由する時に、猿がアザ貝に手を挟まれて死んだという話になった。そして隼人とか、そういう海人族に運ばれ黒潮に乗って伊勢までやってきて、伊勢に留まった。そして留まった場所が猿田彦大神と結び付けられる時に、アザカという地名となった。

アザカというのはもともとシャコ貝の名前ですから地名ではないわけですが、アザカというシャコ貝の名前が本土の人にだんだんわからなくなってきた。なぜかというとシャコ貝が本土にはないのです。せいぜい土佐の西側あたりの小さい島でとれるぐらいです。伊勢にはシャコ貝はない。ですからアザカというシャコ貝の名前が忘れられまして、そのかわりに地名としてアザカが使われてきた。しかし貝を出さなくてはいけないからヒラブ貝が登場したというふうに考えるわけです。

伊勢の阿坂というところは私も行って調べましたが、海岸には程遠く、山の根なんです。そういうところで猿田彦が漁をすることは考えられない。だから、あの『古事記』の話の阿邪訶を今の阿坂に比定することは間違いです。

ともかく猿田彦がシャコ貝に手を挟まれて亡くなったという話が伊勢にある。ところがそれがあったので、さっき言ったサダル神がサルタ神になった時、二つの話がつながったのだと私は思っています。一方は猿がシャコ貝に手を挟まれて亡くなった。一方はサダル神の話がある。これがつながって『古事記』や『日本書紀』の記事になった。それで天孫降臨の時に衢《ちまた》に猿田彦大神がいることになるわけです。

天宇受売命《あめのうずめのみこと》が、おまえは誰だといろいろ問いかけてみて、正体をあらわすという話になっております。それで猿田彦はアメノウズメに導かれて伊勢にやって来るという話になっておりますが、そういう形で黒潮に乗って遠いはるか南方からやって来た話が伊勢に留まった。それが猿がシャコ貝に手を挟まれて亡くなったという話になり、それからまたサダル神の話がやはり沖縄から本土に伝わってきた。猿田彦大神の原像というのは、この二つがドッキングしてできたのではないかと私は考えた。だから猿の面相になることは必然的な道ではあったわけです。

伊勢の地は他界

それでは、天照大神が伊勢の地に鎮座される前はどんな国であったかと申しますと、伊勢は化外《けがい》の国と申しますか、大和朝廷に同化されない前の伊勢があったと思うのです。そう感じますのは、天武天皇が亡くなって八年目の九月九日に奥さんである持統天皇が夢の中で歌をつくるのです。それが伊勢の国の歌なんです。それは『万葉集』の巻二に出ております。

「天皇の崩《かむあが》りましし後の八年の九月九日、奉為《おおみため》の御斎会《ごさいえ》の夜、夢の裏《うち》に習ひ賜ふ御歌一首」と詞書にあります。「奉為の御斎会の夜」というのは、これはお坊さんを集めて御斎、食事をするのです。「明日香《あすか》の　清《きよ》御原《みはら》の宮に　天《あめ》の下《した》しらしめしし　やすみしし　わご大君」、これは天武天皇です。「高照らす　日の皇子いかさまに　思ほしめせか　神風の　伊勢の国は　沖つ藻《も》も　靡《なび》きし波に　潮気のみ　香《かを》れる国に　味《うま》こりあやにともしき　高照らす　日の御子」。これだけの歌なんですが、これは天武天皇が亡くなったことを追慕した歌でございます。

「いかさまに思ほしめせか」というのは、これは万葉では全部挽歌に使われます。人が死んだ時の悲しみの歌に必ず出てくる。「いかさまに」は言わば挽歌の常套句なんです。「どうしたわけで、どんな了見で」という意味です。「神風の伊勢の」、これは伊勢の枕詞ですが、この後が問題です。「沖つ藻も靡きし波に潮気のみ香れる国に」、沖つ藻が波に漂ってただ潮気だけが香っている、非常にわびしい風景なんです。これは単にわびしい風景というだけでなくて、やはり挽歌に使う言葉でございまして、たとえば柿本人麻呂歌集の中に、「潮気立つ　荒磯《ありそ》にはあれど　行く水の　過ぎにし妹が　形見とぞ来し」という歌です。「潮気立つ荒磯にはあれど」、これは潮気のみ香れる国と同じです。「過ぎにし」というのは亡くなったということです。亡くなった妹の形見としてやってきた。要するに「潮気のみ香れる国」と「潮気立つ荒磯」というのは同じことを意味しているわけです。

そうしますと、伊勢は常世に近い国です。常世に近いということは、天武天皇の魂が行っているあの世です。「他界」です。他界には二つの意味があります。一つは人間が死んでから行くところ、もう一つは遠く離れたところ、異族の住むところ、同化しない人たち、化外《けがい》の民がいる国、これが他界の二つの意味ですが、両方の意味がこの伊勢には認められると思うわけであります。

猿田彦の正体をあらわしたアメノウズメが「おまえたちは天つ神に仕えるか」と、在所の魚に問うと、魚たちはみんな「仕えます」と言った。ところがナマコだけが黙っているのです。ナマコは沈黙している。そうすると、「おまえはどうして言わないのか」と聞くと、それでも黙っている。黙秘権を使った。そこで紐小刀を取り出して、ナマコの口を切り裂いたという話が『古事記』に出てまいります。

私はこれはまったく海の民の中にある伝承だと思う。紐小刀というのは、志摩の海女、伊勢の海女がふんどしみたいに腰にしめていたその紐にさす小刀です。アワビをこじ開ける、これをアワビ起こしと言いますが、これが紐小刀なんです。それでこれは海の民の伝承だということがわかります。

それから、そのことがあったので志摩の国から朝廷にアワビやサザエを献上しますが、ナマコだけはアメノウズメの後裔、子孫であるサルメに与えたと書いてあります。これが伊勢志摩の海人の中に伝わった一つの伝承だったわけです。

もともと皇大神宮が鎮座する前の伊勢というのは、大和朝廷にまだ同化しない民が住んでいた。それはだんだん同化を要請される。天つ神に仕えるかというのは、同化するかということです。ところがナマコだけは沈黙しておるということで、同化を拒否するのです。そういう時代があったのではないかと私は思うわけです。天武持統陵は大和にありますが、持統天皇の歌にあるように、天武天皇の魂は伊勢にあるのです。

皆さんに誤解していただきたくないのは、古墳の中に魂はないということです。考古学者はえてして古墳の中に魂があるように考える。民俗学はそんなことは考えない。民俗学はだいたい一週間ぐらいはその本人のまわりに魂はあると考える。これはもがりの期間です。だけど、実際は体が臭いを立てたりして長くは保存できないわけです。そこで本葬をします。そうすると、魂は埋葬したところにはなくなるわけです。天武持統陵は大和にありますけれども、天武天皇の魂は伊勢のほうにある。壬申の乱の時にも天武天皇は途中の伊勢の国で皇大神宮を遥拝しているということで、伊勢に縁がある。そういう意味もありましたけれども、とにかく伊勢が他界であるという時代があったのではないか。それでそこに猿田彦を祀る一族がやって来たのが、今の宇治土公さんのご先祖ではないかと、私はそういうふうに考えております。

天照大神を伊勢に鎮座する時、倭姫命《やまとひめのみこと》が天照大神の御霊代《みたましろ》を掲げてあちこちを回るわけです。そして、伊勢に最終的に落ち着くわけですが、これは民俗学から考えますと、東北地方にオシンメイ様というオシラ様のようなものがいる。それを家に祀っていると、突然オシンメイ様が旅に出たいと言うのです。そうするとその家の主婦はそのオシンメイ様を背中におんぶして旅に出るわけです。それで、神様がもう家に帰りたいと言うまで回るのです。あっちへ行け、こっちへ行けです。自分は帰りたくても神が帰りなさいと言わない間は流浪の旅を続ける。これは倭姫の場合も私はそうではなかったかと思います。あちこち回って、ここでもいやだ、あそこでもいやだ、結局、伊勢がいちばんいいということで落ち着いた。それで神の御杖となって、御杖というのは吉野のそば、名張の少し手前にも神杖《こうづえ》という地名がございます。それは倭姫にゆかりのあるところで、今でも残っています。私も行ったことがあります。杖というのは神の道を開けることです。宮古島でも杖は神の道を開けることを意味します。そういう形で倭姫は天照大神の御霊代をいただいて、そして伊勢に鎮座したことになったのですが、その前の時代があるわけです。

アメノウズメの正体

私たちの民俗学は、いちばん初めはいったいどういう形で庶民たちが暮らしていたかを考える。そうすると、伊勢志摩というのは黒潮に乗ってきた海人の文化が滞留しやすいところだったのです。それで「あまがたり」、これは朝廷でも後で「天語《あまがたり》」という言葉が取り入れられましたが、もともと海人《あま》の物語が「海人《あま》語」なんです。それが宮中で「天語」になった。そういう中にアメノウズメがいたわけです。

では、アメノウズメは何かということになりますが、ウズメの語源につきましては、猿田彦もさすがにまいったという強い女だということで、おぞましいとか、恐女《おぞめ》という解釈もございます。しかし私はそうではないと思います。

最初は「臼女《うすめ》」からきたのかと思ったのです。というのはアマテラスが天岩戸に隠れた時に、アメノウズメが桶の上に乗って鉾をつくわけです。天岩戸にアマテラスが隠れたということは、いったん死んだということを意味しているわけです。それを再生させる呪術として、ちょうど臼を杵でつくような動作をやるものだから、それがウズメかなと思った。そう書いたこともございますが、いまでは考えが変わりまして、「ウズ」に問題があるのではないかと思っているのです。

アメノウズメの「ウズ」は「ウス」ではなくて濁って「ウズ」ではないかと。「ウズ」というのは『万葉集』にも出てくるのですが、倭建命が亡くなる時、倭を偲んで「倭は　国のまほろば　たたなづく　青垣山隠《こも》れる　倭しうるはし」と歌った有名な歌があります。そのあと続けて「命の　全《また》けむ人は　たたみこも平群《へぐり》の山の　熊白檮《くまかし》が葉を　髻華《うず》に挿せ　その子」。「うず」は「かづら」つまり、つる草などで作った髪飾りのことで、乙女たちに、自分が死んだのちも木の葉を髪に挿してこの世を楽しみなさいという歌です。

だんだん調べてまいりますと、先ほどの狩俣のサダル神が先導して、ウヤガン祭の神女たちがつる草を巻いた笠をかぶるのです。これをひっくり返してみますと、つる草が八巻になっている。これは蛇を意味します。アメノウズメが天岩戸の前で、胸乳をあらわにして踊るのですけれども、ここにヒカゲノカズラ、真榊《まさかき》のかずらを体に巻き付ける。ヒカゲノカズラというのは蛇の衣装なんです。蛇をヒカゲノカズラと呼ぶところがある。そうすると、どうも「ウズ」というのはそれと関連があるのではないかと思ってきたわけです。それで今の宮古島の狩俣の神女たちも八巻に巻いた笠をかぶり、つる草をシンボルにするたすきをかけている。これはもともとはつる草です。そして腰にもつる草を巻く。このつる草が蛇をあらわすということであれば、アメノウズメがつる草を体に巻いて、天岩戸で踊りを踊ったという時、そのつる草は蛇を意味するのではないか。

そうすると、その「ウズ」というのが蛇と関連はないだろうかと、私は沖縄で考え始めたのです。そして宮古をずっと回っていますと、「ウズ」というのは海蛇のことを言うのです。海蛇だけではなくてウツボや鰻《うなぎ》や鱧《はも》など、海に棲む長い動物を「ウズ」と総称しているのです。そうすると、アメノウズメの「ウズ」は沖縄で言うところの海に棲む長い生物たちをあらわすのではないか。もちろん蛇も入っています。そういうふうに考えた。

しかし、もう少し決定的な解釈がないかと考えていたのです。『万葉集』で鰻を「むなぎ」と呼んでいた。いちばん最初にくるM音を落とします。そうするとウナギになる。今はウナギだけれども、『万葉集』の頃はM音がくっついていた。それでムナギと呼んだ。さらに、NとMは互いに交換できます。沖縄では庭をミワと言ったりします。だからムナギはヌナギでもよかったわけです。ナギという言葉は、要するに蛇と関連した言葉で、これは蛇をあらわすのです。

それでは今度はウズに、M音かN音をくっつけてみようと考えたわけです。そうすると、宮古ではウズと申しますが、八重山ではウジ、それから沖縄本島でもウジなんです。海底の生物を総称してウジと言う。それにN音をくっつけますとヌジになる。ヌジというのは虹のことです。虹は宮古では「ティーンパウ」と申しまして、天の蛇と言っているのです。虫偏ですから蛇だと考えられている。中国でも虹は蛇の一類だと考えられています。ウジとかウズという言葉は、虹と同じように蛇をあらわすのではないかと考えまして、アメノウズメのウズをそういうふうに今、解釈しているわけです。

そうした考え方もやはり黒潮に乗ってやってきたのではないか。要するにアメノウズメというのは、海人の中で尊崇されていた巫女、シャーマンです。神がかりになって踊りを踊る。神に仕えて踊りを踊る。巫女だから霊力があって、猿田彦もその霊力にはどうにもしようがなかった。「我をあらわした」と『日本書紀』

に書いてありますけれども、いずれにしてもその霊力に結局は猿田彦も負けてしまったという話が、記紀に登場するアメノウズメと猿田彦の話ではないだろうかと思うわけでございます。

変貌する猿田彦

それでは、猿田彦が衢《ちまた》にいたというのは一体何だろうか。衢というのは分かれ道のところで、よく道祖神が立っています。柳田国男は、道祖神の「祖」は先祖の「祖」を書くけれども、もともと「祖」というのは阻止するという意味を持っていたというふうに考えた。道の衢にあって、外からやってくる悪い霊をさえぎるのが道祖神の役目であったというふうに言っています。サエの神も「さえぎる」からきている。それから関所の「関」もそうだと解釈しています。

そうすると、こういう話が思い起こされるわけです。『肥前国風土記』に、九州の肥前の国、今の佐賀県ですが、そこの坂に悪い神がいて、道行く人を十人の内四人まで取って食べたとか、五人の内三人まで殺したという話があるのです。そういうことから佐賀県の佐賀という名前がついたというふうに書いてあります。

サカとかサケ、これはみんな境界を意味するのです。サカがあったところが境で、サカ自体「黄泉比良《よもつひら》坂《さか》」というふうに、あの世とこの世の境でもあるんです。それから水平線の向こうに「海界《うなさか》」というのがあると古代人は『万葉集』の中で想定している。ずっと水平線までいくと、その向こうに竜神の住む他界がある。これを海界という。

先ほど、アザカというのは最初はシャコ貝をあらわした。それがわからなくなって地名になったと申しました。そのアザカが今度は濁りが取れてアサカになった。そこで今の話が出てくるわけです。今の話というのは、『倭姫命世記』に出てくる話ですが、アサカには悪い神がいて、通行人をとって食べた。これは鎌倉時代あたりの話ですから、ずいぶん遅れて出てきます。

猿田彦がアザカで溺れ死んだという最初の話とは、また別の伝承が生まれている。坂というのは、上り坂、下り坂と傾斜地のようにわれわれは思いますけれども、そうではないのです。「遠ざかる」という言葉、あるいは「退《そき》」ということもあります。ソキとかソコとか、これもやはりさえぎるという意味で、サイとかサイ川という川がありますけれども、それなども境界の川をいうわけです。

そういうことで、猿田彦が神社に祀られておりますが、猿田彦の像はだんだん変わってきた。それで最初は道開き、つまり地中の霊を鎮めながらいく先導の神としての役割をしたのが、だんだん衢の神になり、そしてさえぎる神になってきた。『古事記』や『万葉集』の時代はかなり後の話なんです。それから何世紀も前、弥生時代あたりまで遡ったほうがいいぐらい古い猿田彦の原像があった。それが八世紀の『古事記』や『日本書紀』に書かれる時には相当変貌していると、われわれは考えたいわけです。

そういうことから言いますと、鎌田東二さんも、猿田彦というのは謎の多い神様であるとお書きになっていますけれども、本当にそのようないくつものイメージ、観念が複合してできあがった。しかしその原形は失われていないということは、最初に申しましたように、地鎮祭とか棟上式の時に猿田彦神社の砂や土が撒かれることからもわかります。

猿田彦はサダル神がサルタになってサタになったと申しました。サタというのもやはり猿田彦と同じ意味があって、たとえばサタ岬は四国の愛媛県に佐田岬があれば、高知にも蹉跎《さた》岬があります。大隅半島にも佐多岬があります。サタはやはり先導する神です。ミサキというのも先導する。小さい神が大きい神を案内するという考えが昔はあったのです。ミサキというのは、たとえば神武天皇が大和に入る時、吉野でヤタガラスが先導する。これをミサキガラスといいます。そういうふうにミサキとかサタというのとサルタというのは、先導するという意味では同じ意味合いを持つわけですが、それ以外にも今言ったようなさまざまな観念が加わってくるわけです。

猿田彦と猿

猿というのは、やはり人間と違う。異類です。ですから先住民族を猿と呼んだ。それからもう一つ、猿と太陽の関係ですが、『日本書紀』に伊勢の森で猿が騒いだという記事がございますけれども、太陽と猿というのは非常に密接な関係があります。日神の使い、使者だと考えられていた。日吉丸、豊臣秀吉は正月元旦にお母さんが太陽が腹に入るのを夢見て産んだので、それで猿の顔をしたのが生まれた。それから近江の日《ひ》吉《え》神社の使者も猿です。そういうふうに猿と太陽というのは密接な関係があると考えられるわけですが、また猿は馬をよく元気づける。馬屋に猿を連れていくと、今までくたびれていた馬が元気になるというのは日本ではずいぶん前から信じられておりまして、中世の絵巻物などにも出てまいりますが、今でも東北の農家に行くと、かつて馬を飼っていたところには猿の絵が描いてあるわけでございます。

そういうことで、この猿田彦というのはまさしく謎の神様で、これからもいろいろな猿田彦の側面を研究することは、われわれ民俗学のほうの楽しみの一つであります。後でまた庚申講のお話なども小花波さんがなさいますけれども、あれなどもやはり猿と関係がある。小花波さんは窪徳忠先生のお弟子さんですから、中国渡来の話を強調されると思いますけれども、柳田国男はこれは猿のお祭りだと言っているのです。柳田国男は外来思想を取り入れることを潔しとしないものですから、これは元々日本にあった祭りなんだと言う。猿というのは秋口になりますと、大寒小寒と、山の猿が里におりるという歌もありますように、猿の声が里に近く聞こえるようになる。その時にお祭りをするのが庚申の祭りであるというような――これは柳田の説ですから、私はそれをそのまま受け継ぐわけにはいきませんけれども、そういう説があることをご披露しておきたいと思います。

陰暦の二月頃になると、寒施行《かんせぎょう》といいまして、大阪あたりはキツネが鳴くのです。その時には油揚げをキツネにご馳走する。これは春の占いです。キツネの鳴き声によってその年の豊作か凶作かを占う。猿もまた神の従者として、秋の農作業が終わって、田んぼの刈り入れの後に猿の鳴き声でいろいろ占いをする。庚申祭というのはそういうものではないか。柳田さんは本居宣長と同じように、外来の思想で日本を解釈することをいったんは拒否した人です。それで、そういうことを説く。

柳田さんは二十三夜講というのと、庚申講が非常に似ていると言う。二十三夜講というのも夜っぴて寝ないで話をしながらご馳走を食べて過ごすのです。その時に祀る神がどんな神かはわからない。しかし名づけようもない神があったのだということを柳田さんは書いている。日本の神の奥深さというのは、名前がある前にもう名づけようもないけれども、二十三夜の月がこうこうと照る時に、みんなが言い知れぬ神秘的な雰囲気に浸りながら、夜もすがら語り明かす。そういう非常に素朴なといいますか、古風な時代が日本にあった。

先ほど鎌田さんがなぜ民俗学をやるようになったか話せとおっしゃいましたけれども、民俗学の幸福を、私は柳田のその文章から味わいました。言い知れぬ小さい名づけようもない神を信頼した、それはまだ暦のない時代です。日本に文字暦が伝わったのは欽明朝といわれております。あるいは推古、持統と何回も伝わっている。そのもっと前の時代には、季節をもって暦としていた。それから月の満ち欠けをもって暦とした。そういう時代にも、やはり神に対する敬虔な気持ちをわれわれの祖先は失わなかった。日本発見というか、日本人発見の一つの例として申し上げたいところでございます。

これで終わらせていただきます。どうもありがとうございました。

（『猿田彦大神フォーラム　年報』創刊特別号　一九九八年一〇月）

神々が宿る国　紀伊半島

み熊野の浦の浜木綿《はまゆふ》百重《ももへ》なす心は思《おも》へど直《ただ》にあはぬかも

「万葉集」巻四の柿本人麻呂の歌である。大意は、熊野の浦の浜木綿のように、幾重にも心には思うけれども直接に逢わないことよ、というので、南国の海辺の潮風に花を咲かせる浜木綿を自分の恋心につなげ、叙景と叙情をむすびつけた、あざやかな秀歌である。

熊野は紀伊牟婁郡あたりの総称で、今日、牟婁郡は、北・南・東・西の四郡に分かれ、南北牟婁郡は三重県に、東西牟婁郡は和歌山県に属している。

これに対して熊野灘は三重県の志摩半島の突端にある大王崎と和歌山県の潮岬の沖の間を指す。かつて大王崎のある三重県大王町の波切《なきり》には「みぎ遠州灘　ひだり熊野灘」という石の道標が立っていたという。

私は第二次大戦中のとある日、和歌山県西牟婁郡串本町を訪れ、その突端の潮岬に遊んだのち、対岸の大島にわたり、その東端にある樫野《かいの》崎にある魚見にのぼって沖合を見たことがある。するとはるか水平線を醤油色の潮が西から東へ悠々と流れている姿が望見された。幾千年も前からやすむことなく、戦乱の日にも、大自然の営為がつづけられていることを知り深く感動した経験がある。その黒潮は日本列島、その中でも南の海上に突出している熊野という風土の文化と意識に絶大な影響を及ぼしてきた。

黒潮に面した熊野は、奈良の都のあった大和国中から見れば、南の果の風土であった。奈良県と和歌山県の境である果無《はてなし》山脈は前には果無越《はてなしごえ》と呼ばれたが、この呼称には、山脈の重畳する熊野へのはるかな思いがこめられている。吉野山の高所に立つと、蔵王堂の彼方に葛城の連山が望まれ、二上山の二つの峯もくっきりとした姿で捉えられる。吉野は後背地として熊野をもち、前景として大和国中をもっている。神武帝は東征の道を熊野から吉野をへて大和へと辿ったが、彼を助けた地霊は波濤のような山々を越えて、北へ向かっている。原始から古代中世へと動いていく歴史的時間の波が、熊野・吉野・大和と連なる風土に感受される。金峰山信仰、大峰山信仰が示すように、吉野は大和の母胎と見なされ、熊野はその延長上にさらに南に位置していた。母のまた母、日本の原郷が熊野であった。

熊野の風土は日本人の魂の原郷を示すと同時に、死者の世界を表現していた。熊野のクマは道や川の曲がりくねったことをいうが、霊魂や神のこもる場所もクマであった。古代では、コモルといえば、人が死ぬことも意味していた。熊野本宮は死者の魂の集まる場所という信仰が最近までつづいていた。生前一度も本宮まいりをしたことのない死者の枕許には、死後いちはやく本宮まいりをするようにと、にぎりめしを供えてやった。

熊野が死の国であるという伝承は古い。日本書紀によると、イザナミの命は火の神を産んだとき産道を焼かれて死に、紀伊国の熊野の有馬村に葬られた。土地の人は花の時は花をもって祭り、また鼓や笛、幡旗《はた》で歌い舞い祭るとある。そこは三重県熊野市有馬町にあり、「花の窟」と呼ばれ、七里御浜《みはま》に突き出した大きな岩の根元に拝所が設けられ、今でも祭がおこなわれている。

また日本書紀によると、神武の軍が熊野灘にさしかかった時、その兄たちの稲飯《いなひ》命と三毛入野《みけいりの》命は風波を鎮めるために身を海に投じたという。古事記は「御毛沼命は波の穂を跳《ふ》みて常世国に渡りまし、稲氷《いなひ》命は妣の国として海原に入りましき」と伝えている。熊野市の阿古師《あこし》神社は三毛入野命（御毛沼命）、また室古神社は稲飯命（稲氷命）を祀っている。

新宮市に河口をもつ熊野川を遡行して本宮にむかう道の周辺には、縦に裂けた節理の岩壁がいたるところに見える。那智の滝がいぶし銀に光って、垂直に懸かっているのとおなじく、こうした岩壁もまた縦の線を強調してやまない。それに対して、熊野の南はまんまんたる水平線で横一文字の線である。縦線は生をあらわし、横線は死を象徴する。この縦線と横線のまじわる交差点が那智勝浦であった。その生と死の交錯する一点から、観音の浄土である補陀落渡海の船は帆をあげた。仏教信仰の理想郷である補陀落を目指す人々の意識の底には、熊野灘で「常世の国」「妣の国」を求めて海に入った古代人の憧憬が流れていたにちがいない。

那智駅のホームの直ぐ近くには錦浦がある。補陀落渡海の船はすべて、この錦浦を出発してかえらぬ旅路に出たのである。錦浦の白砂の浜には静かな波がよせている。それこそ御詠歌にいう「ふだらくや岸打つ波」を目のあたりにすることができる。そして錦浦の背後にある熊野の山には、那智の滝が垂直に懸かっている。「み熊野の那智のお山に落ちる滝つ瀬」である。

補陀落渡海の船は屋形船で、外から戸を釘づけにし、四方に窓もなく、食物には木の実をすこしずつ食べるというありさまで、あとはただ北からの風まかせに、南海の浄土補陀落をめざして船は走った。補陀落は遠く天竺にあるが、近くは中国の舟山島の普陀山と思われていた。その観音の浄土に航海し、参詣することは、わが国の宗教者にとって無上の光栄と信じられていた。補陀落渡海を宗教的な法悦を求めておこなわれた自殺行と見るのは正しくない。それは古代の常世への憧憬を仏教的に薫染したものにほかならず、さらにその根底には、黒潮に乗って北に進んだ海上の道を、南へたどり直そうとする潜在的な欲求があったと見なければならぬ。柑橘類が年中熟しているという常世の国の観念は、南の島伝いに日本民族が渡来した道すがら醸成されたものである。

都人士の熊野への関心は平安時代になって益々盛んとなった。熊野三山とは本宮・新宮・那智の三つの大社を指すが、本宮近くの発心《ほっしん》門の大鳥居をくぐれば、その先は熊野の聖域であった。熊野信仰は歴代の皇室に篤く見られ、京都から八十里の山河を越え、往復三十日近くの日数をついやし、とくに後白河法皇は三十四回、後鳥羽上皇の熊野御幸は二十八回にも及んだ。熊野への道は古くは伊勢から入るものであったが、平安末の貴族の熊野詣は紀伊路をとるようになり、熊野九十九王子とよばれる王子信仰がうまれた。熊野古道はこの王子址をたどっている。この王子の特色は目的にむかい、山も川も峠も無視してほぼ一直線に進むことである。和歌山県の田辺市から東にむかう中辺路に熊野古道のあとを偲ぶことができる。

山本ひろ子氏は「熊野参詣品」と称せられる大峯修験の口伝書（一四六五年）の中に「初めに参詣の本意を明らかにすとは、是れ葬送の作法なり。故に死門に向う粧なり」とある文章に注目している。熊野御幸の途次、各王子では歌会や白拍子舞や相撲などを催してけっこう楽しんでいるのだから、「葬送の作法」とばかりは言いがたいが、熊野一帯が阿弥陀や観音の浄土と見なされたのは否定できない。

熊野は死の国であると同時に再生の国でもあった。それは説経や浄瑠璃で有名な小栗判官と照手姫の物語から推測できる。小栗判官は熊野本宮の湯の峰の湯壺に浴して、蘇生したのである。熊野三山の参詣を済ませて本宮に着いた上宮や貴族は湯の峰に入湯して連日の疲れをいやしたという。堺市や岸和田市、貝塚市あたりでは、小栗判官が土車《つちぐるま》に乗り、道行く人に牽かれて熊野へむかったという裏街道が小栗街道の名で残っている。そこはかつての熊野街道で、古くは紀伊路（紀路）と呼ばれた。この熊野街道は田辺で中辺路と大辺路に分かれる。中辺路は山中を東進して本宮から新宮にいたるが、大辺路は海岸線を大迂回して、新宮にいたる。

これに対して、伊勢田丸《たまる》（三重県玉城《たまき》町）で参宮本街道と分かれ、紀伊半島の東岸沿いに、尾鷲《おわせ》、八鬼山《やきやま》峠、木本《きのもと》（熊野市）を経て新宮にいたる街道があり、古くは伊勢路と呼ばれた。

このほか大和から吉野を経て熊野にいたる紀伊山地を南北に縦断する山中の道も開かれていた。吉野町の上市《かみいち》から伯母峰峠を越え、さらに北山村を経て、三重県熊野市木本にいたる街道は、熊野灘の魚を吉野や大和国中にはこぶ重要なルートであった。また奈良県五条から天辻《てんつじ》峠を越えて新宮にいたる街道も開けていた。

日本列島の中でも極めて高温多雨な熊野では、そのさかんな樹木の生育ぶりにも似た意識の重層の底に、原始の思想がながく温存されてきた。日本書紀には、スサノオの命の子のイタケルが、船材にするためにクスノキ（櫲樟《くす》）や杉の木種《きだね》をもって、紀伊国にわたったとされている。古事記によると、スサノオはアマテラスの左の手にまいた珠を嚙んで、吹き棄てたところ、その息吹が霧のようになって、熊野久須毘《くすひ》命が誕生したとある。久須毘は奇霊《くしひ》である。日本書紀には、熊野櫲樟《くす》日命とある。熊野は出雲国意宇郡の熊野神社とする説があるが、櫲樟《くす》はたんなる宛字とは思われないから、熊野はとうぜんクスの大木が繁茂する紀州の熊野に求むべきであろう。

熊野の那智大社の祭神は熊野夫須美《ふすみ》命である。フスミはクスヒと音が近いので、同一神と考えてよい。櫲《く》樟《す》日の日は霊と考えてよい。そこで熊野夫須美命もクスノキを御神体とした熊野の神ということが考えられる。古代人はクスの樹霊を楠神としてあがめたのであった。

ところで「和名抄」には、伊豆国田方郡の久寝郷がある。また田方郡には久豆弥《くつみ》神社がある。その所在地を伊東市の葛見《くずみ》神社にあてる説がある。そこには大クスがあって、国の天然記念物となっている。また同市には、久須美という地名もあって久寝郷との関連を思わせる。伊豆の久寝郷や久豆弥神社は、クスの樹霊を示す熊野櫲樟《くす》日命の名前と深く関わりあっている。熊野の楠神の信仰が黒潮を媒介として伊豆にも波及した。その楠神の信仰は古代人が楠船に乗って航海したことから生まれたものであり、それが伊豆の地名や神社名にも痕跡を残していると私は推測する。

熊野の風土は古来、海の民をはぐくんだ。それは山地が海岸に迫って農耕する土地にとぼしいという理由からだけではない。原生林に船材とする木は豊富である。紀伊国は木の国の謂である。また沖合を流れる黒潮は、船人をはこぶ自然のベルトコンベヤーであった。かくして、熊野の民は、日本の海をわが物顔にその活躍の舞台とした。

その代表的なものが熊野海賊の系譜を引く熊野水軍であった。その向背が源平合戦の勝敗に関わるものであったことはよく知られている。南北朝の動乱の時も、熊野水軍の動向が宮方、武家方の盛衰を左右した。

わが国の組織的な捕鯨業は、和歌山県東牟婁郡太地《たいじ》町の太地に始まるとされている。熊野の鯨組の活躍は目ざましく、それは土佐の室戸や北西九州の五島、壱岐などに伝えられていった。また熊野に限らないが、江戸時代に紀州の漁民が、鰯網漁をいとなむために関東の九十九里浜を目指した。新しい漁法や漁具の発明も、紀州の漁民の手で開発されたものがすこぶる多かった。

こうして見ると、熊野には「山の熊野」と「海の熊野」の二つがあった。それは籠った熊野と開かれた熊野と言い換えてもよい。しかもそれらが別々に存在するのではなく、交わり、一つに融け合い統一されているところに、熊野という風土のかけがえのない魅力が昔も今もあると言っても差支えない。

（「みえのくにづくり情報誌エム・キューブ」5　三重県政策公聴広報課、一九九八年一一月）

北と南を結ぶ神

日本列島の北と南のはしには、大自然を相手にしながら、最も深く神を信じる人たちが生活してきた。北海道のアイヌ民族と、南島の民、とりわけ信仰の厚い宮古島の人たちである。その信仰は純一で、教祖も、教義も、教典も、教会もない。彼らの神は自然に内在する神である。宮古島に数十年来通っている私は、いつかアイヌの人々を招いて、神と自然について、両者が語り合う機会がくることを、待望していた。

その日が昨年の平成十年十一月二十二日、二十三日に到来した。第一日目は講演とパネル討論に費やした。北海道の森が少くなってシマフクロウが姿を消し、また宮古島の森が切られて、渡り鳥のサシバの憩う場所がなくなったことが、それぞれ報告された。シマフクロウはアイヌ民族にとって、またサシバは宮古の人々にとって、大切な神の鳥である。

二日目は大型バスをつらねて、宮古島をめぐり、池間島のオハルズウタキ（ウタキは聖地のこと）に参詣した。参加者は地元の人のほか、北海道から二十数名（うちアイヌ六名）、本土から四十数名、八重山から十数名で、全国から集まった。

池間島のオハルズウタキの神は、宮古中の人々の生命をつかさどる、最も格が高い神である。その神行事を主宰する神女が、ウタキの神に祈りをささげた。八十数名の参加者が見守るなか、アイヌ代表の小川隆吉氏が、神女の手から神盃を受け、「北と南を結ぶ神に感謝します。神は一つです」と誓った。

そのあと、池間島のきよらかな砂浜で、アイヌのカムイノミ（神への祈り）が行われた。波打際から数メートルはなれた砂浜に、木の枠で長方形に囲っただけの祭場がこしらえられ、その中央には枯枝につけた火が燃えていた。その火はカムイフチ（お婆さん神）で、アイヌにとって最も神聖な神である。小川隆吉氏がアッシ模様の儀礼服を着て、祈りをささげた。その間、焚火をたやすまいと木の枝をくべているのは、宮古のカンカカリヤ（神占いをする女性）であった。そのうしろで、オハルズウタキで祈った神女が、白い神衣を着て、頬を涙で濡らしながら坐っていた。

儀式が終わると、砂浜でアイヌの人々と宮古の神女たちが輪になって、アイヌの踊りを踊った。潮騒がたえずひびく砂浜に、南の島の日が照りつけ、輪舞する北と南の人々の影を砂浜にくっきりと刻みつけた。長い間、夢みた光景が、私の眼前で、現実となって展開した。長年、旅に明け暮れている私にとっても、最も印象深い、忘れることのできない二日間であった。

（「旅」一九九九年二月号）

イルカは海神からの使者——イルカの民俗誌

三井楽《みいらく》の浜は五島列島の南端の福江島（長崎県福江市）でもっとも大きい砂浜で、そこには町びとが死んだならば葬られる海辺の墓地がある。墓地のまえはさえぎるもののない海で、ときたま水平線の彼方からこの砂浜の入江をめがけてイルカの大群が押しよせることがあるという。町びとはイルカを捕えると保存肉にするため、短冊形に切った肉片を塩づけにしてシュロの葉にとおして軒下につるし乾燥させる。用があればそれを取りこんで、焼いて食べるのだが、その焼くときの匂いが、死者を焼くときの匂いに似ていて閉口したと、バスで席をとなり合わせた三井楽の泉水寺の住職は語った。坊さんが閉口する話がなんとなくおもしろかった。

この話を聞いたのは、一九七〇年代の半ばであるが、そのあと、一九九〇年一一月、この三井楽の浜でイルカを大量に捕獲したというので、内外の大きな議論を呼んだことがある。外国人から見れば、日本人の伝統的なイルカ漁は、許されないことかもしれないが、だからといって、日本人がイルカをたんに食肉の対象としたというわけではけっしてない。

イルカは竜宮からやってくる

『能登志徴《のとしちょう》』という明治期の書物には、能登半島の突端にある珠洲《すず》郡の三崎（現、石川県珠洲市三崎町）というところには、四、五月ごろになると、イルカの三崎詣《まい》りといって、おびただしいイルカがおとずれることが述べてある。石川県珠洲市鎮座の須々《すず》神社には三崎権現が祀られているので、この権現の使者がイルカという伝承があって、海上を泳ぎ打ち群れて来たイルカを食べた者には、三年間は宮参りを禁止したとある。そこでこの三崎の付近でイルカを食べるものはなかったという。

ところが、五、六里離れた同じ旧珠洲郡の真脇村（現、石川県鳳至《ふげし》郡能登《のと》町）は、この三崎権現を勧請《かんじょう》して祀っているが、ここもまたイルカが海から寄ってくる浦であり、漁師たちはイルカを捕えて、まずその初物のイルカを神前に供えるならわしをもっていた。もとよりここではイルカを食用にする。このようにわずかの距離をへだてた二つの場所で、一方はイルカを食用にすることを禁じ、他方は公然とそれを捕えて神に豊漁を感謝する。いずれも、イルカを神とふかい関係のある動物とみなしているのである。

この真脇の入江は縄文時代の遺跡が発掘調査され、おびただしいイルカの骨が層をなして出土したことで知られている。また巨大なクリ材を環状に配した柱列もみとめられ、イルカ祭祀のあとではなかったかと推定されている。

能登でイルカの三崎詣りがあるように、伊豆七島では「イルカのイソベサマ詣り」という伝説が残っている。イソベサマというのは志摩半島の的矢《まとや》湾の奥深く、磯部《いそべ》に祀られている伊雑宮《いぞうぐう》のことである。伊雑宮では六月二四日の御祭《ごさい》のとき、伊雑宮のお使い姫である七本鮫が背びれを立てて参詣するためにやってくる、と伝えられている。この信仰がイルカにすりかわったものと思われるが、伊豆七島ではイルカは旧二月中にイソベサマへ詣ると信じられている。イルカに追いかけられたときに「おれはイソベサマのお守りを持っている」と言えばよいという。

イルカの宮詣りの伝承は瀬戸内にも残されている。香川県高見島では船に乗っているとき、イルカの千疋《せんびき》連れを見ることがある。これは伊勢の神様のお使い姫だといい、敬いおそれられているという。伊勢の神様とは伊勢神宮の別宮の伊雑宮のことである。

奄美大島ではイルカをフトと呼び、「フトの千《ち》連《づ》れ」という言葉がある。古代の奄美ではイルカはネリヤ（竜宮）の使者と考えられていた。海神を迎える祭のとき、奄美の神女《ノロ》たちは魚をとる仕草をまねた儀礼をおこなうが、それは波間に浮き沈みするイルカの仕草だという。

沖縄ではイルカをピトゥと呼んでいる。沖縄本島の東海岸にある久志《くし》（名護市）の汀間《ていま》では、海の幸を願う古謡の中で、「ピトゥの魚は　わがニレーに　わがカナーに　つなぎおけるよ」という文句がうたわれている。これを見ると、イルカがニレーカナー（ニライカナイ＝海の彼方の神の島）からやってきた魚で、海神の乗り物と考えられていたことがわかる。

沖縄本島の西海岸にある名護（名護市）では、春の彼岸近くなると、名護の神女によって「ピトゥ御願《うがん》」がおこなわれる。そのいわれは、むかし名護の神女と伊平屋《いへや》島（伊平屋村）の王とは兄妹関係にあった。そこで名護では、旧七月の海神祭《ウンジャミ》のときに、ネズミをイノシシに見立てて、小さな舟に乗せ、海の彼方の伊平屋島にむけて流す。すると、そのお返しとして伊平屋島のほうからは、旧の三月ころにピトゥを送ってよこすというのである。

事実、春の彼岸ごろになると、名護湾の入口を流れる海流にのって、ピトゥが珊瑚礁の切れ目からやってくる。その群を見付けると「ピトゥドーイ」（イルカだ！）と叫びながら名護の人たちは、イルカを湾の奥に追い込む。そして網をつけた銛《もり》を投げて、捕獲して浜まで曳いてくる。そこで解体作業がおこなわれるのであるが、海水を血の色に染めて展開される人と動物との活劇を、勇壮とみなすものがいれば、残酷な行事と非難する者もいて、投書合戦が地元の新聞をにぎわすのも、以前は毎年の恒例となっていた。寄ってくるイルカの数が多いか、少ないかが、名護の首長の人気にも関係するといわれてきた。このイルカ漁は近年おこなわれなくなり、現在は、沖で水産庁から許可を受けた頭数だけを、舟の舳先《へさき》に設置したアーチェリー型のワイヤーの先につけた離頭銛でとることが許されている。

ただ一口にピトゥというが、名護湾のばあい、マイルカ科に属するコビレゴンドウがほとんどである。コビレゴンドウの群の数は少なくとも七〇頭から八〇頭とされ、多いときは千頭にものぼる。一頭の重さは六〇〇キログラムから一トン程度である。ピトゥ狩りのあとでは、一頭はかならず「ピトゥ御願」の謝礼にと、名護の町の上にある御嶽《うたき》の神にささげるならわしがあり、それがノロの取り分となっている。

イルカが海神の使者と考えられたのは、季節をたがえずに回遊して姿をあらわす性質のほかに、きわめて賢明な動物であることにもよるのであろう。そこでイルカはギリシャ神話では、海の神ポセイドンの従者とみなされたのであった。

イルカを海神の贈物とする話は今にはじまったものではない。『古事記』の中に次の記事がある。応神帝が皇太子のとき若狭をへて敦賀についた。そこで土地の神がイルカを帝に贈る約束をした。そのあくる日、帝が起きてみると、浜辺一面に鼻が傷ついたイルカの群が血塗《ちまみ》れになって打ち上げられたという話である。ところで沖縄の漁師の話では、鮫はイルカが大好物で、イルカの群が浮遊している海面の下にはかならず鮫が泳いでいるという。鮫とイルカが海神の使者として一つのもののように扱われるのは、こうしたところにあるかも知れない。

イルカ漁は海の幸への感謝の儀式

イルカ漁は沖縄の名護湾のように、銛で突くほかに、対馬《つしま》のように網を用いて一度に群全体を捕る方法がある。

対馬の村々では、イルカの群を発見すると、海面や船べりを叩いて大声をあげながら群を湾内ふかく追い込み、湾口側に大引網を入れて張り切る。そうして湾奥の小浦にイルカが入り込むと、狭い湾内は逃げ道を絶たれて狂ったように泳ぎまわるイルカの群のため、大シケのような大波が岸辺に押しよせる。いよいよ捕獲にとりかかるのであるが、初銛（一番銛）は村々から選ばれた一、二名の女刃刺《はざし》でおこなわれる。内浅茅《うちあそう》湾の濃部《のぶ》、大山《おおやま》両村（ともに三津島町）のイルカ捕りでは両村から選ばれた一名ずつの女刃刺でおこなわれたが、大漁《おろしか》湾の四ヶ浦（豊玉町）では二名ずつが選ばれた。

この女刃刺は既婚未婚を問わず一七歳から三〇歳くらいまでの者が選ばれた。黒不浄（死の不浄）または赤不浄（妊娠月経）の者は、イルカが荒れるといわれ禁忌とされた。

晴れの女刃刺に選ばれることは、無上の名誉とされ、かねて用意の短い紺の絣《かすり》に白襦袢《じゅばん》、裾にゆもじをのぞかせた艶姿《あですがた》に、村ごとの色とりどりの鉢巻をしめ、白足袋に草履を履いて、突舟《つきぶね》に乗りこんだ。二名の若者のトモオシと中老の網持が従った。突舟では、先端に銛をつけた一尋《ひろ》半（二・五メートル）の突棒をかまえて、舟のオモテに立ち、イルカを狙う。女刃刺の投げた銛がイルカに命中すると、血しぶきがあがる。若者のトモオシはいそいで突舟を浜辺におしよせ、銛網の網尻をにぎった中老の網持が、浜辺に待ちかまえた村の若者に網を手渡す。大勢の若者たちはその銛網をひいて、イルカを浜にひきよせ、長柄のイルカ包丁でイルカの腹を引き裂いてとどめを刺す。これが海神の恵みに感謝する初銛の儀式である。

このイルカ捕りでは、女刃刺やその後見役の女たちが浜に引き揚げられたイルカに腰巻をかぶせると、そのイルカは女たちが取得してよいことになっていた。これを「腰巻カンダラ」と呼んで黙認される習慣があった。カンダラは浜辺に寄ってきたクジラやイルカ、または小魚たちも海の神の贈物として、平等に分配した古代の風習を指す言葉である。イルカ捕りはまさに海の祝祭と呼んでよいものであった。

（「FRONT」一一号、リバーフロント整備センター、二〇〇二年一一月）

古代の風吹く神宿る島 淡路島

海で漁をしてくらしている者の総称を、あま（漢字では海《あま》、海人、海部、海郎などと、気まぐれなほどいろんな文字をあてる）ともいうが、安曇《あづみ》（阿曇）ともいった。『日本書紀』の「応神紀」のいうところでは、応神王朝はこの安曇の大首長を連《むらじ》の職につけて大阪湾沿岸の宮廷に常駐させ、そこからはるかに諸国の浦々にいる海部を統轄させていた。だとすれば、手近の淡路の海人などはもっとも強い統制下におかれていたにちがいない。（司馬遼太郎『明石海峡と淡路みち』「海彦・山彦」の章より）

淡路島で最も見晴らしの利《き》く場所というと、洲本市に属する海抜四四八メートルの先山《せんざん》にちがいない。イザナキ、イザナミの二神が天の浮橋《うきはし》からオノゴロ島に降りるとき、まず先山を目指したということで、先山の名は日本で一番先に創られた山という意味だそうである。もとよりこれは後世の誰かがひろめた俗説にすぎないが、そこは淡路第一の信仰の山で、頂上に千光寺《せんこうじ》があり、イザナキ、イザナミを祀る祠《ほこら》もある。

この先山から見渡すと、淡路島の平野や山脈のむこうに、北は明石海峡、西南は鳴門海峡、東は紀淡海峡が望める。この三つの海峡にかこまれ、南に沼《ぬ》島をひかえた淡路島が、イザナキ、イザナミの国生みの舞台となった島であった。二神が降りたというオノゴロ島がどこかはっきりしないが、沼島はその有力な候補地である。『古事記』には仁徳天皇の段に、難波《なにわ》の崎から望むと、オノゴロ島が見えたという歌があり、淡路島の近くであることはたしかである。

ミソギをしたのは阿波か

女神のイザナミは国生みのあと火の神を産んだために死んだ。イザナミが葬られた場所は出雲国と伯伎《ははき》国の境の比婆《ひば》山と『古事記』は述べ、『日本書紀』では紀伊国の熊野の有馬《ありま》村と伝え、定説がない。

男神のイザナキは黄泉国《よみのくに》にいるイザナミを恋い、訪ねていったが、イザナミの屍体《したい》をのぞき見したというかどで、激怒した妻から追われて黄泉国を逃げ出した。そのあとミソギをしたというのであるが、このくだりは『日本書紀』では、「一書」に次のようになっている。

「すなはち往《ゆ》きて粟《あは》の門《と》および速吸名門《はやすひのなと》をみそなはす。しかるに、この二つの門、潮《しほ》すでにはなはだやし。故《かれ》、橘《たちばな》の小門《おど》に還向《かへ》りたまひて、払ひすすぎたまふ」

粟の門は阿波への入口で鳴門海峡を指している。速吸名門は明石海峡である。鳴門海峡や明石海峡の近くにイザナキがミソギをした「橘の小門」を探すとなれば、まず阿波を考えるのが地理的には最も自然である。

橘《たちばな》湾は阿波随一の天然の良港で、古来、紀州の湯浅《ゆあさ》方面と海上交通路が開けていた。潮の流れもゆるやかである。橘湾にのぞむ津の峯《みね》は、生命を再生する山だと阿波の人たちに信じられてきた。津の峯の神は一日一人ずつ助けると言われており、地元では、津の峯の見えるところまで行って、屋根の上にのぼり、午前零時になると、死に瀕《ひん》した者の名前をあげ、その命を助け給えと祈る。この風習はいつから始まったか分からないが、黄泉国から追っかけてきたイザナミが、一日に千人を殺すと脅迫し、イザナキがそれならば千五百人を誕生させようと言い返した故事を思い出させずにはおかない。

古代王朝の「聖地」だった

『日本書紀』によると、イザナキは「幽宮《かくりみや》」を淡路に作って静かにながく隠れたとあるから、淡路に隠棲して、そこで死んだのである。兵庫県淡路市多賀《たが》にある淡路一宮「伊弉諾《いざなぎ》神宮」は、イザナキを祀る大社である。この大社の本殿の真下は古墳である。イザナキは権威ある島神として淡路島にながくとどまった。

応神帝に始まるいわゆる「河内王朝」は淡路島ときわめて縁が深かった。『日本書紀』によると、応神帝の妃の弟姫《おとひめ》は淡路御原皇女《みはらひめみこ》を産んでいる。これは淡路の三原（御原）の乳母にやしなわれた皇女と解するべきであろう。淡路島の西南にあたる旧・三原郡（現・南あわじ市）は三原（御原）海人の根拠地であったから、応神帝の皇女を養育した乳母は三原の海人の女であったろう。

『古事記』には、仁徳帝の条に、天皇に献上する清水《しみず》を淡路島に汲みにいったとあるが、その清水は天皇の若返りのための聖水だったにちがいない。また仁徳天皇の子の反正《はんぜい》帝は淡路の瑞井《みずい》宮で誕生したとある。瑞井宮は旧・三原郡の西淡《せいだん》町（現・南あわじ市）にあったと考えられている。

このように、淡路島は天皇家に食料を貢納する「御食《みけ》つ国」であっただけではなく、河内王朝にとって「聖地」と見なされていたふしがある。

三原海人のいた西淡町の沖ノ島古墳からは鉄釣り針、軽石うき、イイダコ壺などの漁具が副葬品としてみつかっている。淡路島に前方後円墳はなくそのほとんどが後期古墳に属するところから見て、淡路島には海人たちが小単位の共同集落をいとなむ時代が古代からながくつづいており、さしたる豪族も生まれなかったと考えられる。

淡路島の南にある沼島も海人の根拠地であった。『土佐日記』には紀貫之が沼島の近くを船で通ったことが記されている。南北朝の時期には、沼島の海人は南朝方を支えてたたかった。また江戸時代には、沼島の漁民は遠く五島列島や対馬まで進出した。対馬組が結成され、十八世紀後半の安永年間（一七七二～八一年）には、百五十艘の大船団を組んだという。

淡路島の北部には「野島海人」がいた。柿本人麻呂の歌に、

淡路の野島が崎の浜風に妹《いも》が結びし紐《ひも》吹き返す

がある。その野島については、旧・淡路町か旧・北淡町（どちらも現・淡路市）の漁村と考えられているが、定説はない。

（「週刊司馬遼太郎　街道をゆく」No.41、朝日新聞社、二〇〇五年一一月六日）

Ⅱ

日本文化の基層

多氏と海人族

一

「阿蘇山有り。其の石、故無くして火起り天に接する者、俗以って異と為し、因って禱祭を行う。如意宝珠有り。其の色青く、大いさ鶏卵の如く、夜は則ち光有り。言う魚の眼精なりと」

これは『隋書倭国伝』の一節である。この中にある「魚の眼精」について藪田嘉一郎氏は『白水郎考』の中で次のように述べている。「魚眼精は『述異記』に鯨目瞳といい『斐氏広州記』に鯨鯢目は即ち明月珠であるというものである」。そして「鯨鯢目（鯨目瞳）」という夜光珠は、魚の眼精で、魚が死ぬと眼精がなくなっているという伝承がある、云々。

簡略な記述で、鯨の眼精というほか詳しくは分からないが、藪田氏はこの文章でもっぱら南中国の海人をめぐって論じているので、阿蘇山の「如意宝珠」の伝承も、海の彼方の江南からもたらされたと解しているようである。「日本書紀」の仲哀帝二年の条に、神功皇后が豊浦津に泊まって、その日に「如意珠を海中に得たまう」という記事がある。この如意珠というのは仏教用語で、それをもてばすべての願いが叶うというものである。

古田武彦氏は『失われた九州王朝』の中で「如意宝珠」の例をいくつかあげており、その一つに「この珠は磨竭大魚の脳中より出づ。魚の身長は二十八万里なり。この珠を名づけて金剛珠と曰うなり」という仏典の文章を紹介している。そうして「魚の眼精への信仰は、本来、海洋の民の民俗的信仰に属するものであろう」と述べている。すなわち仏典の中に民俗的な説話が混入しているのである。

「魚の眼精」について思い起こされるのは、石田幹之助がその著『長安の春』に収めている数多くの「胡人採宝譚」の中の次の説話である。

「ある海に途方もなく大きな沙魚があって航海中の船を呑んでしまうので人々に恐れられていた。ある時きわめて大胆な徽州の船があって、うまくこれをあざむいて海口に近く引き寄せ浅瀬へみちびいてきたので、海潮の退くと共に進退の自由をうしない、かつ水が涸れたためにとうとう死んでしまった。郷人はなお恐れて容易にこれに触れなかったが、そのうち回回《フィフィ》が何人かやってきてその眼精と胃とを取り去っていった。なんでもそれで大へんな儲をしたということである」

この話は回回《フィフィ》、すなわちアラビア商人が大魚の「眼精」と胃とを取り去っていって、それで金もうけをしたとなっているが、一九三一年と三二年に中国の民俗学雑誌に発表されたこの類話は二十一種類もあり、すべて浙江省の紹興や杭州で採集されたものである。この「沙魚」の話は紹興での聞き書きである。すでに唐代に流布されていたこの種の話が今世紀になっても江南の海人のあいだに口承されていたというのは驚くほかはない。この「胡人採宝譚」は日本にも伝わって「長崎の魚石」という民話になっている。

長崎の金持の家に土蔵があり、その石垣に積んである青石に、出入りの唐人が眼をつけて、それを売ってくれとしきりに言う。値段をつりあげて三百両まで出すと言ったが、家の主人は頭を振らなかった。唐人が本国に帰ったのち、この石を取り出して、玉磨きの工人に磨かせてみた。さいごに、二つに割ると水が出て、赤い小鮒二匹が飛び出して死んでしまった。あくる年に唐人がふたたび訪れたが、このいきさつを聞くと、涙を流して残念がった。唐人の言うところでは、これは「魚石」というもので、しだいに石を磨いていくと、石が透けて水中の魚を見ることができる。それを見ると心がおのずから寛濶になり、長寿延命の効き目がある。本国の貴人たちは金を惜しまずこれを求めるので、売りつけようと思い、三千両を用意してきたのだったが惜しいことをしたと語ったという。これと同じような民話が喜界島や常陸にも伝わっている。さかのぼっては『今昔物語』や『宇治拾遺物語』にも収録されている。いずれも唐人が出てきて、珠を買おうとする話である。そして、それが冒頭に述べたように唐初に作られた『隋書倭国伝』にも記載されているのを見ると、民俗の世界の時間の深さに思いを致さないわけにはいかない。

ところで、こうした「胡人採宝譚」は石田幹之助によると北京の周辺にも見られるはずという。また、胡商と呼ばれるアラビア人が買手となっていることから、西域の話のように思われがちであるが、藪田氏や古田氏の指摘するように、南中国の海人の伝承する説話の匂いが濃厚である。その説話には竜神がしばしば現われる。そうして、それが唐時代のまえから倭国に伝わっていたということは、彼我の密接な交流を想定させずにはおかない。

「胡人採宝譚」の中には次のような話もある。

「ペルシアの胡人が長安の西にある宿屋の門の外の石を買って、その中から径一寸ほどの珠を取り出した。そうして刀で自分の腋腹を切り割いてそれをかくし、中国の外に脱出しようとした。船に乗って十日余、海が荒れて船がくつがえりそうになった。船人は海神が船中に宝のあるのを知って取りにきたのだと悟り、誰か宝を持っている者がいるにちがいないと船中をくまなく探索した。だが、海神に与えるべき宝を見付けることができないので、船人はペルシアの商人を犠牲として海に投げこもうとした。胡人はおそれて自分の腋腹を割き、珠を取り出して提供した。船人がまじないをして『この珠が欲しいなら取ってもらいたい』と海に言うと、海神は毛だらけな片手を出して珠を捧げて引っこんでしまったという」（傍点引用者）

石田幹之助によると、これは『太平広記』に引用されて今に伝わっているものであるが、海神が毛むくじゃらな片手を出して珠を受け取ったという描写には、海神の醜悪な姿の片鱗がのぞいている。このことから私が想起するのは、安曇の海人の先祖神とされる磯良《いそら》は海中に長く住んでいたので、その顔に牡蠣や海草などがくっついて見苦しい容貌であるという伝承である。日本の神々の中で、磯良のような容姿をもつのは特異である。宮中清涼殿の「荒海の障子」に描かれた手長・足長の奇怪な絵は忘れがたい印象をのこすが、これは『山海経』の中の長臂国、長脚国の人のこととされているという。磯良にも、そうした日本ばなれした趣きがある。『述異記』には「南海中に鮫人《こうじん》あり。水に居ること魚のごとし。機織を廃せず。その眼能く泣く。泣けばすなわち珠を成す」とある。鮫人は魚の精とされているが、小泉八雲は、海中の竜神の家来で、醜い容貌をもつものとして鮫人の物語を書いている。こうしたところから、磯良は鮫人をモデルに空想を逞しくしたのではないかという藪田氏の説は納得がいく。

二

柳田国男は『桃太郎の誕生』の中で「海神少童」の話をくわしく展開している。この少童をわたつみというと「日本書紀」はわざわざ注している。わたつみとは海神の意である。「書紀」によると、安曇族のいつきまつる神は、三人の少童命《わたつみのみこと》である。柳田は「海神少童」を日本の枠内で論じ、海外に言及することをことさらに避けているが、磯良神が南中国の海人の説話に影響されたものとすれば、「海神少童」の話も日本だけに閉じこめておくわけにはいかない。

　スクナヒコナの神は「海神少童」の一人であると見ることができるが、スクナヒコナの話で有名なのは、常陸の大洗の海岸に出現した二つの石である。この石像は形が沙門に似ていて、ただ耳目がないだけであると『文徳実録』に記されている。そうして、人にかかって神託を発し「自分はオオナモチ、スクナヒコナの命である。この国を創り終わって東海に去ったが、今また人民を救済するためにやってきた」と言ったという。同じように、能登にもスクナヒコナの像石《かたいし》を祀る神社があり、また、『万葉集』巻三にも「オオナムチ、スクナヒコナのいましけむ志都《しず》の石室《いわや》」とうたわれているから、先の話を常陸の海辺で生まれた民間説話と決めてしまうことはできない。

　平田篤胤は、唐代に作られた『法苑珠林《ほうおんじゅりん》』に載っているとして次の説話を紹介している。呉郡の松江滬瀆口といえば江蘇省上海県にあたるが、晋の建康元年に、そこの漁人が海中をはるかに見たところ、二人の人間の姿をみとめた。潮にしたがって海に入り、近寄ってそれが石像であることが分かった。像の背に銘があって、一人は維衛といい、一人は迦葉というとあった。

　この話と、先の常陸大洗の石像の話とを比較してみると、よく似ている。あるいは『文徳実録』の話は『法苑珠林』からの影響を受けたもので、もともとそれは江南の説話だったのかもしれない。

　「胡人採宝譚」には、同じ呉郡の話として、ある男が胡人の案内で海辺に連れていかれたが、そこで海中からとつぜん青色の衣を着けた童子が現われたとある。篤胤は「神仙の世界では使役する童男童女は、すべて青衣を着るので童男を青童と称し、童女を単に青衣と称する。そのことは神仙について記した書物に多く載っている」と言っている。そうしてスクナヒコナは、中国では太一小子とも東華小童君とも称すると記している。これを見ると、篤胤は明らかに道教をもってスクナヒコナの神の性格をつかもうとしている。彼の書いた『赤県太古伝《もろこし》』を見ると、この東華小童君は青真小童君とか、東華大神方諸宮青童道君とかさまざまに呼ばれているが、その姿が嬰孩《えいがい》のようなので小童と呼ばれたとし、また、青童というのは青衣を着た子供の格好だからだとも述べている。

『日本書紀』もスクナヒコナを「一箇《ひとり》の小男《おぐな》」と述べているから、篤胤はそれと見当を合わせたのであったのかも知れない。いずれにしても篤胤の説を頭から一笑に付してしまうことはできない。神仙説にもとづく篤胤の仮説には中国の海人の伝える民間説話が反映しているように私には感じられる。

スクナヒコナが国作りを終えたのちにいったん東海に去ったように、天日別命が伊勢に進出すると、国つ神である伊勢津彦は国土を献上するために、大風を起こし、波に乗って東海に去った。そこで伊勢津彦もまたスクナヒコナと同様に常世の神であったことが分かる。「東海」を強調するのは常陸や伊勢が東の海にある風土だからであろうが、東海に神仙の住む島を想定した中国思想もまじっているかも分からない。

三

『琉球神道記』に「鹿島の明神はもとは武甕槌《たけみかつち》の神《みこと》なり。人面蛇身なり。常州鹿島の浦の海底に居す。一睡十日するゆえに、頭面に石牡蠣《かき》を生ずること、磯のごとし。ゆえに磯良と名づく。筑前の鹿島《しかのしま》の明神、和州春日の明神、この鹿島、おなじ磯良の変化なり」と述べてある。ここには常陸の鹿島神が遠く北九州の志賀の海人の手で運ばれたことが暗示されている。志賀海神社には、その倉庫に鹿の角が一杯つまっている。今も安曇氏を名乗る宮司の話では、鹿角は一万本位はあり、古くは五、六百年も前に奉納されたものもあるという。志賀海神社では「山ほめすなどり」と呼ばれる祭のときに「鹿狩の唄」がうたわれ、また正月二日の神事にうたわれる謡にも、神功皇后が三韓出陣の途中、対馬の紫の瀬戸に立ち寄ったときに、海が荒れたので出港を見合わせて狩猟をたのしんだ。その際、牡鹿が多くとれたので、角を切り取って志賀海神社に奉納したという筋書のものがある。安曇《あづみ》海人と対馬との交渉は密接である。『万葉集』巻十六には、志賀の海人が対馬に食糧を運ぶ途中海難で水死した哀話が載っている。対馬の佐須浦には志賀明神の祠がある。対馬の上県の大社である和多都美《わたつみ》は仁位と木坂のどちらを取るべきかについて異論があるが、永留久恵氏は仁位説に傾いている。仁位の和多都美神社の神官の長岡氏は安曇氏の後裔であるという。この神社の境内には磯良の墳墓と伝える聖域があり、また、今里の志賀神社は磯良を祀る。

神功皇后が三韓に出陣するとき、琴崎《きんざき》の海辺で、軍船の碇が海底に沈んで上がらなくなったのを、安曇磯武良がもぐって取り上げたという話があり、また、大船越の東海岸に、神功皇后の腰掛岩がある。その岩に舳綱を投げ掛けたのは水先案内の磯武良であると永留氏は報じている。磯武良は磯良のことであるが、このように、軍船の進むところ、安曇の海人の活躍が見られる。それは先に述べたように常陸の鹿島に進出する際にも言えることである。

さて、常陸の鹿島に進出し開拓した古代豪族は多氏であったというのがほぼ定説となっている。多氏の出自は九州であるということは、『常陸国風土記』にそのひきいる兵士たちが杵島曲《きしまぶり》をうたったことで分かる。杵島曲は有明海にのぞむ杵島岳に関する地元の民謡であって、九州出身の豪族が東国の経略にあたったことを示すものにほかならぬ。

多氏の同族である九州の豪族には、火の君、阿蘇の君、大分の君、筑紫の三家《みやけ》の連《むらじ》などがある。このうち有明海の沿岸に君臨するのは火の君であるから、火の君こそは多氏の筆頭であり主流であるとする学者がいる。太田亮は『日本古代史新研究』で耶馬台国は火の国であり、卑弥呼は多氏と想像している。また大場磐雄氏も「常陸大生古墳群」についてのレポートで、「キシマ—カシマがそのまま地名となり人名となって、はるか肥国から常陸国にまで移されたとみる可能性が強く、その本国肥国は多氏一族発祥の地であるから、鹿島神を奉戴し、那珂国造となった建借間命こそカシマの地を負う多氏一族中の首長であったとみることができるのである」と述べている。ここにおいて、当然、安曇の海人も水先案内や船人となって多氏と同行したのであると推察することができる。

では、安曇族は東国に行くまではどこに根源地をもっていただろうか。記紀を見ると、まず淡路島の北部の野島があげられる。『摂津国風土記』逸文には、「夢野の鹿」の話が出てくる。夢野というのは今の神戸市にある夢野村とされている。そこに鹿の夫婦が住んでいた。夫の鹿は淡路島の野島まで海をわたって妾の鹿に会いに行った。あるとき、夢見が悪いからと妻の鹿が引き止めるのを振り切って、夫の鹿は野島をめがけ海を泳ぎわたった。その途中、船に出会って射殺されてしまった、という内容のものである。

野島の海人である安曇族のほかに、淡路島の対岸である姫路にも安曇海人の足がかりがあった。したがってこの鹿の話は双方の安曇族のあいだに伝えられたものかも知れない。安曇と鹿との関係はここにも見ることができる。では多氏は九州から東漸するときにどこに足場をこしらえたのであったのだろうか。『播磨国風土記』の餝磨《しかま》郡の条には、「継《つぎ》の潮《みなと》というゆえは、昔、この国にひとりの死《みう》せぬる女ありき。その時、筑紫の国の火の君らが祖《おや》きたりて、復生《つぎい》かし、仍《よ》りて取《あ》いき。故継《かれつぎ》の潮《みなと》と名付く」とある。

ここに言う「火の君の祖」は、多氏の同族にほかならず、「継の潮」というのは今の姫路市であり、安曇族の根源地であったとされるところである。「継の潮」というのは本来宿駅としての港を意味するものであったのが、あとで今のような奇怪な伝説を付会したものであったろう。しかし、そこに火の君の足跡は見られる。

同じく『播磨国風土記』の讃容郡の条に「邑宝《おう》の里」の説明として「ミマツヒコ命、井を治《は》りて、粮《かれい》を食したまいて、すなわち云《の》りたまいしく、『吾《あ》は多くの国を占めつ』とのりたまいき。故《かれ》、大《おほ》の村という。井を治りたまいし処は、御井《みい》の村と名付く」という記事がある。

これは岩波の『日本古典文学大系』の注では、今の「久崎町久崎を中心とする佐用・千種二川の流域地で、和名抄の郷名に大田とあるのにあたる」と説明されている。この記事に見られる邑宝の里が多氏の根拠地であることは言うまでもないが、多氏は稲作のための井戸や用水路や貯水池を作る専門技術をもっていたことがこれで分かる。

さて、安曇族はさらに東進して近江の琵琶湖の西岸にある安曇川にあおの痕跡をのこしている。私は「古代史ノオト」の第八回「旅する女神」の中で次のように述べた。「三尾君は安曇川の川口に割拠しており、九州の海人の安曇族とも密接なつながりをもっていたと思われる。この三尾君の祖神を祀るのが水尾山のふもとにある式内社の水尾神社である。三尾は水尾につうじるところから、三尾なる名称は水脈（澪）に由来するとも考えられなくはない」

ところが、藪田嘉一郎氏は「近江の高島郡にある水尾（三尾）神が古代の越の国である加賀国に現じて白山権現となったと園城寺では伝えている」と述べている。また、白山権現の神は一説には菊理姫神で、ククリは潜水であるとも付言している。ここにおいて安曇の海人の伝承が加賀の白山にまで及んでいることが確かめられる。折口信夫によると、生まれたばかりの子供を一度水にくぐらせてミソギをさせる役の女がククリ姫の名で呼ばれた。安曇の磯良はイソラでなくシラと呼ぶべきであるという説があるそうだが、もしそうだとすれば、シラは生産を意味する南島語であるから、安曇の海女のお産のときの習俗をそこに嗅ぐことができる。安曇川の川口に舟木という地名があるのも見逃せない。そこは安曇川御厨と呼ばれた漁村であるが、伊勢の舟木の直は多氏の同族とされているのである。

近江には琵琶湖東岸の蒲生郡にも舟木というところがあって、湖上の舟運をつかさどっている。そこで安曇川口の舟木を直接に多氏に結びつけるのは早計であるが、舟木の地名と多氏の根拠地とに関連がまったくないとすることはできない。

四

『常陸国風土記』の那賀郡の条に晡時臥《くれふし》山の伝説が載っている。「茨城の里。ここより北に高き丘あり。名を晡時臥の山という」とあって、次の物語が述べられている。

ある娘のところに見知らぬ男が通ってきていたが、娘はついに小さな蛇を生んだ。その蛇は昼はだまっており、夜は自分の母と話をした。そこで蛇はきっと神の子だろうと思い、母は土器の中に入れてやっておいたが、どんどん大きくなる。そこで、母はもうやしなうこともむずかしいから父の許に行け、と蛇に言った。子供の蛇は仕方なく天に昇って行こうとしたが、そのとき母の兄を震《ふ》り殺そうとしたので、母はおどろいて土器を投げつけた。そこで蛇はとうとう天に昇ることができず、山の峯にとどまった。

この晡時臥山の伝説のある谷津から飯富は目と鼻の間にある。飯富は昔は大部《おう》と呼ばれていた地であり、その名前からして多氏のゆかりの場所である。飯富と書いて「おう」と読ませる地名は千葉県の木更津にある。そこは多氏の根拠地とみなされている。そこで、この蛇の伝承も多氏が伝えたものと推察することができる。ちなみに、この飯富には藤内《ふじうち》神社がある。「藤」は蛇を意味する語であるが、この社は蝮蛇の霊を祀ったので立野社とも呼んだという。立野のタツは竜の意味である。

この晡時臥山の伝説と同じような説話が、『多氏古事記』と称するものに載っている。それは三輪山の伝説そっくりであるが、ただ、最後が「あしたになりて、看ればただ、三輪のみ、器《うつわ》ものにのこれり」となっている。この三輪というのは、麻糸が器の中に三重の輪にのこったという意味である。「器もの」を持ち出したのは、晡時臥山の説話にある「瓮《ひらか》」という土器を思い出させる。多氏はこのように三輪山型の説話の伝承をもっていたと想像される。それは多氏の同族である小子部スガルが三諸山の大蛇を捉えたという話ともつながっている。

松本信広氏は、晡時臥山の伝説と同じような話が北ベトナムのタイ族のあいだに広く流布している事実を紹介している。すなわち、女が卵を拾い、それから蛇が出てきて、養うと、みるみるうちに大きくなって竜になり、それでいろいろなトラブルが起こるという筋のものだという。卵と瓮《ひらか》の違いはあるが、それが蛇の容器であることは共通している。

この説話を多氏の故郷である九州にもってくることはできないものだろうか。というのも東南アジアに流布している説話ならば、それがまず九州にたどりつくのはきわめて自然だからである。九州の中央高地には、三輪山説話とそっくりの話がのこっている。そこでは祖母山明神が若い男子に姿を変えて娘のもとにかよったという筋のものがある。これは「姥岳伝説」と呼ばれるものであるが、これと似た伝説が信濃にもある。

信濃国造の金刺氏は多氏の同族であるが、大和岩雄氏はその多氏というのは阿蘇氏ではないかと推定している。これらのことについては「古代史ノオト」の「日本の脊梁文化」で述べたところであるから、ここには繰り返さない。

私が言いたいことは、三輪山伝説はどれもこれも多氏と関係があるということである。さらにふしぎなことは、信濃の小県郡に安宗《あそ》郷があり、また、九州の三輪山伝説の本貫である塩田という地名と同じ名前の土地があって、それらが隣合せにあるだけでなく、その塩田の西北の更級郡の氷鉋《ひがな》郷（今の長野市）には氷鉋《ひがな》斗売《とめ》神社があって、それは安曇連の先祖を祀ると言われている。また、安曇郡の穂高神社は安曇氏がこの地を開いて、一郡を建てた記念の神社とされている。安曇宿禰は神綿積《かむわたつみ》豊玉彦神の子で、穂高見命の後なりと『姓氏録』は記している。このように、ここでも安曇の海人と多氏とは信濃に深く入りこんで、その伝説や祭祀まで伝えている。安曇の海人はおそらく渥美半島（アツミはアヅミの転訛とされている）から今日の飯田線沿いに天竜川をさかのぼったのではないかと想定される。多氏の方も飯田市の座光寺古墳や上伊那郡箕輪長松島の王墓や諏訪市の青塚などにその足跡を点々とのこしながら北上している。はたして多氏と安曇族とは、信州においても共同の行動をとったか。それの決め手は今は何もない。しかし安曇野の名が印されている以上、開拓技術者としての多氏と安曇氏とが無縁であったと考えることもできにくい。

五

多氏の一族である阿蘇氏には竜蛇の伝説が執拗にからまっている。『阿蘇郡誌』によると、神武帝の第一皇子で神八井耳命の兄にあたる日子八井命は、日向の高知尾（高千穂）の熊代の邑から野尻草部《くさかべ》にやってきて、そこで大蛇を血引原に屠り、蛇骨を灰原に焼いてその地方を平定していって、後世吉見明神と仰がれるようになったという。そのあと神八井耳命の子の健磐竜命《たけいわたつのみこと》がやってきて、日子八井命すなわち吉見神の女、阿蘇都媛をめとって速瓶玉命《はやみかたま》をもうけた。これで二人はイトコ同士の結婚をしたことになる。現在の阿蘇社に落ち着くまでに、阿蘇君の先祖神が草部にいたことは注目に値する。

というのも、大蛇の子から生まれた大神《おうが》大太のさらにその子供は野尻三郎であって、草部の地とつながっている（これは信濃の野尻湖の名とも一致する）。また吉見神（日子八井命）は大蛇を殺したとなっている。健磐竜命は竜神を神格化したものとみることができる。阿蘇神は農民の神で、日照りのときに祈れば雨を降らせるとあがめられている。

草部は日向の高千穂からそう遠くない小さな農村で、そこをすぎると外輪山を越えて高森の町に行くことができる。しかし、あたりは広々とした平地で農耕地に適している。私は草部の村はずれにあり、日子八井命を祀る吉見神社をおとずれたことがあった。鳥居をくぐると遥か下方の窪地に社殿がある。その協にはもと泉があったという。社殿のうしろには自然の堤のように草の茂った堀があった。それは広大なもので私をおどろかした。おそらく自然の堀に手を加えて貯水池としたものにちがいない。この水源地から噴出する水をたくわえて農作物のための灌漑用水とする土木技術が古代におこなわれたのではなかったか。この草部の地に日子八井命を祀る理由が私には分かった。何故なら、河内の茨田堤を作ったので有名な茨田連は日子八井命（吉見神）の裔とされているのである。健磐竜命というのも、この貯水池と無縁ではあるまい。

しかし、それは九州の山中でだけおこなわれたのではなかった。阿蘇神社の神領は阿蘇のほか健軍、甲佐、郡浦《こうのうら》にあって、郡浦というのは宇土半島の漁村である。そこに雨宮明神とも呼ばれる三の宮が祀ってある。

土地の人は立石立波小波御命《たていわたちなみさざなみ》と申すとある。この郡浦の郡はもともと肥前の高来郡にある高久の山の女神とされている。ところが、この女神は『別当温泉山満明寺略縁起』によると、もと大蛇であったとなっている。

このように、阿蘇君の祀る神は有明海とも無縁ではない。つまり、重畳たる山岳の間に生まれたと断じがたいものがある。むしろそれは有明海をとおしてひろく呉越の彼方と呼応するものではなかったか。緒方三郎の一統は代々蛇の尾のかたちを身体の一部に痕跡としてのこすと言われている。宗像の水人はあるいは金関丈夫氏の説のように胸形、すなわち胸に入墨をほどこしていたかも知れぬ。安曇の海人が安曇目と呼ばれ、目割きとも言われて、眼のあたりに入墨をしていたように。これらはすべて自らが竜神の裔であることを物語るものではなかったか。安曇氏のいつきまつる志賀海神社は後世「竜の都《たつのみやこ》」と呼ばれ、大内義隆がかつて寄進した門は竜都門と称せられていたという。竜の都というのは、言うまでもなく竜宮を指す。「魏志東夷伝」には、倭の水人は文身して蛟竜や大魚の害をはらう、とあるが、これら水人は身体に虬蛇の入墨をして、自分たちの先祖が竜神であることを魚族に示す必要があったのだと私は考えている。

（古代史ノオト15「流動」一九七五年四月）

多氏の性格

一

神八井耳命の子どもの健磐竜命《たけいわたつのみこと》と、その兄日子八井命の子どもの阿蘇津媛とが阿蘇外輪山のふもとの草部《くさかべ》で結婚したことは前号で述べた。日子八井命を祀る草部の吉見社は水源地にあり、背後に巨大な自然の貯水池の跡をのこしている。日子八井命または神八井耳命は、その「八井」が耕作用の井泉を意味するところから、井泉を人格化した名前とみられる。日子八井命の苗裔《びょうえい》と称するものに河内の茨田堤を築いた茨田連のあることは、こうしてみるときに、まことに納得のいく事柄である。

「うなで」といえば、「皇極紀」には「うなでの水また凍れり」とあって、田の用水の溝を指す言葉であるが、「景行紀」には、これが人名に使用されている。すなわち、景行帝が多臣の祖の武諸木《たけもろき》と国前《くにさき》君の先祖である菟名手《うなて》とをつかわして敵情を偵察させたとある。これは、多氏の先祖である武諸木が九州に関連をもつことを示す記事であるが、国前と隣接する大分の豪族である大分の君が多氏の同族であることを思い合わせると、国前の君の先祖に菟名手があるというのは、なかなか意味深い。大分とは、もと碩田《おうきだ》から出発した言葉とされている。大きな田、ゆたかな田の意味である。

火の君の同族である阿蘇の君と大分の君との領域もまたつながっている。熊本を発して阿蘇を通り大分に向かう豊肥線のコースは、江戸時代には細川藩が参勤交代で向かう道筋で、藩の一行は大分市の鶴崎の港から海路東をめざした。おそらく古代においてもこのコースは使用されたのではあるまいか。
阿蘇の君といい、大分の君といい、国前の君といい、すべて水田耕作の土木の技術に関係をもっているところをみると、こうした技術集団が東に向かって動いたあとがかすかに感じられる。もとより、この考えを逆の方向に向けることもできる。すなわち、難波の茨田堤を作った多氏系の人びとが西国九州の水田耕作の技術を指導したという考えである。私は目下それを一方的に断定することができない。

ただ前号において述べた安曇族の活動とか、また多氏が東国の経略をおこなったとき、有明海沿岸の鹿島町に近い杵島岳の民謡をうたったとかいう事実を考えてみると、多氏とその同族が九州から東漸した蓋然率はきわめて大きい。

さて、オウイタという地名は方々にある。たとえば、伊勢の松阪の近くにも西黒部の大板なる場所がある、そこは多氏の流れを汲む一族が和銅年間に大和から移住して開拓したとあり、意非多《おういた》神社に大田祝命を祀っている。この大板も、もとは碩田《おうきだ》であったのだろう。また、若狭にも大飯郡があり、そこはかつて青の郷も含んだが、大飯郡と記してオウイタと読ませている。これはもと大飯田と書いていたものが、郡名を二字にせよと命じられたので、大飯としたが、発音はもとどおりオウイタと読ませたのであろうと伴信友は推論している。それを証拠立てるように若狭の大飯町からは頑丈な用水路の矢板が発見され、先に述べた伊勢の西黒部の大板には開拓当時の用水路の名ごりがみられる。また大和の多神社の経済力は大和の中で抜群であり、天正年間の稲の蓄積は他の神社を圧していたことは田中卓氏はじめ諸家の論ずるところであるが、これは多氏の祀る神社である。ここにも稲作とのつながりが否定しようもなく存在する。

さらに眼を東国に向けると、天竜川の下流にあって、今日の磐田市に含まれる遠江の飫宝郷は、今その実地をみると水田地帯であることは明らかである。付近に遠江国府の跡もある。さらに東に進むと、手賀沼のほとりの我孫子《あびこ》付近に意部郷《おう》がある。ここは常陸の石岡方面にぬける交通の要衝で駅馬の置かれたところである。現在我孫子町の中にある青山という地名は意部《おう》山の転訛であろうと吉田東伍は述べている。「我孫子古墳群」の調査報告書によると、この青山の付近は水田地帯として大きな役割を果たしていたと考えられる。ここに多氏が東国進出の足掛りを設ける理由は十分にあった。

また千葉県の木更津にも飯富《おう》という地名があって飯富神社を祀っている。ここは、もと和名抄に望陀《もうだ》郡飫富郷と呼ばれたところであって、飫富の地名が飯富と変わったが、今も水田地帯であることを私は現地を訪れて知っている。望陀郡は古くは馬来田《うまくだ》国と称したのであったが、望陀も馬来田も元は茨田という言葉から由来すると大和岩雄氏は指摘している。

「国造本紀」によると多氏の系統を引く伊波国造も印旛沼のあたりを中心に住んでいたらしく、そこに祀る式内社の麻賀多《まかた》神社は、伊波国造と馬来田皇女を祭神とするが、この麻賀多もまた茨田のことだと大和氏はいう。このように多氏の同族である茨田連との関連を示す地名が東京湾の北部または東部にあるが、それは房総半島の太平洋側にまで及んでいる。長狭の国造のいた長狭国は安房の鴨川や天津一帯を指すが、長狭国造もまた多氏の同族である。

多氏はさらに前進して、今日の潮来《いたこ》町の大生原《おうはら》に根拠地を設けている。ここは『常陸国風土記』に、ヤマトタケルが相鹿《おうが》の地にいたとき食事をととのえる家を浦に作って、食事をミコトに奉ったというので「大炊《おうい》の義《こころ》をとって大生の村と名づけた」とある地である。大炊《おうい》は大飯《おおいい》でもあって、ここもまた稲作と関係のある語が登場する。おなじく常陸の晡時臥《くれふし》山の伝説の所在地を今は飯富と呼んでいることは前号に述べたが、さらに福島県の浜通りを北上して、相馬市の町はずれに、飯豊という地名がのこっている。この地は『和名抄』にも記されている古い土地であるが、ここもまた広々とした水田地帯であることを私は眼で確かめている。このように多氏が水稲耕作のために池を掘り、堤を築き、灌漑用水を田に引く技術をもっていたことは、以上あげた例証によって動かせない事実である。

二

しかし、また多氏が足跡をのこしたところに古墳が集中するのもまぎれもない事実である。たとえば、美濃の青墓《おうばか》は関ヶ原のすぐ近くであって、古代に不破の関のあったところであるが、美濃第一の前方後円墳がある。壬申の乱の起こったときに、美濃の安八磨《あはちま》郡の湯休令《ゆのうながし》であった多臣品治は、急いで不破の関を固めて、近江の朝廷の軍が東国に進入しないように防いだ。この多臣品治の子が古事記の撰者の太安麻呂である。

古事記に多氏の同族としている尾張の丹波《にわ》の臣の本拠は今の犬山市であるが、ここには爾波《にわ》県君の祖である大荒田命を祀る大県神社がある。大荒田とか大県の名前からして、それが田に関連をもつことが分かる。この大荒田命はヤマトタケルの三世の孫と『新撰姓氏録』にある。つまりそれは神八井耳命と系譜を別にして扱っているが、はたして無関係なのか、それとも同根の氏族なのか、それを確かめるすべはない。

しかし、この大県神社の所在地に青塚古墳があることをあげておく。これは、この地方でもっとも大きい前方後円墳である。またこのやや近くに爾波神社とか前刀《さきと》神社とか神八井耳命の後裔と称する丹羽臣の祖祭を祀る式内社がある。信濃における多氏の足跡については、上伊那郡唯一の前方後円墳である箕輪町の松島王塚は多氏一族の墓と考えられる。

桐原健氏によると、このあたりは初期の水稲農耕を営むのに適した土地柄で、弥生中期から平安期にまでかかろうかと思われる矢板を打ち込んだ畦畔（水田址）が発見されているという。この伊那谷を北上すると諏訪盆地に辿りつくが、諏訪下社の秋宮の境内近くにある青塚は、下社の神官の金刺氏の墳墓になぞらえている。

このように青墓《おう》（美濃）、青塚（尾張犬山）、青塚（信濃諏訪）、青山（我孫子）というふうに、多氏の根拠には青という名前がつけられている古墳や地名の多いことは偶然なこととは考えられない。もとより青《おう》は大《おう》または王と通音である。大塚とか王塚が青塚《おう》と転訛したとみられなくはない。しかし他方で青《おう》と多《おう》とが関連していることは、飯豊の青の皇女と縁由のある若狭の青の郷を想い起こすだけで足りる。『稚狭考』によると、大和の多神社の摂社は青の皇女をも祀っている。

多氏と古墳との関連は千葉県の木更津市にある上総清川古墳群にもみられる。ここに飯富《おう》（もとは飫富）という地名があることはすでに述べたが、大場磐雄氏が『日本古文化序説』の中で、この上総の清川古墳と多氏の同族である火の君の根拠地である肥後の江田船山古墳、さらに多氏の信濃進出の最初の足掛りというべき飯田市の座光寺古墳から、銀製鎖付耳飾が出土しているという事実を重くみて、当時日本からはこの種の耳飾が十三個所から出土しているが、朝鮮に多数出土するところから、多氏と大陸文化とのつながりを考察していることは検討に値する。このほか江田船山古墳と上総清川古墳には冠帽や馬具や鏡などが出土している。また多氏と関係をもつ茨城県の行方郡にある三昧塚古墳からは金銅冠が出土している。いずれにしても大陸文化の匂いが濃厚であると大場氏は指摘している。このように、多氏は早くから大陸文化と接触した氏族とみられる。

多氏の根拠地である潮来町《いたこ》の大生原もまた百基を超える古墳群の集中するところである。また大洗町には車塚、鏡塚を中心とした古墳群がある。鏡塚は鹿島台地と大洗台地の中間の独立丘陵の上にあって、全長百五メートルの巨大な古墳である。それに隣接したところに車塚がある。私もこの両墳に登ってみたが、その頂上からみる常陸の海の展望はすばらしい。それは、あたかも火の君の古墳といわれる熊本県の竜北町にある中の城古墳や姫の城古墳からみた八代海の眺望に匹敵するものである。ここを流れるのは那珂川で、「常道《ひたち》の仲《なか》の国の造」は多氏の同族だと古事記は記している。『常陸国風土記』にも神八井耳命の子孫の建借《たけかし》間《ま》命が命を受けて常陸の賊を平定したとある。その建借間命は那賀国造の初祖と記されている。ここにおいて、車塚や鏡塚の古墳群も仲（那珂）国造の墳墓に比定されている。

さて、『常陸国風土記』によると、建借間命が常陸の賊を攻めたとき、杵島曲《きしまぶり》をうたったとある。これは九州の有明海沿岸にある杵島岳の民謡である。それはとりもなおさず、多氏が九州出身の豪族であって東国の経略に従事したことを物語るものであるが、この事実を違った面から証明するのが、火の君の所在する九州西辺と常陸に多く発見されている装飾古墳の存在である。周知のように有明海や八代海の沿岸の筑後川、菊池川、白川、氷川などの流域には装飾古墳が集中して存在する。この装飾古墳がまた常陸から福島県の浜通りと呼ばれる中田、泉崎、清戸迫などにも発見されてきたところから、その伝播者として多氏が介在するのではないかという疑いがもたれている。とくに近年、常陸の勝田市に虎塚古墳が発掘され、その中からこれまでにない彩色壁画が出現して人びとを驚かした。この文様や意匠は熊本県の玉名市にある永安寺古墳や大坊古墳など菊池川流域のものと酷似すると、大場氏は述べている（「どるめん」第四号）。そうして、この装飾古墳の北限が宮城県にあることも鹿島神の分布と一致する。古事記によると「道の奥の石城《いわき》の国の造」はまぎれもなく多氏の同族なのである。この鹿島神を奉斎して多氏は常陸からさらに福島県の浜通りを海沿いに北上したのであったろう。大場氏は木更津市内の元新地の古墳から双魚佩《はい》が出土したが、それが福島県の相馬郡の前方後円墳からも出土していることを重視している。ところで福島県の『原町市史』によると、旧行方郡の式内社八社のうち五社が原町市内にある。この中に旧大甕《おうみか》村大甕にあった日祭神社が含まれている。大甕という地名は、じつは常陸の久慈川の河口にもある。これは常陸から北上した人たちが福島県の原町市に住みついたことを示すものにちがいない。常陸の大甕は、天津《あまつ》甕星《みかぼし》または天香香背男《あめのかがせお》という悪神の根拠地であったとされている。天神が経津主《ふつぬし》神と武甕槌神をつかわして芦原中国を平定したとき、武甕槌神によって派遣された建葉槌《たけはつち》神が、この大甕にいる天香香背男を討伐したという伝承が現地にのこされている。土着の豪族を排除しながら、北を目指した人びとのあったことがここに暗示されているが、それは原町市にある装飾古墳とも無縁な存在ではないと思われる。

三

多氏と関連があるとみられる装飾古墳は、大阪府の柏原市の横穴にもみられる。大場氏によると、そこはもと河内国志紀郡であって、古代には志紀県主がいたとされている。「姓氏録」に志紀県主は神八井耳命の後裔とされている。この高井田の線刻画は船の上に三角帽をかぶった古代の人物像が描かれており、興味の深いものであるが、大場氏によると、装飾古墳の初源的資料とされる割竹形石棺に直弧文を刻した安福寺古墳の存する玉手山も指呼の間にあるという。直弧文が九州の装飾古墳にしばしば取り上げられていることはいうまでもない。多氏とのつながりがここにも想定される。志紀県主には「雄略紀」の中の有名な記事がある。すなわち宮殿とおなじように堅魚木を上げた屋根があり、それは志紀県主の家であったというのである。志紀県主の権勢ぶりが窺われる。

志紀という語から、だれしも大和の磯城《しき》を思い起こす。そこは崇神天皇が皇居と定めたところで、磯城瑞《しきみず》籬宮《かきみや》と呼ばれ、三輪山の近くにある。磯城という語は沖縄でいうグスクのスクとおなじく聖地の意味であろうと私は考えている。ニールスクのスクもまたそれと関連がある。グスクのグは砂や小石を意味すると仲松弥秀氏は言っているが、磯城という字も、それとおなじ内容を表現しているように思われる。

大和のシキと河内のシキとは大和川の水運によって結びつけられていた。しかし、ヤマトタケルが伊勢の能褒野《のぼの》の御陵から白い鳥になって飛び去り、河内の国のシキにとどまったという解釈については、白鳥陵のある河内の古市《ふるいち》に応神天皇の陵があるからと私は考えている。応神帝と白鳥の結びつきはここにもみられる。古市古墳群に属する応神陵からは水鳥の埴輪が出ている。これは、古代人が応神陵に描いたイメージを伝えるものである。

これまでみたように多氏と古墳との関係はきわめて密接であるが、まだ問題がのこされている。それは出雲に意宇《おう》郡があり、そこの大庭《おうは》は古墳群の集中するところとされているからである。『出雲国風土記』の意宇郡の条に、大草《おおくさ》の郷を述べて、スサノオの御子の青幡佐久佐日古《あおはたさくさひこ》命がいますから大草というとあるのをみると、元は大《おう》草は青《あお》草でなかったかという推測が成り立つ。この大草は大庭、岩坂、熊野などを含む郷名である。古事記の垂仁帝の条に出雲の国造の祖先のキヒサツミが青葉の山を飾って食物を奉ったとき、ホムチワケが「この河（肥の河）の下に青葉が山をなしているようにみえるのは山ではなく、アシハラシコオの神を斎祀る神主の大庭《おうにわ》（祭壇）か」といっているのをみると、大庭には祭壇の意味がある。それはもと青庭《おうにわ》、あるいは青庭《おうば》ではなかったかとも考えられる。いずれにしても青草や青葉というのが神聖な祭に関係があったことが推定される。スサノオが青草を束ねて笠蓑の代わりにし、あちこちの宿を乞うた。それ以来、束草を背負って他人の家に入ることをタブーとするようになった。これは太古からの遺法であると「書紀」が伝えるのも、青草が神のまとう衣裳であり、神聖なものだったことを示している。

ところで「仁徳紀」には、出雲臣の先祖である淤《お》宇《う》宿禰の名前が出てくる。大中彦《おうなかひこ》皇子が大和にある天皇の供御料田を自分の物にしようとした。それの管理人であった淤宇宿禰が訴えると、太子のオオサザキは倭《やまと》直《あたい》の先祖である麻呂に尋ねた。麻呂は自分の弟の吾子籠《あごこ》が知っているが、その弟は韓国に派遣されてまだ帰国していないという。そこで太子のオオサザキは淤宇におまえは韓国に行って、吾子籠を連れてこいと命じた。淤宇は淡路の海人を舟子にして韓国に行き、吾子籠を連れて帰った。そうして訳を聞いてみると、吾子籠は、これはもともと天皇の御料田であったと答えた、という。

この吾子籠は、「仁徳紀」の六十二年に遠江の大井川に流れてきた木で、本は一つで末は二またの丸木舟を作ったとあり、また「履中前紀」には、仲皇子に味方して反乱を起こそうとした人物であるが、その反乱には淡路の野島の海人である阿曇連《あずみむらじ》の浜子が加担しているところをみると、淡路とも関係の深い人物ではなかったかと想像される。

倭直の始祖は椎根津彦といって神武東征のときの水先案内になった宇佐の海人である。これは古事記には槁《さ》根津彦とあるが、同一人物である。「姓氏録」には神知津彦《かむしりつひこ》となっている。神知津彦というのは大和の多神社に祀るミシリツヒコにほかならぬ。椎根津彦とミシリツヒコが同一神であるということから、若狭青の郷の青海神社に縁由をもつ飯豊の青の皇女が大和の多神社に祀られている理由がはっきりする。というのも、その青海神社は椎根津彦を祀るからである。すなわち、吾子籠の先祖の椎根津彦は多氏と関係がある。出雲の臣の祖の淤宇宿禰と吾子籠とは、このようにしてつながると私は思う。椎根津彦を祀る若狭の青海神社は、海人族の奉斎するもので、それは新潟県の糸魚川近くの青海や信濃川の中流の加茂にまで延びている。そこはまさしく、日本海岸を移動するときの足掛りの地であった。

新潟県の青海には姫川が流れており、姫川はヒスイの産地として有名である。出雲の八千矛《やちほこ》の神が、越のヌナカワ姫を妻にするために出かけていったというのは、ヌナカワの名が「瓊《に》の川」に由来するところから、ヒスイの玉を求めて船旅をした出雲の人たちのあったことを物語っている。

ところで「神武紀」によると、椎根津彦は汚ない着物をまとい、笠蓑をつけて老翁の恰好をし、また伴《つれ》の弟猾《おとうがし》には箕をきせて老嫗の身なりをさせ、天《あめ》の香山《かぐやま》の土を取りに行く。それをみて、賊も気を許して陣中を通したとあるが、この恰好は追放されたスサノオが青草を束にして笠蓑にした姿とよく似ている。また折口信夫が指摘するように、沖縄の八重山における「あんがまあ」の行事のときの老翁と老嫗そっくりでもある。いずれにしても、それが神聖な役を示す姿であることには変わりはない。ここで南島の習俗が椎根津彦という海人に反映されていることは注目すべき事柄と思われる。

四

このようにして多氏は水田耕作のための土木技術をもつ面をもっている。神八井耳命の外祖母にあたる三島のミゾクイ姫の名が、田の用水路とその材を意味するのはその一例である。それらのほかに、多氏には海人族としての側面がある。さきに述べたように、多神社または青海神社で椎根津彦＝ミシリツヒコを祀るというのがそれである。海人族としてもっとも顕著なのは尾張連であるが、この尾張連と関連の深い氏族が出雲から若狭にかけての山陰海岸にある。丹後一の宮は宮津市にある籠《この》神社である。吉田東伍によると、昔、海部直であった者が、丹後国造と同族であるというのでこの国に住み、その先祖の天火明命《あめ》を祀ったというが、海部を名乗る家が奈良時代の以前から今日に至るまで一貫して神定の職をつづけているのは、安曇氏が志賀海神社を祀るのとおなじく、その古い伝統を窺せる。

ところで、飯豊の青の皇女に縁由をもつ若狭の青の郷は、青葉山を隔てて丹後宮津と向かい合っている。青の郷の青海神社の宮司に会って直接聞いたところでは、この青海神社は宮津の籠神社に由来するものであるらしいということであった。籠神社の神職はしきりに豊受大神を祀ることを力説し、海人族の祖である火明命を軽視しているが、もともと海人の神を信奉する神社であったことは疑いを入れない。籠神社のあるところを「阿蘇の海」と名づけてあるのは阿蘇君、すなわち、多氏の同族がここに足掛りをもったことを窺せる。

前に述べたように丹後国造と丹後海部直とは同族である。ともに火明命を祖とする尾張連の系統を引くものである。この丹羽氏族のさらに分流となるものが縮見屯倉首《しじみみやけおびと》であって、飯豊の青の皇女の弟である億計《おけ》、弘計《おけ》の二王子をかくまったというかどで、播磨の明石郡に忍海部造を賜ったと太田亮は述べている。この二王子がまず逃げたのは丹後であったことを思い合わせるならば、飯豊の青の皇女の一族と丹後との関係は深い。青の皇女の御子代部である忍海部《おしぬみ》は但馬や因幡にもあった。尾張氏と関連の深い氏族に伊福部《いほきべ》氏がある。「姓氏録」にはおなじく天火明命の後とされている。

鳥取市の郊外から伊福吉部《いふき》徳足比売臣の奥墓碑が出てきたことは有名である。和銅元年に死に、三年の十月に火葬に付してその灰を銅壺に入れたものである。三年目に火葬にしたというのは南島の洗骨の風習を思わせる。この徳足比売というのはおそらく采女ではなかったかと想定されている。「雄略紀」の三年に蘆城《いほき》部《べ》速武彦という「湯人《ゆえ》」が出てくるが、これも伊福(吉)部とおなじ氏族で、宮中の湯を司る役とされ、また皇子の養育の役目をすると考えられている。こうした役柄が海人族の女の仕事とされたのは反正天皇の例でも明らかである。こうしてみるとき、丹後や因幡や出雲にある伊福(吉)部は尾張氏族とおなじような性格をもつものであったことが推定できる。伊福吉部氏のイフキは「息吹」であって笛を吹くところからきているとされている。「姓氏録考証」に伊はただ発語であって、吸部の義、すなわち笛吹くことを司れる職かといい、また貞観四年六月紀に幡磨国揖保郡人雅楽寮笛生無位伊福貞とあるが、そのほかには例証がないと太田亮は述べている。そこで伊福部がはたして笛吹くことを職業としているか判断は不足しているが、想像をたくましくするならば、尾張連の祖とされて火明命に海神の捧げた干珠満珠の説話があるところから、そこには『三国遺事』にみられる「万波意笛」の話が絡まっているのかも知れぬ。その笛というのは、それを吹くと敵兵も退却し、病気は平癒し、旱天は雨となり、雨降れば晴れ、風定まりて波平らかになるという珍しい宝物で、海中の大竜であるところの村神の捧げものであった。火明命の末裔が俳優《わざおぎ》の民となったと書紀にあるように、尾張連の同族である伊福部も笛吹きを職業として仕えたのかも知れない。

こうした性格は多氏にもみられる。多氏は楽家として宮廷に仕える一方では、同族の小子部連《ちいさこべむらじ》にみるように、侏儒として天皇の側近に侍った者もある。小子部連が民俗学でいう「小さ子」の説話と絡み合うのは当然である。これについて想起されるのは、「雄略紀」の七年に、小子部連スガルが三輪山の大蛇を捉えてきた、という話で、それは雷ともなっている。蛇と雷とはもともとおなじものとみられていた。ちなみにスガルという細腰の形容詞をもっている以上、それは女装した男子の侏儒か、あるいは女の侏儒であったのであろう。

この三輪山には夜な夜な通う若い男が蛇であったという有名な説話があり、この三輪山型説話は常陸のクレフシ山、信濃の泉小次郎伝説、あるいはまた九州の祖母山につながる姥岳伝説と、多氏およびその同族の根拠地にのみ存在する。

『多氏古事記』にもこの三輪山型説話がのっているところをみると、その伝承の保持者は多氏であったことが推定される。ところで『日本霊異記』には道場法師の話がのっている。昔、敏達天皇のとき、尾張の国の阿育知《あゆち》の郡、片輪里に農夫がいたが、雷が鳴ってその人の前に落ちてきた。それは「小子《ちいさこ》となって」、農夫に向かってひれ伏した。そのあと、農夫には頭に蛇をまといつけた子どもが生まれてきた。その子どもは十ばかりの童子のときに異常な力を発揮した、というものである。この主人公をのち道場法師と呼ぶのだが、それはダイダラ法師の類話である。ダイダラはダイタともいう。「姥岳伝説」で九州祖母山の大蛇から生まれたのが「あかがり大太《だいた》」で怪力を示す童子であった、これは信州の泉小次郎伝説でも同様であって、生長するに及んで怪力を発揮する。おそらく日本の古代には「小さ子」に対する信仰があった。雷の正体が小さき蛇であったのは大和の三輪山でも常陸のクレフシ山でもおなじである。それから生まれた子どもが異常な力をみせて人を驚かし、人びとはそれを神聖視する。それが小子部連の宮廷に置かれた起源であろうと私は思う。異常出生にまつわる異常な能力をもつ子ども、ということが、やがては大人になっても生長の止まって、子どものようにみえる侏儒というふうになったのではないか。侏儒でも怪力をみせる芸を今日でも見世物などでやっている。しかもそれは雷を捉えるのがきわめて得意だったはずである。なぜなら蛇の子孫として生まれたのであったのだから。雷と蛇とが同一物とみなされたことは古代では当り前のことであった。
それを証明するのが「崇神紀」にみられる次の話である。当時疫病が流行して、多くの人民は流亡した。すると大物主命が天皇の夢に現われ、「もしわが子の大田田根子に自分を祀らせたら天下は治まるだろう」といったとある。そこで大田田根子を探すと、和泉国の陶邑《すえむら》にいた。天皇が「おまえは誰だ」と聞くと「自分の父は大物主大神であり、母は陶津耳《すえつみみ》の女の活玉依媛《いくたまより》です」と答えたという話である。この大田田根子は三輪山の神である大蛇の子であった。大田《おおた》はダイタとも読むことができ、ダイダラ法師やあかがり大太とも通じる。神八井耳命を祖とする小子部連は、三輪山の大蛇を父として生まれたという伝承をもっていたことがこれで推測される。神八井耳命は神武帝とイスケヨリヒメの間に生まれた。イスケヨリヒメは、三島ミゾクヒの娘であるセヤダタラヒメのところに三輪山の大物主神が通って生まれた子どもであると古事記は伝えている。つまり神八井耳命の先祖も大物主神で蛇神である。ここにいたって多氏は三輪山の末裔であるという論証が可能となった。したがって当然のことであるが、大物主神を最初に祀ったのも多氏であったことは諸家と意見をおなじくする。が、果たして多氏が大和盆地の東南にある三輪山のほとりの土着豪族であったか、といえば、私はまだ考察の余地がのこされていると思っている。

参考文献『日本古代試論』(大和岩雄著)

(古代史ノオト16「流動」一九七五年五月)

海上の道 南方・北方の要素

黒潮の流れ

椰子の実の教訓

博多湾の東部に位置する志賀島《しかのしま》と九州本土とをつなぐながい砂嘴《さし》は、季節風のもたらす砂の堆積によって生まれたものである。海の中道《なかみち》とよばれるこの砂嘴のために、志賀島はいまこそ半島となったが、もとは満潮時には歩いて渡れなかった。

この半島の外海に面した線は新宮の浜にひき継がれ津屋崎に至る。それはさらに北東の玄海町神湊、鐘ヶ崎、波津《はつ》城《き》などを経て、遠賀《おんが》川の川口にある芦屋町までの全長およそ五十六キロに及ぶ海岸線を形成する。この弓なりの海浜は、玄界灘を通り抜ける黒潮が日本海に向かうとき、冬期の北西の季節風をまともにうけて、さまざまなものを海浜に漂着させるところで有名である。

地元の福間町に住む石井忠氏は、一九六九年（昭和四十四）から七二年八月末まで、この海岸線を毎日のように歩いては漂着物を調査したが、その報告によると、ココヤシの実の流れ着いたものが百二十八個、またニッパヤシの実は四十七個、合計百七十五個を数えた。さらにその後の一年間に百十個ふえて、七三年八月末までに、なんと二百八十五個のココヤシとニッパヤシの実を実見した。そのなかには、人間が船のなかに持ち込んで果汁を飲んだり、割って果肉を食べたりしたあと海中に投げ捨てたものが、漂着したものもあるらしい。

ココヤシは熱帯に自生するもので、日本にもっとも近い自生の北限地は台湾南端のガランビ岬という。ココヤシが自生地から海中に落ちて黒潮にのったとみれば、それこそ八重の潮路をたどってきたことになる。海流瓶を投下して実験調査したところでは、フィリピン沖から流したものが、二、三か月かかって三浦半島の三崎まで達したことがあるという。またニッパヤシはココヤシよりも自生地が北まで延びて、西表島《いりおもて》にも自生するとのことである。

石井氏の漂流物調査対象となった福岡県北部の海岸は、椰子《やし》の実にかぎらず、とくに漂着物の多いところで、遠賀川の川口の芦屋では、むかし正月の行事に寄物《よりもの》が多いようにと、椀と箸を海に流したといわれている。宗像《むなかた》神社の本社や末社の建物を修理する木材は、芦屋から新宮湊までの海岸に漂着した船の船材をあてるようにした、という話はよく知られている。それは十三世紀前半のことであるが、『大船廻法』の第一条に「寄船、流船はところの神社仏閣の修理料たるべし」とあることからして、漂着物はそれぞれの土地の神社仏閣のものであったことがわかる。宗像神社の場合もそうした一般的な慣行を土台としている。

海人族の発祥地

石井氏が調査した海岸線は、日本におけるもっとも古い海人の根拠地でもあった。志賀島には阿曇《あずみ》の海人がいて祖神の阿曇磯良《いそら》をまつった。この阿曇の海人は潜水漁法に長じ、真珠をとるのにたくみであったといわれている。

今日、対馬には阿曇磯良の裔《えい》とされる仁位《にい》の長岡家が、わたづみ神社をまつっているが、それは阿曇海人が志賀島と対馬との間を往来して活躍していたことを暗示している。また玄海町の神湊は、宗像神社の辺津《へつの》宮《みや》のあったところである。宗像の女神をまつる一族が海人であったことはいうまでもない。宗像神社の辺津宮と、中津宮のある大島、沖津宮のある沖の島とは定規で線を引いたように一直線上にある。このラインはいわゆる海北道中であり、朝鮮と往来するコースにあたっていた。その航海に従事するのが宗像海人であった。

宗像海人の系統に属すると想像される鐘ヶ崎の海人は海女《あま》の活動をもって知られており、その枝村は壱岐の小崎《こさき》、対馬の曲《まがり》、長門の大浦などのほか、遠く能登の輪島や舳倉島《へくらじま》にまで延びている。阿曇海人や宗像海人、あるいは鐘ヶ崎の海人という日本の代表的海人族の発祥の地が、六十キロ足らずの海岸線に集約されているということは、そこが黒潮のもたらす、くさぐさの文物の漂着するところとして海の幸にめぐまれており、また黒潮にのれば遠く山陰、北陸までたやすく進出することのできる地の利を得た場所であることを物語っている。

黒潮はフィリピン付近に源を発し、台湾東岸を流れ、琉球列島の西方を北上するが、奄美群島の北の十島《じっとう》灘《なだ》でわかれて、主流は九州の東部、四国、紀伊半島の沖をかすめ、伊豆七島の間を通り、関東地方の東岸を洗う。他方は九州の西海岸から壱岐、対馬の間を抜け、山陰、北陸の海に向かう。日本列島は表も裏も、この黒潮によってはさみ打ちされたかっこうになっている。

ヴュルム氷期が去ったあとの時代からは、日本列島と黒潮との関係は不変のものであり、黒潮は日本列島に南方の文化を運ぶ海の大動脈としての役割をもっていた。黒潮のベルトコンベヤーにのせられて南方の植物や動物、または人間の目にみえる文化と、目にみえない文化が運ばれてきた。そうして、それらが何千年とかかって日本の文化の基層を形成した。それは海底に沈澱するマリンスノウのように微小なものであるが、昼夜をわかたぬいとなみを不断につづけてきた。

その一例がさきにあげた椰子の実である。わずか六十キロに満たない海岸線に、それも数年間になん百個という椰子の実が漂着しているという事実は、黒潮のもたらす人知れぬはたらきを知るうえにきわめて教訓的である。というのも、この数値を単純に日本列島の全海岸線に及ぼしてみても、私たちは一見、目にもとまらぬ自然のいとなみの偉大さに心を打たれずにはすまないからである。

さらにこれを数年間でなく、百年単位、千年単位としてみるとき、黒潮によって運ばれる南方文化が日本列島に影響をあたえつづけてきたことを、だれしも否定することはできない。

こうしてみると、黒潮こそは日本および日本人にとって、まず第一に「海上の道」とよばれるべき存在であった。蒸気船が出現するまでの幾千年間、日本の沿海を航行する船は手漕《こ》ぎ船であろうと帆船であろうと、この大洋のなかの川の流れを無視することは許されなかった。というのは、黒潮に逆らえば、目的地から遠く離れた海岸に漂着するか、難船するほかはないからである。

それについては、鳥居龍蔵が『有史以前の日本』のなかで、つぎのように述べていることも参考になる。

「山東省と西朝鮮とを綴る海岸線は、よほど面白い状態を持って居り、黄海はちょうど両地点間に横たわって居る湖沼の如き関係になって居る。此処《ここ》に一つ注意すべきは、黄海を流れる潮流の事である。山東角と長山串と相対峙《たいじ》して居るけれども、山東から船を出して黄海を横切り、ただちに黄海道の長山串へ来ることは困難である。それは両地点間の距離は近いけれど、黒潮が湾内を廻って居て航海に支障を来すからである。南から流れて来る黒潮は、対馬《つしま》と朝鮮との間を東へ流れるが、その一支流は北上して西朝鮮と山東省との間に向かい、更に岐《わ》かれて三線の小流となって、常に朝鮮の西海岸から西に折れて、黄海を山東省の方に向かって流れて居る。それ故、山東省から直接に長山串に来ることは困難なので、ジャンクは常に一旦《いったん》、廟島列島旅順《りょじゅん》口に来り、其処で船を廻して黒潮を利用して黄海道に着くのである。この航路は昔からこの潮流に支配せられたに相違ない」（傍点引用者）

帆は存在した

このように黒潮に逆らうことはむずかしく、黒潮を利用するほかないことは、一九七五年の「野性号」の実験航海でもはっきりと証明された。釜山《ふざん》から対馬に向かった手漕ぎの船はおよそ二ノットの海流を真正面からうけ、毎時間の航走距離が〇・五キロほどの、のろのろ航走がつづいた。このために漕航《そうこう》をやめて、部分的に二度にわたって伴走船に曳航《えいこう》された。

そのとき同行したある新聞記者は、「こんどの航海は櫂《かい》や櫓《ろ》による海峡横断はむりで、帆で風をうけて海流に挑戦《ちょうせん》したとする古代人帆走渡海説をほぼ裏づけることにもなる」と、現地から報告している。

また「野性号」は玄界灘を横断するまえに、韓国の南西部の沿岸を航行したが、そのときも、帆の助けを借りないではすまなかった。「野性号」航海の韓国側代表である、考古学者の金元龍氏も『魏志』倭人伝に「都より倭に至るには海岸に循《したが》いて水行し、韓国を歴《へ》て乍《たちま》ち南し乍ち東し、その北岸の狗邪《くや》韓国に到る七千余里」とあるなかの「たちまち南し、たちまち東し」は、当時の船が風と潮流とをたえず考慮に入れながら航行したありさまを忠実に反映した表現なのだ、といっている。金氏の意見は、はっきりと帆を使用したというものである。

こうしたことから類推すれば、「倭人伝」にいう水行十日とか水行二十日というのも、風や潮の干満や海流を利用し、ときには、そのために風待ちや潮待ちを余儀なくされた時間もふくむ古代航海の日数であって、机の上にひろげた地図をコンパスではかるようにはいかないのである。「野性号」航海のまえは、「倭人伝」のころの古代航海について発言した学者のおおかたは、当時は帆がなかったとする説であった。その推論の根拠は、考古学的に帆が出土した例がなく、また船を描いた壁画などにも、古墳時代後期の装飾古墳にみられる線刻画が出現するまで、帆が見あたらないからという理由からであった。

私は帆がなかったという説に反対して、たとえ証跡がいまのところ見つからぬとしても、「倭人伝」のころに、玄界灘を渡るのに帆を使用しなかったはずはないことを主張した。私は沖縄列島の果てまで歩いて、櫂(オールまたはパドル)で漕いで渡れる距離はごく短いものにすぎないことを現地で聞いていた。それに風を利用する方法を、紀元後数世紀の倭人が知らないはずはないという確信があった。

なぜなら、今日でもそうだが、上衣を脱いで船の上で両手でそれをひろげて風をうけるだけで、船はそれまでの数倍の速さで走るからである。

こうした簡単な原理が弥生時代後期までに発見されていなかったはずはない。まして数千年まえから帆を使用していたエジプト、そこまではたどれなくとも、すでに紀元前から帆を利用していた漢民族の慣習が、東シナ海沿岸を経由して、倭国に伝わらなかったと決めてかかることはできない。

私は日本各地の漁村を訪れて、そこの漁師はもちろんのこと、村人のすべてが潮の干満の時刻やその日の風向きについて、即座に答えうることにいつもおどろいているが、これも考えてみるとあたりまえで、それを知らないならば漁村の生活は一日もつづけられないからである。

おそらく「倭人伝」のころの海人も、潮の干満と風と海流についての知識をふまえ、それを勘定に入れて判断することについては、現在の漁村の人たちとあまり変わりはなかったであろう。「倭人伝」の時代より幾十世紀もさかのぼるころからの経験が蓄積されて、厳しい生活のために役立てられたはずである。

帆の問題も同様で、完成された帆でなくとも、それにかわるもの、たとえば、それは南島で帆の起源とされるクバの葉でもよい、また倭人が着ていた貫頭衣のようなものであってもかまわない、それらがながい間使用されていたと考えることは、いたって自然である。

土器と貝の道

土器の交流

日本列島をめぐる海上の道については、日本と朝鮮半島との間、日本と奄美や沖縄などとの間、日本と中国大陸との間の三つのルートを考えることができる。

しかしこれらは便宜的な区分であって、海はひとつづきであり、また黒潮の流れは不変である。そのことを念頭におきながら、先史時代にさかのぼって、奄美や沖縄などの南島と日本本土との関係をみてみよう。

たとえば、一九七四年、沖縄本島の中部、読谷村《よみたんそん》渡具知《とぐち》東原《あがりばる》で、曽畑《そばた》式土器が出現して人びとをおどろかせた。それまで沖縄では大正八、九年に発見された伊波《いは》貝塚《かいづか》や荻堂《おぎどう》貝塚の縄文《じょうもん》後期の土器が、沖縄の最古の土器と考えられていた。曾畑式土器は、熊本県宇土市曾畑貝塚出土の土器の型式であって、縄文前期とされているから、沖縄の土器の編年は大きく訂正されることになった。

ところがこの曾畑式土器は、韓国釜山の東三洞《とうさんどう》貝塚からも出土している。韓国の考古学者たち、たとえば金元龍氏は曾畑式土器は朝鮮の櫛目《くしめ》文土器の影響をうけたものであるとしているが、それが九州西海岸を通り、五島や草垣諸島などにもみられ、さらに沖縄本島まで分布していることの意味は大きい。朝鮮半島南部、九州西海岸、沖縄本島の間に海上の道が想定されるからである。

また釜山の東三洞貝塚では、黒曜石の鏃《やじり》が発見されているが、一九七七年、沖縄でも糸満《いとまん》市兼城《かねぐすく》にある上《うい》原《ばる》遺跡で黒曜石の鏃が出土した。黒曜石の原料は釜山付近にも沖縄にも産出しないので、いずれも佐賀県の腰岳《こしだけ》から招来されたものと見なされている。

このように同一型式の土器や黒曜石が韓国南部から沖縄本島に至るまで出土していることは、高宮広衛氏の指摘するように、沖縄の考古学史を書きかえさせる必要を生じさせたばかりでなく、日本本土と沖縄との関係も考えなおすことを迫る画期的な発見であった。

なお読谷村の渡具知東原遺跡では、曾畑層のさらに下から縄文早期の爪形《つめがた》文土器が出土した。これは、福岡市門田《かどた》遺跡出土の土器と同系統のものであるといわれる。新発見の相次ぐ沖縄では、読谷村の木綿原《もめんばる》、伊平屋島の久里原、伊是名《いぜな》村の具志川島などで、弥生前期の土器が出土している。このように沖縄本島が縄文時代のはじまりのころから弥生時代にかけて、九州と交流関係をもっていたことがはっきりした。

ただ宮古・八重山などの先島と、沖縄本島との間は、三百キロ近い海が横たわっているので、先史時代に自然の断絶がみられたとしても不思議ではない。むしろ八重山の土器で、外側に耳状のつまみをもった外耳式土器とよばれるものは、台湾の東海岸にその祖型が求められると、国分直一氏は指摘している。

土器のほかに、南島と日本本土との関連をあとづけるものに南海産の貝がある。柳田国男は、その最晩年の大作『海上の道』で、古代中国の人たちがタカラガイの産する宮古島に目をつけて渡来したと推測している。というのも、古代中国ではタカラガイは呪物《じゅぶつ》としても貨幣としてもおおいに珍重されたので、その魅力が東シナ海の横断を敢行させたのだという。その際、宮古島に渡来した中国人は稲の種と稲作技術をもってきた。こうして稲作は南島を北上し、九州から日本各地にひろまった、という仮説を柳田はとなえている。

しかし、さまざまな証拠から、稲作は中国からまず朝鮮半島南部に伝えられ、そこから九州北部海岸にもたらされたとする説がもっとも有力である。ただ貝の魅力ということに限定すれば、柳田説は傾聴するに足るものをふくんでいる。

南海産の貝の腕輪

その一つとして、南海産の巻貝が日本本土の弥生時代遺跡で発見されている例がある。その代表的なものがゴホウラやイモガイである。永井昌文氏は、腕輪としては、角ばった男性の腕にはゴホウラのたて切りがふさわしく、また、まろやかな女性の腕にはイモガイを輪切りにしたものがふさわしいとしている。

三島格氏の研究によると、弥生時代の遺跡から出土したゴホウラの数は百五十八個であり、南は沖縄の久米島から、鹿児島、熊本、長崎、佐賀、福岡、香川、山口、島根、広島、岡山、兵庫の各県にわたって発見されている。またイモガイは鹿児島、長崎、佐賀、福岡、香川、山口の各県の遺跡から百四十個が出土している。

これらの南海産の貝類は、沖縄本島の西の海域の久米島付近から種子島近海までの海域でとれたものが、腕輪の原料として本土にもたらされ製作されたものであるが、ただ、種子島広田の腕輪などの貝製品は現地でつくられたという。

このようにして沖縄からいわゆる道の島沿いにたどり、薩摩半島に上陸して西北九州の海域を島づたいに、黒潮にのって北上する貝の道を三島氏は想定している。この貝の道の延長の一つは日本海に延びて山陰地方沿いに、他の一つは瀬戸内海を東進する。

では巻貝は対馬海峡を通過するときに、朝鮮南部とは交渉をもたなかったか。その疑問に答えるものに、韓国慶州にある芬皇寺《ふんこう》石塔の中の石函から発見されたイモガイがある。この南海産の貝がはたしてわが南島のものであると断定する決め手は、いまのところないが、済州《さいしゆう》島などにも発見されるかもわからず、おおいに注目する必要があることを三島氏は力説している。

ゴホウラやイモガイなどの貝輪を模した銅釧《どうせん》が弥生後期になると出現する。南海産の、貝輪の魅力が青銅器の腕輪に引き継がれたということは、それらがたんに装身具ではなく、呪具《じゆぐ》としての役割を果たしていたことを暗示せずにはおかない。スイジガイを模した巴《ともえ》型銅器もつくられているが、このスイジガイは南島ではいまも魔よけに使われている。

貝についてはもう一つの見逃せない問題がある。それは種子島の広田貝塚から出土した弥生時代の貝札である。その貝札には中国古代の文様である饕餮《とうてつもん》文が彫刻されていた。またゴホウラを用いた腕輪には爬虫《はちゆう》類または虺龍《きりゆう》文が彫刻されていた。龍形のペンダントも多数ともなっていた。これらが中国文化の影響をうけたものであることは金関丈夫氏が指摘しているとおりである。すなわち、中国古代の青銅文化にいったんとり入れられて文様化されたものが、南中国からもたらされたのではないかと推定されている。

国分氏によると、種子島広田にみられる蝶《ちょう》形の貝器と同じように、蝶形の彫刻をほどこした骨製のペンダントが沖縄本島でもみつかっている。また龍形をした貝製のペンダントも沖縄で発見されている。これらの例は、東シナ海を隔てて揚子江南部の中国と向き合う南の島々から出土しているところに共通の特色をもっている。

これまでみたように、朝鮮南部と九州西海岸と南島とは縄文時代の前期からひとつづきの文化の流れに属していた。この文化の流れが黒潮や季節風という大自然のいとなみと不可分の関連をもつことはいうまでもない。

筏舟と海女

三つのルート

ここで目を北に転じてみよう。朝鮮半島と九州の間に横たわる玄界灘は、日本が大陸文化を摂取する際の、なくてはならないルートであった。英仏間に横たわるドーヴァ海峡は幅のせまいところで三十四キロにすぎないが、釜山と対馬北端の鰐浦《わにうら》の間は、ほぼ六十キロある。

したがって、玄界灘は朝鮮半島を南下する異民族が日本列島に侵入するのをたやすく許さぬ壁の役割を果たしえた。とはいえ、戦前には対馬で重病人が出ると、船を仕立てて釜山の病院に運んだというし、また対馬の北端の山から朝鮮半島を望見することも可能である。かつて玄界灘の南と北は一つの生活圏に属していた。『魏志』倭人伝のころすでに、朝鮮半島の南部には倭人が住み着いて活躍していたとみられている。

甲元真之氏の説によると、朝鮮と九州をむすぶ海上の道は三つのルートがあった。一つは朝鮮西南部の多島海を中心基地として、済州島や五島列島を経由して西北九州とむすびつくコースである。このルートが顕在化したのは縄文時代の終わりごろで、支石墓や初期の畑作耕作技術の導入経路にあたる、と甲元氏は考えている。

朝鮮南部の碁盤式の支石墓とよく似たものが、九州の佐賀、長崎の両県を中心として熊本県の北半部と福岡県の西部にかたまってみられる。しかし「倭人伝」時代のルートである壱岐や対馬には支石墓はみられない。

弥生時代になると、朝鮮半島から対馬や壱岐を経て九州に至るコースを通って、水稲農耕技術や金属器が伝えられた。これがもっとも安定した海上の道である。ところが弥生時代の後期後半になってくると、対馬の東海岸から沖の島の近くを通り、直接に福岡県東部か山口県西部に達するルートが開拓される。

甲元氏によると、このルートがひらかれたのは、これまで朝鮮交易を独占していた北部九州地域に畿内などの勢力が及ぶようになったためであり、このルートの開発は北部九州の地域に居住する集団との摩擦をさけ、しかも畿内に早く到達する必要からであった。ただし、沖の島を通るコースはけっして安全なものではなかったから、困難な航海に従事する専門集団がいたにちがいないとし、それがのちの宗像海人であると甲元氏は推測する。

甲元氏のいうように、はたして済州島から五島列島へ、そして西北九州へという海上のルートがひらかれていたかどうか、私にはわからない。しかし、『五島編年史』をみると、済州島には五島関係の伝説があると述べてある。『続日本紀』には天平十二年（七四〇）、反乱者の藤原広嗣《ふじわらのひろつぐ》が五島の智駕島《ちか》から船に乗って逃げた。東風を得ていくこと四日で耽羅島《たんら》（済州島）をみたが、西風に吹き返され、五島に舞いもどって捕えられたことが記されている。私が五島で聞いた話でも、済州島の船が漂流すると、たいてい上五島の青方あたりに流れ着くという。

済州島の民俗

済州島の民俗については、『東国輿地勝覧』という、十五世紀末の朝鮮最古の地誌に注目すべき記事が載っている。「男女官人に道に遇《あ》えば、すなわち奔《はし》りかくる。男はすなわちかならず道ばたに俯付《うつ》す」。これは羽原又吉が指摘するように、『魏志』倭人伝のなかの「下戸は大人《たいじん》と道路に相逢《あ》えば逡巡《あとずさ》りしてくさむらに入る」という文章を思い出させずにおかない。

私にはこれが偶然の一致とは考えられない。済州島の風俗が倭の風俗と共通していたということは、そこが同一の生活文化圏であったことを示すものではなかろうか。『東国輿地勝覧』にはまた、「毎年八月十五日に男女共にあつまり歌舞し、分かれて左右の隊を作り、大索《おおつな》の両端を曳《ひ》いてもって勝負を決す。もし、索中《つな》絶して、両隊地にたおるれば、すなわち観者大いに笑う」と、生き生きした綱引きの風景を伝えている。

ところで小野重朗氏によると、旧八月十五日の夜に綱引きを行なうところは、薩南諸島、鹿児島県全域、それに熊本県と宮崎県の中部までである。つまり、おおまかにいって南九州である。これに対して小正月綱引き圏は、熊本県北部に限られる。また旧盆の綱引き圏は福岡県南部から佐賀県北部の範囲である。小野氏はこの三つの綱引き圏について、盆綱引きも小正月綱引きも、もとは十五夜綱引きであったのが、やがて盆行事や小正月文化に引きずられて生まれたものであるという。

ここではさしあたって、小野氏の分析は必要ではない。私が関心を寄せているのは、朝鮮半島の本土では、一月十五日に綱引きが行なわれているのに対して、済州島では八月十五日に行なうという事実である。私は済州島の民俗文化が、南九州と共通しているのは、済州島も黒潮文化圏に属するからだと考えている。

『東国輿地勝覧』によると、済州島には五種類の柑橘《かんきつ》が産する。すなわち金橘、山橘、洞庭橘、倭橘、青橘の五つのタチバナである。そのうち青橘については、実をむすんで春になるといったん熟するが、酸っぱさがもどり、そのあとふたたび甘みをとりもどすと注記してある。先年、私は済州島を訪れて、現地の人からこれと同じ話を聞かされて、『東国輿地勝覧』の記事が正確なのにおどろいた。また、五種類の柑橘のうち三種類がいまも残っていることを確かめた。

垂仁天皇の御代に、天日槍《あめのひぼこ》の裔《えい》のタジマモリが、トキジクのカグの木の実（タチバナ）を求めにいった常世の国は済州島ではないかという説もある。トキジクのカグの木の実というのは、季節にかかわらず、いつも熟している橘《たちばな》という意であろうが、ともかく済州島の橘はながい間、実が熟しているのである。ついでに『五島編年史』によると、福江島にはタチバナという地名が十か所あるが、野生のタチバナも五島の山野には自生していることを書きそえておく。

済州島と中国南部

済州島と江南との関係を示す記事が『呉志』にみえる。「亶州《たん》は海中にある。そのむかし、亶州の人で、ときに会稽《かいけい》（浙江《せっこう》省紹興県）にやってきて布を売るものがあった。会稽の東冶《とうや》の人が海行し、あるいは風に遇《あ》って漂流して亶州に至るものもあった」という。

この亶州は耽羅《たんら》、すなわち済州島とみられている。紀元二三〇年ごろに、済州島の人が江南におもむいて、交易することがあったことを伝える話で、ちょうど卑弥呼の生きていた時代にあたっている。時代はずっとくだるが、『日本書紀』の斉明天皇の七年に、伊吉連博得《いきのむらじはかとこ》が江南の会稽県から海上を漂流すること八夜九日、ついに耽羅にたどり着いたという。これも黒潮の流れとともに漂流したものであったろう。

さらに時代はくだって十五世紀の後半の一四七九年（文明十一）に、済州島の漁夫たちが与那国島近くを漂流中、島民に助けられたときの記録が『李朝実録』に載っているが、この漁夫たちは済州島の柑子《こうじ》（蜜柑）を積んだ船に乗り組んで朝鮮本土に向かう途中、大時化《しけ》にあって南へ流されたのであった。『李朝実録』にはこのほか、一四五六年（康正二）に済州島の船が沖縄本島の西の久米島に漂着した記録が載っている。また一五四六年（天文十五）に、済州島の島民十二人が琉球に漂着したことを記している。

このように『李朝実録』に載っている朝鮮人の琉球列島への漂流は、済州島人がほとんどである。これなども済州島と南方海峡のつながりを示すものであろう。

済州島で特筆すべきものは海女である。海女も柑橘類と同様に済州島にだけみられて、朝鮮本土にはみあたらない。済州島の海女はフットボールくらいの大きさの丸い浮き瓠《ひさご》（パカチ）をさきごろまで使用していたが、最近はプラスチックのものにかえている。日本の海女は浮き樽《だる》や桶《おけ》を用いているのに、済州島では、ひさごを使用していることに、両国の海人の慣習の特色がある。

『三国史記』のなかの「新羅本紀第二」に、瓠公《ひょうこう》という人物はもと倭人で、瓠を腰につけて海を渡ってきたために瓠公と称したとある。私は済州島の北村《ほくそん》という海女の村で、もぐりをみたが、疲れたときはパカチにつかまって、からだを波に任せておれば、海面に多少の波はあっても十分に浮き袋のかわりになることを確かめた。瓠公も、大きな瓠をいくつも腰につけて、玄界灘を泳ぎきったのであろう。

済州島では漁をするとき筏《いかだ》舟を使っていた。筏舟は今日、対馬の北端の佐護でもみられる。済州島の筏舟の構造は筏の上に矢倉を組んでいるが、対馬の場合にはそれがない。いずれにしても、筏はもっとも原始的な水上の運搬用具であって、古代の朝鮮半島から玄界灘を渡って九州北岸に馬を運ぶときも、いくつもの筏を組むか、あるいは丸木舟を横につないでその上に横板を渡し、馬をのせて運んだものであろうと私は推測している。

では玄界灘をいつの季節に渡航したのであろうか。『三国史記』の「新羅本紀」に表われた倭人の新羅侵寇の記事三十六例を調べた旗田巍氏は、その時期が旧の四、五、六月の夏のころに集中する事実を指摘している。旗田氏は、当時は船のつくり方や航海技術が未熟なので、冬の季節風による難破をさけたのだろうと推測している。それにはちがいないが、それだけではあるまい。「倭人伝」のころに玄界灘を乗りきる船には帆があった、という私の推定はまえに述べたとおりであるが、夏の南風を利用して帆走したと私は考えている。そうしなければ玄界灘をたやすく渡ることはできないからだ。

夏といっても旧七月になると、玄界灘には土用波が高くなってくる。「倭人伝」に、景初《けいしょ》二年に倭女王が大夫の難升米《なんしょうまい》らを帯方郡に送ったとあるが、それも旧の六月と記されている。

倭国へのルート

対馬の位置

黒潮は済州島の東南海岸の沖を東流する。したがって、風向きと潮流の関係によっては五島列島に向かい、あるいは対馬に向かう。しかし、どちらかといえば五島のほうに密接なつながりがみられる。

対馬と五島とは同じ黒潮のコースにあたり、両島の距離もたいして離れていない。五島から対馬へ向かう海上のルートがひらかれていたことは、『万葉集』巻十六につぎの話が伝えられていることでもわかる。

聖武天皇の神亀《じんき》年中（七二五年ごろ）、大宰府は筑前（福岡県）宗像郡の農民である宗形部津麻呂に対して、対馬に食糧を送る船の舵取《かじとり》を命じたところ、津麻呂は滓屋《かすや》郡志賀島の白水郎《あま》（海人）荒雄のもとにいって、役を替わってくれるように頼んだ。そこで志賀島の海人の荒雄は、肥前《ひぜん》国松浦《まつら》郡（長崎県）の美弥良久《みみらく》崎から出航して対馬に向かったが、途中難船して死んだ、という。これを悲しんで当時、筑前の国司であった山上憶良《やまのうえのおくら》が挽歌をつくっている。

ここにいう「みみらく」は現在の五島列島の福江島にある三井楽で、遣唐使の船が出発した港でもある。

おそらく五島列島の島々を船がかりしながら北上して対馬を目ざしたにちがいないが、なぜ三井楽から出発したか、あるいは糧米を積むためだったのか不明である。

この話によると対馬と五島の間には定期的な海上のルートがひらかれていたと思われるが、両島の性格はあざやかに対比的である。対馬は北九州を中心とした青銅器文化圏に属する。現在知られている広形青銅矛《ほこ》はざっと四百本だが、そのうち対馬から出たものは百二本をこえ、全体の三分の一に近い（これが壱岐島になるとわずか四本となる）。この広矛は弥生後期のものだが、弥生中期の石棺から明らかに朝鮮式の細形銅剣が六例出土している。前方後円墳も対馬では一例であるが、美津島町鶏知《けち》に残っている。円墳もあちこちにある。

対馬が朝鮮南部と密接につながっていたことは、青銅器だけでなく、朝鮮の石剣と同型の有柄式磨製石剣の出土によってもうかがわれる。それは対馬が朝鮮半島から倭国へ渡来するときのもっとも安全な海上の道だったからであるが、それと同時に対馬の性格にもよる。「倭人伝」も対馬の地理を述べて、「居る所絶島、方四百余里ばかり、土地は山嶮《けわ》しく、深林多く、道路は禽鹿《きんろく》の径《みち》の如し、千余戸有り、良田無く、海物を食して自活し、船に乗りて南北に市糴《してき》す」とある。つまり、田をひらく平地に乏しいので、海産物を食って自活し、船に乗って南北に舟を操り、穀類を購《あがな》うのが習慣であるという。さきの『万葉集』の例も、対馬に糧米を送るときの海難事故である。

『三国史記』「新羅本紀」のなかの、「六月。倭人大いに饑《う》え、来りて食を求む者千余人」とある記事について、対馬在住の永留久恵氏は、紀年や人数は正確でないとしても、とことわりながら、彼らは対馬の人たちではないかという。このように多数の窮民が食物を求めていった情景はよく想像がつくというのだ。永留氏は、対馬の二千年の歴史のなかで、対馬が朝鮮に対して食糧を求めないのは、二十世紀後半の現代だけではないか、ともいっている。こうしてみれば、対馬が朝鮮半島とむすびつく理由はきわめて必然的なものにちがいなかった。

古墳のない五島

それにひきかえて、五島の山々はなだらかで、また平地にも富んでいる。それに地理的位置からみても、朝鮮半島よりはむしろ東シナ海を隔てて、揚子江の河口付近の中国と向かい合っている。これらのことが五島に銅剣銅鉾は一本も出土せず、一基の古墳も見あたらない原因であろう。しかし青銅器も銅鏡一枚を除いて皆無であり、また古墳もないことは、むしろ五島の性格を雄弁に物語っている。ひと口にいえば、五島は海人の島だったということである。

これと同じことが薩摩半島の南半部についてもいえる。志布志《しぶし》湾には古墳が集中しているが、川内川以南の薩摩半島には古墳はほとんどない。このことは何を意味するか。ここもまた東シナ海に面して漁撈文化の濃い地方である。

これらのことを傍証するのに淡路島の例がある。淡路島は古代における海人の根拠地で、阿曇の海人も淡路の野島を中心に活躍していたことは「記紀」にも記されている。この淡路島には古墳は百基ほどあるが、一基を除いて、あとは、すべて後期古墳に属する。周知のように淡路島をとり囲む畿内の各地は巨大な前方後円墳や円墳のみられる地帯である。それにもかかわらず、そこから目と鼻との近距離にある淡路島の古墳が、ほとんど後期古墳のものであるということは、その島が強い漁撈文化によっておおわれていたことを示す。

つまり、そこには権力者の象徴である巨大な古墳は不要であったのであり、また海人の葬制が根強かったともみられるのである。五島列島や薩摩半島の南部に古墳がみあたらないことも、そこが海人の根拠地であったことを物語っている。

対馬が朝鮮と日本との結節点であることは明確であるが、対馬に至るまでのコースはどうか。中国の江南地方から日本に渡来するには、まず中国大陸の沿岸沿いに山東半島までたどり、その東をかすめて朝鮮半島西南部を経て、九州へ至るルートがある。このコースについては、鳥居龍蔵は山東省から朝鮮半島の西海岸に通じる海上の道をきわめて重視している。つまり山東省の先端は黄海を隔てて、よべばこたえる近さで、朝鮮の西海岸の黄海道にある長山串と向かい合っている。この長山串の夢金浦あたりには、山東省から中国人がジャンクでおびただしく渡来している光景が近代日本の朝鮮侵略以前にもみられたという。これは古代にもみられた現象で、つまり黄海道と平安道のあたりは、山東省から渡来した漢人の植民地であったのが、人口がふえてきたので、やがて楽浪郡となり帯方郡となったのであろう、と鳥居は推定している。そしてこの帯方郡はいまのソウル地方であって、邪馬台国との関係の深かったところである。

朝鮮と山東半島との密接なつながりは、僧円仁《えんにん》の『入唐求法巡礼行記《にっとうぐほう》』にもうかがうことができる。円仁の乗った遣唐使船は、志賀島から五島列島の北端の宇久島《うく》に立ち寄り、そこから一気に東シナ海を突っきって揚子江の河口に向かった。その船には新羅人の通訳が乗り込んでいた。円仁はのち山東半島におもむくが、山東半島の先端にある赤山は新羅人の大きな根拠地であったことが述べられている。そこは朝鮮とたえず往来する港で、遣唐使船もこの山東半島の先端から帰国の途についたのである。

東シナ海の横断ルート

こうした黄海を横断するルートに対して、もう一つのルートは東シナ海を直接横断して九州西部に至るものである。江坂輝彌氏の話では、揚子江の河口の舟山列島あたりの漁師が魚を追って沖合に出て、対馬海流にのって、三、四時間もすれば、東北の方角に男女群島《だんじょ》をのぞむことができるという。また男女群島から五島までの距離も数時間で達することができる。

したがって、むかしの帆のついた手漕ぎ舟でも十時間前後で五島列島に到着することが可能であるという。それは東シナ海を黒潮が、東北東に向かって七ノットから八ノットの速さで流れているからである。中国の江南と九州の西海岸とをむすぶルートは、日本の先史古代の民俗文化に、はかり知れないくらいの大きな影響をあたえたことが想像される。

『魏志』倭人伝によると、倭国から中国に航海するとき、船中には持衰《じさい》とよばれる男が一人乗っていた。この男は髪は伸びほうだいであり、衣服は垢《あか》じみて、しらみはたかり、肉食や女を遠ざけて、ひたすら航海の平安を祈った。無事、船が着くと、ほうびをもらったが、船中で病気がはやったり、海が時化《しけ》たりすると、持衰のつつしみ方が足りないという理由で殺されることもあった。これは海神の怒りを鎮めるために、海に身を投げた弟橘媛《おとたちばなひめ》を思いおこさせる。

『魏志』扶余伝によると、洪水や日照りのために五穀が熟さないことがあると、王は責任をとらされて追放されたり、殺されたりしたというから、こうしたことはかならずしも航海中にかぎらないかもしれない。しかし、東シナ海の横断が困難であったことは、遣唐使船の相次ぐ遭難をみても否定できない。つまり、東シナ海を東流する黒潮の流れに逆らって西のほうに航行するのは、中国から日本に向かうよりは、たやすくなかったのである。

五島列島や有明海、それに薩摩半島は中国文化の影響をもっともうけやすいところであった。朝鮮半島を通して伝えられる中国文化は、金属器や馬や文字などに象徴される中国の文化であった。それに対して、中国の江南地方から九州西海岸に伝えられる文化は、民間色の濃い文化であり、倭の人たちの生活の基層を形成するものであった。その例をつぎにみてみよう。

耳族の渡来

海南島の習俗

『魏志』倭人伝には、倭人の習俗は儋耳《たんじ》朱崖《しゅがい》と同じであると記されている。儋耳朱崖はこの場合、海南島をさしている。朱崖は赤い土の崖とも考えられ、真珠を産する場所のことともいわれている。金関丈夫氏によると、儋耳とは、擔耳と同じであって、耳を擔《かつ》ぐことを意味する。つまり耳が長くて肩に垂れ、肩に耳をのせることをさす。

このことはすでに『漢書地理志』にも注目され、儋耳のものは大耳をもち、王者の耳はみな肩下三寸（約一〇センチ）にまでさがると記されている。では大耳とは何か。金関丈夫氏によると、海南島の女の耳輪は非常に大きく、仕事をするときじゃまなので、頭の上にのせることを、そうよんだのであるという。

これについて思い出すのは、十五世紀末に漂流した済州島民が与那国島の風俗について報告した『李朝実録』のなかの記事である。それによると、与那国島では、耳孕《みみたぶ》に穴をあけ、小さな青珠をつらぬいたものを二、三寸ばかり垂らしており、また珠をつらぬいたものを頭のてっぺんに三、四回めぐらして、一尺ばかり垂らしたりしていることがわかる。これは海南島の女の耳輪の扱いそっくりである。大きな耳輪をつける風習は海南島のみならず、江南地方や台湾にもひろがっており、それが十五世紀末になっても、原始的な生活をつづける与那国島にもみられたというのは興味ぶかい。この習俗をもった人たちが、「倭人伝」のころに渡来した痕跡は、どこかにみつからないだろうか。

それについて思い出されるのは、『肥前国風土記』に載っているつぎの話である。景行帝が平戸の志々伎《しじき》山の行宮《あんぐう》にいたときに、西の海に島があって煙があがっているので、従者の阿曇連百足《あずみのむらじももたり》をみさせにやると、値嘉《ちか》の郷、つまり五島列島にはたくさんの島があって、一つの島には大耳が住み、つぎの島には垂耳《たりみみ》が住んでいた。大耳たちは阿曇連に捕えられたが、アワビを献上するからといって命ごいをし、それで許されたという。阿曇連も海人の統率者であるとみられる。

ここに大耳、垂耳という「ミミ」の名のつく海人の酋長が登場するのに注目したい。『古事記』によると、神武帝は阿多のアヒラツヒメと結婚してタギシミミとキスミミの二人の子どもをもうけたとある。この阿多（吾田）地方は薩摩半島の南部であり、阿多隼人の根拠地である。その血筋を引くアヒラツヒメと神武の間に、「ミミ」のつく二皇子が生まれたことをみすごすことはできない。

『魏志』倭人伝に投馬《つま》国の長官を弥弥《みみ》といい、副を弥弥那利《みみなり》というとあるが、この投馬国を有明海または五島に比定する説がある。もしその説をうけ入れるとなると、九州の西海岸に「ミミ」の名のつく人たちが住んでいたということになる。これはいったい、どのようなことを意味しているのであろうか。それは彼らが、南中国に遠く出自をもつということの、かくれた表識ではないだろうか。

『肥前国風土記』には、五島の海人はその容貌が隼人に似て、つねに騎射を好み、その言語は肥前の人たちと違うというふうに書かれている。隼人のことばも難解であることで知られているから、五島の海人は容貌のみならず、言語も隼人に近かったかもしれない。私がそう想像するのは、今日でも五島の方言と薩摩方言はよく似ていて、おたがいに理解し合うことができるという話を、五島でなん度も聞いたことがあるからだ。

さきに述べたように、薩摩半島の南半部、つまり阿多隼人の中心部に古墳がまったくみあたらず、しかもそこに耳という名の人物が生まれている。これは古墳のない五島に、大耳垂耳という海人の酋長がいたことと同じである。そう考えてみると、神武帝の系譜に「ミミ」の名のつく人名がきわだって多いことに気がつく。アマテラスの子どものアメノオシホミミは天大耳とも記されている。本居宣長によると、古代には耳を「ミ」ともよんだという。むしろ、その呼称のほうが古かったにちがいない。アメノオシホミミの孫のヒコホホデミにも「ミ」がつく。大山祇《おおやまつみ》や綿津見《わたつみ》も語尾に「ミ」のつく名である。阿曇の「ミ」、また阿曇族の先祖の神である穂高見の「ミ」などもそうである。九州の海人に耳を意味する「ミ」または「ミミ」の名のつくことは、けっして偶然ではない。

鹿児島湾にのぞむ大隅半島の大根占《おおねじめ》町で、戦後になって三十センチくらいの大きさの軽石製の岩偶がみつかった。岩でこしらえた人のかたちであるが、頭部をみると、両耳の部分が外側に突き出し、その部分に、前面から後部へ小穴をうがっている。おそらく耳飾りをはめた状態を表現したものであろうと、河口貞徳氏はいう。はたしてそうであるならば、この弥生時代の岩偶は、これまで私が推論してきたことの傍証に役立つはずである。

犬祖伝説

中国の江南地方から渡来した人たちは、大きな耳輪をさげる習俗のほかに、犬祖伝説をもってきたと私は思う。人間の女が犬と結婚して子を生み、それが種族や島民の先祖となったという伝承は、わが南島でも与那国島、小浜島、宮古島、奄美のかけろま島に点々と残っている。

この伝承はもともと、海南島から南中国にかけてみられるものである。そうしたことから薩摩半島にも伝えられて、隼人もまた、自分たちの先祖は犬から生まれたという説話をもちつづけたのではあるまいか。それがのちに隼人の犬吠えといって、宮中に召された隼人が儀式のときに、犬に似た奇声を発する役割をうけもたされる原因になったのだと私は考える。これまでの解釈では、通訳を要するほどに、隼人のことばがわかりにくく、世人に通じないことから、わけのわからない音声を発すると悪霊を退ける呪力があるとされていた。しかしそうではあるまい。隼人が犬の子孫であるという伝承は、自他ともに認めるところであったのである。

犬祖伝説には盤瓠神話がつながっている。盤は盆であり、瓠はひさごである。瓠のなかから犬が飛び出し敵将を殺して手柄をたてた。そこで高辛帝が約束を守って自分の娘を犬（犬頭人）の妻としたが、頭が犬なので、布をもって頭をかくした、という話を、南中国の福建省に住んでいる畲《しゃ》族はもち伝えている。今日、畲族が頭の前方に布のおもかげである房をさげるのは、そのためであり、畲族はこの犬の子孫であるという。

ここで思い出されるのは、『魏志』倭人伝に伝える倭人の風習についてである。男は、もとどりをむき出しにして、木綿を頭にかけたとなっている。さらに『万葉集』の巻十一にも、肥人《くまびと》が染料で染めた木綿で額髪を結ったとある。肥人は熊本県の球磨《くま》地方に居住する人たちと考えると、隼人の住む土地とはきわめて近い。あるいは『履中紀』に刺領巾《さしひれ》という隼人の名まえが登場する。『延喜式』の隼人司《つかさ》の条には、宮門で犬吠えをするときには赤い帛の肩巾をつけると書いてある。おそらく刺領巾のヒレもこれと関係するのではないかと私は考える。

このように肥人が鉢巻をしたり、隼人の風俗のなかに、頭に木綿をつけたりするとされていることは、おそらく自分たちの祖先が犬であるから、その頭をかくすための風俗のなごりではないかと想像することができる。

『延喜式』の隼人司の条にある説明では、隼人は応天門のところに陣しているが、蕃客入朝のときには吠え声を発しないという。このことについて伴信友は、朝廷の儀式はだいたい中国ふうのものが多いのに、この吠声《べいせい》を発する儀式はそうでないから、蕃客入朝のときには停止されたのであろうと説明している。要するに犬吠えは日本の朝廷が国内向けに行なった儀式であったのである。

豊後（大分県）臼杵《うすき》の津留《つる》というところは、シャアとよばれる家船《えぶね》の人たちの根拠地であった。津留の人たちはシャアという呼称は、平家の人たちの車を引いたからおこったと言いふらしているが、それは平家という貴種と自分たちの出自をむすびつけて説明したのであって、信ずるに足りない。このシャアは福建省の畲《しゃ》族に由来するのではないかと羽原又吉はいっている。

この津留の漁師たちは臼杵の祇園祭のときには、上下《かみしも》を着、大きなひさごを頭にのせ、ひさご型のうちわであおぎながら、行列のお練りの先頭に立つという慣習が今日でも行なわれているが、羽原はこのひさごも、さきに述べた盤瓠神話のひさごと関連づけて考えている。こうしてみれば、大きな耳輪をさげた連中が、南中国からわが九州島に渡来して犬祖伝説や、盤瓠神話を伝えた痕跡はうち消すことができない、と私は思う。

表層文化と基層文化

水人と入れ墨

『魏志』倭人伝のなかで欠かすことのできない記事は、「倭の水人は好く沈み没して魚、蛤を捕《と》る。文身《ぶんしん》しまたもって大魚、水禽《すいきん》を厭《はら》う」という一条であろう。そうしてそのあとに、「その道里を計るに、まさに会《かい》稽《けい》（浙江省紹興県）・東冶《とうや》（福建省閩侯《びんこう》県の付近）」とあるところから、倭国は東シナ海を隔てて揚子江の河口以南の地と向き合って位置すると思われていたことがわかる。倭の水人の出自がそこに暗示されているのである。

『日本書紀』の履中天皇の条に、阿曇連浜子が反乱に加担したというので、入れ墨の刑に処せられたという記事が載っている。しかし、これは阿曇（安曇）族が日ごろ慣習として行なっていた入れ墨の風習の起源を、こうした刑罰のかたちで説いたものである。阿曇だけではなく、宗像《むなかた》も緒方《おがた》も海人として著名であるが、金関丈夫氏によると、宗像は胸に入れ墨をしたからその名がおこったのであり、緒方は同じように龍や蛇の入れ墨をその身体にほどこしたための名と考えられるという。そして阿曇は筑前の志賀島に根拠をもち、宗像海人はその東の海岸地帯、そして緒方海人は豊後の臼杵を中心に活躍していた。これらがすべて九州島の海人であることが注目をひくが、そのうちとくに阿曇と宗像の両海人は、朝鮮ともっとも密接な交渉の場所に位置を占めている。

阿曇海人の出自が中国江南であるという考えを、藪田嘉一郎はこまかく追究している。阿曇族のまつる筑前志賀海神社の祭神は阿曇磯良であるが、磯良は海中にながく住んでいたので、その顔にはカキなどがくっついて見苦しい容貌であると、『八幡愚童訓』に述べられている。これは、『述異記』などにみえる鮫人《こうじん》の姿から連想されたものであろうと藪田はいう。

鮫人は南海の水底に住み、水中にいること魚のようである。いつも機《はた》を織っていて、泣けばその目から珠を出すといわれている。鮫人はまた蛟人とも書かれる。蛟は海蛇である。つまり越《えつ》の海人が龍の入れ墨をしていたところから名づけられたのであろうという。磯良はまた「シラ」とも読むことができる。シラは白と通じる。志賀海神社の祭りのときは、船に人形を乗せて海底をのぞかせる。傀儡《くぐつ》師のあがめる百太夫の神は白太夫ともよばれる。このシラまたは白は、白水郎すなわち海人ともむすびつく。白水郎というのは、もと泉郎の泉という語を二字にわけ、白水としたのであり、福建省閩侯《びんこう》県に泉州がある。泉州の風俗に泉郎というものがあって、いつも船上で生活し、たえず海を漂泊しているといわれる。こうして越族が日本に渡来して阿曇族を名のったと藪田は推測している。越の発音と阿曇とは、つなげて考えることができるとしている。

阿曇族と金属器

阿曇族は海人の代表とみなされているが、ただの潜水漁夫ではなかった。朝鮮半島との間を往復する航海業者でもあった。そうしたことから、おそらく金属精錬の技術も身につけたと思われる。志賀島の先端にある勝馬という集落は阿曇氏の本拠であって、志賀海神社の祭礼のときにも神輿《みこし》が神幸するところであるが、勝馬から細型銅剣の鋳型が発見されていることは、注目すべき事実である。阿曇族は朝鮮半島との交易や輸送を通して、鉄器の購入などに関係していたことが想像される。

というのも、阿曇氏には不思議に蹴裂《けさく》伝説がつきまとっているからだ。たとえば、信州（長野県）の安曇郡と筑摩《ちくま》郡の二郡の間は、むかしは湖水で犀龍《さいりゆう》が住んでいた。この犀龍は巨岩を突き破り湖の水を落として田地をひらいた。今日の池田町の十日市場のところとされているが、この近くに穂高《ほたか》神社がある。阿曇氏の祖神が穂高見命である。阿曇氏はこの地を開拓してその氏神をまつったのであろう。

『古事記』では、阿曇連は、宇都志日金拆命《うつしひがねさく》の子孫であるとも記されている。宇都志は顕であり、日金は火金かもわからない。拆《さく》は佐久とか「裂く」と同じ意味であると思われる。つまり阿曇氏は金属の利器をもって湖沼や湿地帯を開削し、そこを田畑としてひらく技術をもっていたと私は考えている。富士川の上流にある甲斐（山梨県）の鰍沢《かじかざわ》には蹴裂《けさく》神社がある。むかし、このあたりが湖水であったとき、神が山を蹴裂き、水を涸《か》らして土地をひらいたと伝えられている。

この蹴裂神社の祭神は、吉田東伍によると、治水の神霊と伝えているが、阿曇氏の祖神の日金拆命をまつるもののようである。そうして八代《やつしろ》郡（現在、石和《いさわ》町）の佐久神社と同神であるとも述べている。むかし、甲州が湖であったとき、八代郡の佐久神が南山の磐石を蹴ひらき水を通じたので、人畜の住むべき地となった。鰍沢の蹴裂神社はこの佐久神の子孫である。

蹴裂伝説が鉄器を用いての開墾や開拓を暗示していることは、天日槍《あめのひぼこ》が但馬（兵庫県）の城崎《きのさき》、豊岡一帯の湖水の開削をこころみ、鉄鈷山《かなとこ》（床の尾山）の鉄でつくったノミをもって、円山川の川口の瀬戸を切り裂いたという伝承があるのでもわかる。また『近江伊香郡志』によると、天日槍は伊香郡中郷にとどまって、坂口郷の山を切り、余呉《よご》湖の水を排して湖を四分の一に縮め、田畑を開拓して余呉の庄《しょう》と名づけたという伝説を記している。天日槍をまつる中郷村の鉛練比古《えれひこ》神社はその社名からも金属に縁由がある。

『日本書紀』の神功皇后摂政前記（仲哀天皇九年四月）にはつぎのような記事がある。福岡市中を流れる那珂《なか》川の水を田に引こうとして、灌漑用の溝を掘ったが、大岩がふさがっていて溝を通すことができない。神功皇后は武内宿禰をよびつけ、剣と鏡を神前にささげて祈らせたところ、雷が激しく鳴り、その岩をふみ裂いて水が流れるようになった。そこでその溝を裂田溝《さくたのうなて》と称した、というものである。ここにいう雷電とは、鍛冶《かじ》神または金属神の別称でもあるから、おそらく鉄器をもって大岩をこわしたことをさすのであろう。

「神功紀」の蹴裂伝説の舞台である那珂川とさして離れていない志賀島に住む阿曇氏も、この開削の仕事に関与していた公算は大きい。つまり阿曇氏は、海底にもぐって真珠をとる海人として出発したが、南中国沿岸から九州島に渡来して、志賀島付近を本拠に住み着き、朝鮮との航海の仕事にもたずさわった。阿曇磯良の伝承が対馬に多いのはこのためである。あとでは対馬に糧米を運ぶのも彼らの仕事にふくまれていた。朝鮮の物資を購入する役割には、倭国がもっともほしがる銅器や鉄器のたぐいがあった、と私は推定する。さきにも述べたように、細型銅剣の鋳型が志賀島の先端から発見されており、朝鮮半島の鋳銅技術は阿曇氏にいち早く伝えられていた。こうしたことから、のちには、阿曇氏は鉄器を用いて開削し、田畑をひらく専門技術も学んだと思われる。

鉄への欲望

『魏志』東夷伝の辰韓《しんかん》の条には、「国は鉄を出《い》だす。韓、濊《わい》、倭《わ》はみなほしいままにこれを取る。もろもろの市買はみな鉄を用う。中国で銭を用いるがごとし」とある。これをみると、辰韓の鉄はきわめて豊富であって、朝鮮半島の各地に供給され、この鉄をめぐって諸国が争い、そのなかに倭もまじっていたことがわかる。ここで注目されるのは、市場の売買のときに、鉄が銭のように通貨として使用されたということである。この鉄はおそらく鉄鋌《てってい》だったと思われる。金廷鶴氏は、『韓国の考古学』の序説で、さきの「国は鉄を出だす」の国は辰韓をさしたものと一般に考えられているが、むしろ弁韓のことではないかと推測して、つぎのようにいう。

「楽浪郡《らくろう》（のちには帯方郡《たいほう》とともに）の重要な貿易品であった鉄と、日本における大和国家の統一の原動力となったであろう鉄材と鉄器は、弁韓《べんかん》の地、すなわち加羅《から》から供給された可能性が強い。故に三世紀以降五世紀ころまでの日本における鉄鋌および鉄器の輸入と加羅との関係が新しい観点から考察されねばならないであろう」

こうしてみると、博多湾頭に根拠をもつ阿曇氏も辰韓（じつは弁韓）の鉄鋌を運んで倭国にもたらしたことが想像されてくる。当然のことであるが、北九州の沿岸諸国は朝鮮半島との貿易によって富み栄えた。志賀島から「漢委奴国王」の金印が出土したのはあまりにも有名だが、これについて岡田英弘氏は『倭国』のなかで、この金印をもらったものは、紀元一世紀ごろに日本列島にやってきた中国商人が取り引きの相手とした、倭人の酋長の代表だと述べている。それまでは中国の商船を迎えて、倭人の諸国がわれがちに取り引きに奔走していたのが、ここで窓口が漢帝国お墨つきの奴《な》国王一本にまとめられたとするのである。『魏志』東夷伝の韓伝にはつぎのようにいう。

「辰韓は馬韓の東にあって、古老の言い伝えによると、秦《しん》の暴政をさけて韓国にやってきたのだが、馬韓はその東の方を割いて亡命者を住まわせた。そのことばも楽浪郡や帯方郡の中国人が話すような燕《えん》（河北省）、斉《せい》（山東省）の方言ばかりでなく、陝西《せんせい》省の人（秦人）のことばのようである。楽浪郡の中国人を辰韓人は阿残《あざん》とよぶが、阿というのは東方の方言では自分のことをさす。つまり楽浪郡の人たちは、自分たちの残余の人という意味である。だからいまも辰韓を秦韓とよぶことがある」

前漢は、前一〇八年、朝鮮を支配して楽浪、臨屯《りんとん》、玄菟《げんと》、真蕃《しんばん》の四郡を置いた。朝鮮半島の南部にあたるところに真蕃郡は位置している。ということから、岡田氏は、「この前一〇八年をもって、朝鮮半島を縦断する貿易ルートは完全に漢の手中ににぎられ、海峡を隔てた日本列島の原住民は、中国の都市文明の衝撃を強烈にうけることになった」と述べている。

私がこの岡田説に注目するのは、喜田貞吉が梅原末治氏の『銅鐸の研究』に寄せた序文のなかで、秦氏は太古、朝鮮半島から渡来、移民した秦韓人の末で、銅鐸は彼らの手で製作されたと述べていることがあるからである。私は喜田説をそのままうけ入れるものではないが、韓の地の中国系移民が倭国に渡来して、中国の鋳造技術を伝えたということを重くみたいのである。

高文化と基層文化

日本文化には「にがり」が不足しているということを指摘したのは内藤湖南である。つまり大陸から文化が渡来してはじめて日本文化が凝固し、形成される。この意味で、朝鮮半島を経由して日本に伝えられた中国文化は、日本文化にとって「父」の役割を果たしている。そして、その中国文化のなかには、私たちがこれまで朝鮮文化と一括して思い込んでいたものもまじっている。たとえば新羅人といわれてきた秦人も、たんに秦の亡命人と自称したにとどまらず、その出自をたぐれば、辰韓の地にじっさいに移住した中国人の血を引く確率が大きいことを、『魏志』辰韓伝によって知ることができるのである。

これは四世紀の後半、百済の後退とともに、帯方郡の遺民である中国人が南下して日本に渡来し、漢人《あやひと》を名のったことについてもいえる。このようにして金属器をとり入れた弥生時代以来の日本列島社会は、朝鮮半島にひきおこす中国社会の政治の動向に、決定的に左右されるようになる。

こうした「父」の文化に対して、「母」の文化とは、いうまでもなく、日本の常民生活を支配する南方文化である。「南方」のなかには太平洋諸島や東南アジア、インドネシア、台湾などもふくまれるが、そのなかで日本にもっとも直接的な影響をあたえてきたのは、これまでくり返し述べたように、中国の江南地方からもたらされた非漢民族（ノン・チャイニーズ）の文化であった。

これに対して、漢民族の手で日本にもたらされ、支配者層の必要を満たした漢民族の文化がある。これを高文化とよぶことができる。前者は、常民の生活の根底を養うがゆえに、むしろ基層文化とよぶのがふさわしい。高文化は時代の表層とともに鋭く動いていくが、基層文化は時代にかかわりが少なく、もっとも緩慢な動きをみせる。日本に基層文化をもたらしたのは、いうまでもなく北上する黒潮であり、また黒潮を利用した海上の道である。

これまで九州島に話を集中させたが、海上の道は九州に限ったことではないことを書き添えておく。黒潮は太平洋に面する日本列島沿岸を洗い、遠く関東から東北地方の南半部にまで及んでいる。黒潮を利用して日本国内で太平洋岸の移住や移動が行なわれたことは、当然、考えられる。

また黒潮は、日本海沿岸にも大きな影響をあたえている。黒潮にのって南海産のセグロウミヘビが日本海を北上し、出雲（島根県）の海岸に流れ着く。陰暦十月の出雲大社や佐陀《さだ》神社の神在祭《かみあり》のときには、この南海産のセグロウミヘビを捕え、神前にそなえる儀式が行なわれる。こうした神事は、古代人の信仰と南方とのつながりを思わせずにはすまない。日本海を洗う黒潮である対馬海流にのれば、朝鮮半島から山陰の海岸にはたやすく到着することができる。越前（福井県）の気比《けひ》の浦に到着したツヌガノアラシトは、古代史のなかでもっとも有名な人物であるが、九州を経由せず、直接に山陰、北陸地方にもたらされた朝鮮人と朝鮮文化は、きわめておびただしいものであったことが考えられる。古代日本においては、山陰や北陸沿岸のほうが、むしろ表日本としての機能をもっていたことを強調しておく。

日本人の血のなかにたえず湧き立ち、むせかえり、永遠の調べを奏でつづける「妣《はは》の国」への思慕は、黒潮のもたらす南方文化の根源へさかのぼろうとする意識の志向でもある。柳田国男が『海上の道』のなかで訴えようと目ざしたのも、じつはそれであった。

（『日本史の謎と発見　2　倭国の大乱』毎日新聞社、一九七八年九月）

のち『甦る海上の道・日本と琉球』「序章　東シナ海―先史古代の道」として構成、収載。

耳族幻想

私はこれから隼人について、私一個の幻想を、私の直感と資料などを見た結果などをまじえてお話ししたいと思います。私は出身が熊襲の国の熊本でして、隼人の国のみなさんとは、親縁的な、同族関係です。

先ほどの大林太良さんのお話によりますと、どうも肥人《くまびと》というのは隼人とほとんど同じじゃないかということでしたが、そういう意味で私がこれからお話しします幻想も隼人の同族の言としてお聞きとり願いたいと思います。

先ほど小野重朗さんがお話しなされ、面白く拝聴していたのですが、稚児神、つまり美少年を神様とし、そして大の男がそれに仕えると、そういうお話でしたが、『古事記』に美少年のヤマトタケルの命が女装して、熊襲の国にやって来て、そして熊襲の酋長を退治するという話があります。私たちの熊本には昔から〝弱い皇子《みこ》ゆえ命を捨てた、おらが熊襲はよか男〟という歌があります。皇子《みこ》が非常に弱い、その弱い皇子《みこ》のために死んでやったおらが熊襲はよか男と、自画自讃ですが、何か小野さんの話を聞いているうちに、熊襲のように力の強い人間が何故ヤマトタケルに退治されたかという、深い理由がわかったような気がしたわけです。おそらくそれには何か宗教的な意味がこもっているということが、小野さんのお話で会得された感じがしました。ところで今日の題の「耳族」について、少しご説明をしたいと思います。

『古事記』によると神武天皇は二人の、二人以上あったかもしれませんが、お后がありまして、最初のお后は阿多《あた》の阿比良津比売《あひらつひめ》という娘です。彼女と結婚して、生んだのが多芸志美美命《たぎしみみ》となっています。多芸志《たぎし》美美《みみ》という名前にその耳という言葉がついています。それからその弟に岐須美美《きすみみ》命、この二柱の神が生れた。多芸志美美と岐須美美という名前がここに出てきますが、この二人の皇子を阿多阿比良津比売が生んだ。そこに問題があるだろうと私は思うわけです。

『魏志』倭人伝によると、投馬国の長官を弥弥《みみ》といい、副を弥弥那利《みみなり》というと書いてあります。また『肥前国風土記』によると、松浦郡の条に、――松浦郡といいますと、五島列島あたりをも含めます。平戸の松浦氏が支配しておりました以前から、五島は松浦郡の中に含まっていたと考えていただいていいと思いますが――値嘉《ちか》の里、すなわち今の五島列島の所に煙が上っている。そこで自分の従者の阿曇《あずみ》の連《むらじ》の百足《ももたり》を見させにやると、近くの島がありまして、その中の一つの島に大耳という酋長が住んでいる。その次の島には垂《たり》耳《みみ》が住んでいた。ここにまた耳という言葉が出てきます。この五島列島の大耳・垂耳と、いわゆる薩摩半島の坊の津の近くの阿多の地方に生れた多芸志美美、あるいは岐須美美というのが関係がないかどうか、そういうことに私は若干の疑問を持っていたわけです。

この『肥前国風土記』をさらに追求していきますと、この阿曇の連の百足というのは、この大耳達を捕えて、景行天皇のもとに連れてまいりますが、景行天皇が殺そうとする。そうすると自分たちはひもを長くした干鮑を差し上げるから、命だけは助けてくれというようなことで命乞いをして許されます。ここで大耳・垂耳も阿曇族と同様に海にもぐって海産物をとる海人《あま》を生業としていたことがわかります。さらにその中に五島の海人というのは容貌が隼人に似ており、常に騎射を好む、というふうに書いてあります。騎射というのは馬に乗ったまま射るやつです。騎射を好み、その言葉は世の人の言葉と違うとある。要するにわかり難い言葉を話している、そのこともまた隼人と似ている、というような意味のことを『肥前国風土記』に述べているわけです。ここにおいてこの阿多の地方と五島列島とが、さらに近くなった感じがするわけです。

上村俊雄さんの作製されました地図を見ますと、この阿多地方にはほとんど古墳がない。五島地方にも一番北の宇久島と小値賀島という所に終末期の古墳があるかないかという程度で、これを対馬と比べると雲泥の差があるというよりも、天地のひらきがあるのです。これまで考古学では古墳がないことを欠如として、マイナスに評価していたのですが、古墳がないということの積極的な意味をも考えてみる必要があると思います。そこは権力者のいない海人的色彩の濃厚だったことがわかるのです。そうすると何か五島とこの阿多の地方に関係がないかどうかということがさらに想像されるわけです。私はこのまえ五島にまいりましたが、旧藩時代から五島藩と薩摩藩の間はきわめて親近感を持っていることがわかりました。これがはたして近世に始まったことでないならば、これにはもっと深い意味があるいは含まれているかもしれないと私は考えるのです。

ところでさらに耳の話を続けますが、神武帝の一族にはほとんど耳というのがついております。例えば、これは正式の奥さんとの間にできた子供の中に、神八井耳命《かむやいみみ》という人がいます。その弟に神沼河耳命《かむぬなかわみみ》という人がおります。これが神武のあとをついで、綏靖天皇になるのです。どうしてそんなふうにこの耳という語がつくのだろう。ここに一つの謎が秘められているのではないかと私は想像するわけです。そこで結論の方から話をもっていきたいと思いますが、『魏志』倭人伝に出てくる倭の習俗というものは、儋耳朱崖《たんじしゅがい》の俗によく似ているという言葉があります。儋耳・朱崖というのは海南島のことですが、これは中国人が日本国の地理に不慣れで、不通であったから、海南島と倭国を比較したまでで、それは中国人の無知を証明しているのだというような説もこれまでありました。しかしわざわざ儋耳・朱崖と似ている、というような言い方をする以上は、そこに何がしかの関連があると想定しても不自然じゃないわけです。それならば儋耳・朱崖というのは一体どんな意味を持っているか、朱崖というのは要するに朱い土が出る崖だろうと思うんですね。儋耳というのはどういう意味か、おそらくこれは耳をかつぐことだろうと思うのです。じゃ耳をかつぐというのは一体どういう意味かということになります。そこで我々の尊敬する金関丈夫先生が、海南島についてお触れになっている文章をここで少し引用いたしますと、——儋耳は現地語でタンアルという。これは住民の風俗が耳が長くて肩に垂れている、肩に垂れるものだから肩に耳をのせているというのです。それほどに耳が長いわけですね、つまり垂耳なんです。あるいは大耳でもあるわけです。この儋耳という大耳、あるいは垂耳は、仕事をする時に非常に不便なので、頭の上にのせるというんですね。耳をのせるということはおかしな話ですが、その耳というのは一体どういうことかといいますと、大きな耳輪を持った女が、耳輪を頭にのせることがいわゆる儋耳だろう。儋耳というのは大きな耳輪は仕事をする時に邪魔なものだから、頭の上に左右から重なり合わせる。帽子のようにする——と、そういうことを金関丈夫氏は言っておられる。

そこで、大耳、あるいは垂耳ということは、単に耳たぶが大きいということじゃなくて、大きな耳輪をつけた族だろうと私は考えるわけです。それが非常に特徴的であった。例えば老子は老聃《ろうたん》といわれて象のような大きな耳をしていたといわれますが、それは特別なものであって、必ずしもその種族にはあてはまらないことだと思います。そこである種族が大きな耳をしていたというのは、大きな耳飾りをしておったと考えて差し支えないことだろうと思うのです。

大林太良さんが編纂なさった「古代日本と東南アジア」という「東アジアの古代文化」の別冊には田中勝也さんが、朱崖・儋耳について書いていまして、『漢書』の地理志を引用しています。どういう箇所かといいますと、一郡は大海中にあって崖のあたりから真珠が出る。だから朱崖の朱はいわゆる真珠の珠だというのです。『漢書』の地理志にはそう書いてある。また儋耳というのは要するに大きな耳の種族がいるからである。特に王の耳は大きくて肩三寸まで下っているというふうに書いてありますが、金関丈夫先生のお書きになったものから類推しますと、特別に大きな耳輪をつけていたと考えられるのではないかと思うのです。このようにすでに『漢書』地理志にもそういうことが書いてあります。親しく海南島を調査された金関丈夫さんも、そういうような報告をなさっておりますから、儋耳というのはそういう大きな耳輪をしたものだと考えてもよさそうです。

耳輪というのはご承知のように、縄文時代にもありますけれど、これは全然別系統のものだといわれていますから、かように理解していいんじゃないかと思うのです。

先に申しました五島の大耳・垂耳などの名は儋耳の習俗につながるのかもしれないと田中勝也さんも言っていますが、私も同意見でして、そのことをもう少し詳しく述べてみたいと思います。海南島に大きな耳輪をした住民がいるけれども、日本の近くにはたしていただろうかと考えてみますと、十五世紀末に済州島の漂流民が与那国《よなぐに》島の近くで助けられて、それが与那国島から順送りに沖縄の島々に送られてまいりました時の報告書の中に与那国の風俗を叙している一条がありまして、その与那国の風俗に、与那国の人たちは耳輪をつけているということがはっきり出ている。もう少し細かくご紹介しますと、与那国島では耳たぶに穴をあけて、小さな青玉を貫いたものを二、三寸ばかり垂らしており、また玉をぬいたものを頭のてっぺんに三、四回めぐらして一尺ばかり垂れたりしている、とあります。これは先ほどご紹介した金関丈夫氏の海南島の報告に非常に似ている。それを彷彿させる話です。このように大きな耳飾りを持った種族が、海南島、あるいは南中国、あるいは台湾、あるいは与那国、つまり南方からだんだん北上してきて、最初はこの薩摩半島の西海岸に一応の根拠地を持ち、さらには五島列島まで北上して、そこにいわゆる海人としての根拠地を発見したということが想像されます。私はそのように考えるのです。

『古事記』『日本書紀』などの古代の記録の中での耳という言葉の人名については、溝口睦子という方が詳しく分析されておって、それによると例えば海人族の代表であるところの阿曇族、これも阿曇のミもまた耳と同じだというように書いてあります。本居宣長はこのミという言葉もやはり耳と同じだと、耳というのはミを重ねただけのことだと言っています。人間の人体、顔の名称ですね。目があり、鼻があり、歯があり、耳があるというのは、ちょうど植物の生長に比較することができる。要するに芽や葉が出て、花が咲いて、実がなる、そうすればこの実と耳は同じだと考えることができるわけです。

そこで耳というのが、神武帝の祖父のヒコホホデミのミ、阿曇族のミにも相当し、わだつみのミもまた耳ということになる。あるいは大山祇《おおやまつみ》のミもやっぱり耳のことであり、それから阿曇族の祖先と称する穂高見《ほだかみ》の命、これもミです。

先ほど申したように五島列島で大耳と垂耳を捕えてこいと命令されて捕えに行ったのは九州の海人族である阿曇の連の百足です。したがって阿曇族の持っている習俗と隼人の持っている習俗というのは、非常に近いものがあるのではないかと、そのように私は考えるわけです。

私の話は大体このくらいで終るのですけれども、これでは少し時間が余りますので、もう少し話を展開してみたいと思うのです。この耳族というようなものは海南島から南中国あたりに蟠踞している種族であったろうと類推されます。そうするとどういうような伝承を招来してきたかということについて、若干のことを考えてみたいと思うのです。

記紀の海幸・山幸の神話には、兄のホスセリの命が弟のヒコホホデミの命にたいして、命乞いして服属儀礼といいますか、溺れ死ぬさまをして、それから先は自分の子孫は宮殿の垣根の所を離れないで、代々犬の吠えるまねをしてお前たちに仕えようというようなことを述べたことが書いてあります。そのために隼人は天皇の行列が国境や、あるいは山川道路の曲り角を通るとき、あるいは宮廷で大嘗会の儀式をする際に、犬吠えをして、儀礼の役割を果すということが『延喜式』の隼人司の条に述べてあります。では何故そういうようなことをしたかという問題に入りたいと思います。

敗けたから犬吠えをするとすれば、隼人以外の多くの人たちも犬吠えをしなきゃならないのですが、何故ことさらに隼人に犬吠えをさせたかということが問題になります。大体今までの注釈書を読むと、この隼人の犬吠えの原因としては隼人の言葉が非常にわかり難い言葉で、通訳をもってこないと世の人に通じないことから、わけのわからない音声を発すると、山川道路の曲り角や、あるいは国境にいるところの悪霊を退けるだけの力を有するという解釈があります。ひるがえって考えてみると、どうもその解釈に肯定できないような感じがします。確かに結果としてはそういうことでしょうけれども、しかしもっと何か深い理由がその中に入っているのだと、そういう私は漠然とした不満を抱いていたわけです。ところがある時に伴信友の「隼人の狗吠」という短い文章を読んだのですが、その中には大和の国の元明天皇の御陵のある添上郡の大《おお》奈《な》閉《べ》山《やま》には、犬石と呼ぶ三基の石があって、犬頭の人形《ひとがた》を陰刻してある。その犬頭は朝廷の儀礼の時に隼人が犬の仮面をかぶった姿だろう、ということを伴信友が書いているわけです。その事が私を刺戟したのです。

なるほど、あるいは伴信友の言うようなことかもしれない。そうすると何故犬の仮面をかぶって隼人がやったのだろう、という次の疑問が生まれます。結論から申しますと、隼人にいわば犬祖伝説があったのではないか、隼人は自分たちの祖先が犬であるという、そういう犬祖伝説を持っていたのではないだろうか。その伴信友の文章には、その石像のところどころには朱を塗ってあると述べてあります。というのはこれは隼人が赤い土を体に塗るということとつながってくるかもしれません。この陵墓の囲りを石でこしらえた鬼たちがとり囲んでいる、ということはすでに『今昔物語』の巻三十に述べてありますが、これによっても、この石像が後世になって作られたものではないということが、類推できるわけです。

私は伴信友が、隼人が宮廷の儀式の時に犬の仮面をかぶって吠声《べいせい》を発したということを読んだ時に、おそらく隼人には自分たちの祖先が犬であるという伝承があったのだろうと想像いたしました。こう申しますと、みなさん方には抵抗感をお持ちの方があると思いますが、これは汎世界的な話でして、けっして、隼人だけに限られるようなものではない。例えば南中国には盤瓠《ばんこ》神話というのがあって、盤というのはお盆ですが、瓠《こ》というのは瓠《ひさご》なんです。瓠の中から犬が飛び出してきて、そしていろんな手柄をたてたので、高辛帝というのが約束を守って、自分の娘をその犬に与えた、というような話がある。これからただちに思い出されるのは、八犬伝の物語ですが、滝沢馬琴もおそらく中国仕込のネタから、あのヒントを得たのだろうと思います。

盤瓠神話というのは、中国の神話の中でも最も古い神話の一つなのです。大林さんの本を拝見すると、南中国のみならず、東南アジアとその周辺の地域に広くひろがっている説話です。ところで高辛帝が自分の娘を犬にやったが頭が犬なので布をおおって頭をかくしたという言い伝えがあって、今日畲《しゃ》族の女たちが頭の前方に布の面影をちょっと残しているような房を下げているのはそのためであるという説明がなされています。この畲族というのは福建省に住むところの少数民族で、その人たちは自分たちは犬の子孫であると考えている。ここで思い出されるのは『魏志』倭人伝の中に伝える倭人の風習についてです。男は髪を角髪《みずら》のように結う。そしてその上に木綿を頭にかけたというふうになっている。さらには『万葉集』の巻十一にも、肥人《くまびと》が染料で染めた木綿《ゆう》で額髪を結ったということも出ています。あるいは「履中紀」には刺領巾《さしひれ》という隼人の名前が出てきますが、『延喜式』の隼人司の条には、宮門で犬吠えをする時には隼人は赤い帛の肩巾《ひれ》をつけると書いてあります。おそらく刺領巾のヒレもこれと関係するのではないかと私は考えるのです。そのように、肥人《くま》が鉢巻をしたり、倭人の風俗の中に頭に木綿をつけたりというようなことは、おそらく自分が犬である、自分たちの祖先が犬であるからその頭をかくすための風俗の名残りではないかと想像することができる訳です。

『延喜式』の隼人司の条によると、白赤の木綿という言葉が出ています。おそらくその白赤の木綿という言葉は、私もはっきり意味はつかめないのですが、単にそれを頭にかける木綿であるとするならば、隼人司の条にもその木綿のことが出てきてこれまで述べたことも併せて理解することができます。さらにつけ加えておきたいのですが、伴信友はこういうことを言っている。朝廷の儀式は、大体は中国風のものがほとんどである。ところがこの吠声を発する儀というのはそうじゃない。だから蕃客、つまり外国の使臣が入朝する時には停止される。要するに犬吠えをしなかったわけです。何故外国の使臣が来る時に犬吠えをしなかったか、それはおそらく外国にはそういうような儀式はないからだろうと私は推測するのです。要するにこれは大和の朝廷が国内向けに行なったセレモニーであって、外国人が見ればそれは非常におかしなものに感じられる。しかし大和朝廷は国家の辺境にいる隼人をもって、自分たちも蛮人を従えているという優越感にひたりたいがために、国内向けに隼人に吠声を行なわせていたというふうに考えることができるのではないか。この犬祖伝説というのは現在でも沖縄列島に非常に濃厚に残っておりまして、宮古島に行きますと、自分たちは犬の子孫だと宮古の人たちは言っております。それはそういう言い方をしても、自らを卑下したようなところはありません。与那国島もサンアイイソバというのがいます。この女の酋長は犬と住民の娘との間に生れた者の子孫と考えられています。そういうふうに与那国や宮古には犬祖伝説というのが歴然として残っているわけです。そういうことからしますと、南中国、あるいはそのもっと南の海南島、要するに大きな耳飾りをつけた連中、そういう人たちが犬祖伝説を持っている。そして北上したかもしれない。少なくとも十五世紀の末には与那国には大きな耳飾をつける風習があってそういうような証拠があることはすでにご報告しました。さらに宮古にも犬祖伝説があるとすれば、それからさらに足を延ばして、この薩南の地方にそういう種族がいたと考えることはけっして不自然ではないだろうと思います。現に奄美諸島の加計呂麻島には犬と女の結婚した話が残っています。奄美から薩摩まではひとまたぎの距離です。

羽原又吉《はばらゆうきち》の『日本古代漁業経済史』の中に豊後の、臼杵の祇園祭のことを報告しているのですが、あそこには海上の蜑民《たんみん》であるシャアというのがいたのです。今はすっかり陸に上って農業をやっていますが、尾道の近くの能地からやってきた家船《えぶね》の子孫だと言われていました。現地でシャアと言うといわば差別用語として怒られるんです。このシャアという言葉は先に述べた福建省の畲《しゃ》族からきたんではないか、というふうなことを羽原又吉さんは言っているわけです。

臼杵のシャアというのは、自分たちは平家の車人として、平家の人達の車をひいたから、シャアだと言っているのですが、羽原さんはそうじゃなくて、要するに福建省の蜑民、福建省の畲族の伝承がそこに伝わっている、と同時に名称も伝わっている、そういう考え方をしているわけです。臼杵の夏祭りに祇園祭がありますが、その時にこのシャアの部落、臼杵の津留という所ですが、その津留の人たちが裃を着て、大きなひょうたんを頭に乗せて、ひょうたん型のうちわであおぎながら、おねりの先頭に立つという習俗が今日でも行なわれています。このひょうたんというのはどういう意味を持つかというと、それはさっき申したように盤瓠神話の中の瓠《ひさご》だと私は考えるのです。瓠の中から犬が飛び出してきて、その犬と人間の娘とが結婚して、その後に人間の子孫がふえていくという、神話にあやかったものとみて、その瓠と関係があるというふうに想定されないこともないのです。

ご存知のように臼杵というのは柳田国男が『海南小記』を書く時に臼杵から筆を起している。南とつながりの深い、その最初の出発点だと考えることも可能なのです。

こういうようなことで、いわゆる儋耳とか、垂耳だとか、そういう大きな耳を持った種族がやって来て、そして、盤瓠神話、いわゆる瓠から生れた犬が自分たちの祖先である、そういう伝承も持ちつつ、この南九州の一角に住みついたということは、大いにあり得ることだと、私は思うわけです。

五島にはこの前も行って、南方の色の非常に濃いのに驚きました。おそらくこの隼人の研究に五島の習俗の研究が側面から大きな役に立つのではないか、そういうような感じすら受けて来た次第です。五島の気温というのは熊本よりも暖かいのです。ほとんど鹿児島と同じ、あそこは黒潮が流れていますから、黒潮というのは五島の沖を流れていて、熊本の沿岸には近寄っていない。そういうことからいうと、やはり黒潮に乗ったものはいきなり五島に行きます。ですからこの『肥前国風土記』に書いてある記述というのも、けっして荒唐無稽なものではなくて、当時の人たちが生活の中からはっきりとくみ取った、正確な記事じゃないかと、そのように思います。もう少し話したいこともありますが、あまり時間をとるとせっかくの幻想も消えてなくなりますので、これで。

（「東アジアの古代文化」別冊、一九七七年五月）

「東北六県酒類密造矯正沿革誌」解題

「東北六県酒類密造矯正沿革誌」は東北六県の税務を総轄する仙台税務監督局内に設けられた編纂委員会が、公私の文書など正確な資料にもとづいて、明治四十三年から大正七年までの酒類密造矯正の沿革を記載したものである。仙台税務監督局によって大正九年六月三十日に刊行された。

全国のなかでも酒類密造は東北地方に顕著であった。この弊風を是正するには、取締りや検挙によるだけでなく、酒類密造の根底にある地方民の考え方を矯正する必要があるとして、仙台税務監督局は啓蒙活動をすすんでおこなった。こうしたことから本書の題名がつけられた。

酒類を自醸し自食する風習は古くからあったが、それは明治維新後にもちこされた。ようやく明治十三年になって酒造税制が制定され自家飲料のために酒類を製造するものは一年に一石を超えることはできないとの規定がもうけられた。当時、東北の中産農家では一カ年の自醸のため消費する原料米は、優に飯米をしのぎ、その消費量は十石に及ぶものがあったというほどで、その制限はとうてい守られなかった。それに明治十一年に清酒一石一円の酒税は明治二十九年には一石七円となり、濁酒もこれに準じてますます高騰する気配をみせ、地方農民は一家の経済上の打算からも、濁酒の自家製造を自粛するまでにいたらなかった。

しかし、明治二十七、八年の日清戦争とそれにつづく戦後の経営は、国家財政の急激な膨脹を必要とした。国費の財源を拡大するために、酒造税を増額することが帝国議会で議決され、ついに明治三十二年一月一日以後、自家用飲酒の製造を絶対に禁止することになった。それは日々の苛酷な労働の疲れを癒すものとして自家製の濁酒に頼ってきた農民にとって大打撃であった。

柳田国男は、『明治大正史世相篇』のなかで「以前の酒造りは、事の外に簡単であつた。麹に二日と甘酒に二夜を送ると、残りの三日四日の間にはもう甕にふつくりと湧いて居た。ちようど遠方から太鼓の音が響いて来るやうに、この幽かな酒瓶の音に耳を傾けることが、即ち家々の祭を待つ心であつた。当日の用意は新《にひ》しぼりの器《うつわ》を替へる香《か》によつて整うたのであつた」と述べ、村の家々で濁酒の瓶を開けたときの芳醇な匂いを「村の香」とも「祭の香」とも呼んでいる。農村では自家用酒は正月、田植時、秋の収穫期、祭、婚礼、葬式など、人びとのよりあう機会に用いられる必需品であった。そのための酒をかもすのは家々の女性であった。酒造りがうまいというのは、嫁入りの条件の一つにかぞえられていた。それがとうぜんの権利行為とされてきた酒の自醸は、一朝にして犯罪行為とみなされ、処罰の対象となった。しかし自分の原料で自分の酒を製造するのにどこがいけないか、という農民意識はなかなか変らなかった。

日露戦争後、国家財政はいっそう膨脹した。その財源を酒造税の増徴に求めることで、酒の密造取締りはますますきびしくなった。たとえば大正三年に、警察署、税務署、郡役所などが共同して「酒類密造注意書」を作成し県下に配布したが、それには、日本はたびたびの戦争に勝って世界の一等国の仲間入りをしたから外国ともりっぱに交際し、あるいは兵隊軍艦をそなえ、あるいは鉄道を敷くということのために毎年六億円もの大金が必要であるが、そのうち一億円は酒の税金でまかなっていることを強調している。これをみると、農民の唯一の慰めであり必需品であった自家用酒が犠牲になったのは、近代日本の富国強兵のためであったことは明らかである。

濁酒の醸造を禁止したことは、日本の村落共同体にとって、大きな変化をもたらした。密造酒の摘発の裏をかくためのさまざまな工夫がなされた。本書にも述べられているように、大正五年六月二十四日、秋田県河辺郡船岡村猫ノ沢に突発した騒擾事件のような不祥事が世間をおどろかした。また密造の検挙もおびただしい数にのぼった。かつて司法省から東北地方の司法事務視察のために出張した某参事官が監獄を視察したところ、そこに収容されている者には老婆がひじょうに多いのを奇異に思ったことが本書にも述べられている。それは老人や婦女子が密造したということになれば罰金が軽くなるというまったくの誤解からでたものもあるが、それだけではなく、一家の働き手である壮年の男子のかわりに高齢者や女性が身替りになったものがすくなくなかったことを意味している。

このことは統計上からもはっきりしている。明治四十一年、秋田県で密造を摘発された者は男は三百十一人、女は五百十六人であって、男の三割八分にたいして女は六割二分にあたっている。また密造を摘発された者の年齢をみると大正六年には五十歳未満の者が全体の五割五分であり、それ以上が四割五分となっている。当時の平均寿命が男女ともに五十歳を越えなかったことからしても、この比率が異常なまでに高齢者の方に高いことが分かるであろう。このように密造酒を摘発し、その反則者を検挙するという当局の方針は、もっとも弱い者を犠牲にすることになった。

柳田国男は前掲書のなかで、「上酒諸白《じようしゆもろはく》の百年以来の流行は、無理に全国の酒の趣味を釣上《つり》げたけれども、尚或一部の小民の間から其旧慣を奪ひ去ることは出来なかつた。それを今日の酒造税法が無視した為に、憫れむべき多数の犯人を作らねばならなかつたのである」「東北その他の濁酒密造は、自他の共に認むる犯罪ではあるけれども、しかも都会で時折発覚するやうな、脱税の利益に誘惑せられた、新工夫の悪事では無かつたやうに思はれる」と同情している。

大蔵省や仙台税務監督局や秋田県、岩手県などの県当局は、密造酒摘発にたいする農民の反感をやわらげる必要を感じ、大正二年から、さまざまな機会をとらえて啓蒙活動をおこない、民衆意識の矯正につとめた。だが、酒とも言えないほどの粗末な濁酒に、日々の労苦を忘れ、一年の折目をいわい楽しんできた農民の習慣が、犯罪に相当するものとしてきびしく罰せられるとき、農民の意識もまた皮下出血のようにどす黒く変質せざるを得なかった。密造酒をかくす技術ばかりが進歩した。検挙される者は、家族のなかのもっとも弱い老齢者や女性におしつける悪風が横行することになった。それは村落共同体を支えてきた意識の破壊につながるものであった。「濁酒地獄」という言葉が、そのことを正しく言いあてている。

（『日本庶民生活史料集成』二十一巻　一九七九年）

日本史の怨霊——死者が生者を支配する

死霊と生霊

日本の歴史を読むときに、他国の歴史ときわだったちがいをもつ特徴があるのに、私はまえから気がついていた。外国の歴史をひもとくと、中国の歴史にせよ、ヨーロッパの歴史にせよ、優勝劣敗がはっきりしている。勝者はあくまで勝者であり、敗者はあくまで敗者である。そこには、力の論理が貫徹している。したがって、それに対抗する宗教の領域でまず必要なことは力の論理の否定であった。「まずしきものはさいわいなり」という一句にこめられたイエスの痛切な逆説は、そのまま価値観念の転倒を示している。道教の根本となった老子の教えもそうである。宗教の領域では、勝者はかならずしも勝者ではあり得なかった。だが、現実の社会では、弱者は依然として弱者であるというのがヨーロッパ社会や中国の社会の鉄則であることに変りはない。

だが日本の歴史ではいささか事情が異なっている。優勝劣敗が外国の歴史ほどにかならずしも明確ではない。

オーギュスト・コントの有名な言葉「死者が生者を支配する」というのは、死者と生者との強固な連帯を意味するものである。ヨーロッパの伝説は死者と生者の協力の上に成りたっている。

しかし日本の伝統は、つねに新しさを追うことでしかない。

したがってそこには、先祖とのつながりだけがあって、普遍的な死者と生者の連帯を見ることはできない。あるのは死者と生者の対立だ。このばあい死者は敗者であり、勝者は生者である。しかも、死者が生者を支配する――という現象が日本の歴史をさまざまにうごかしていることに、私たちはおどろかざるを得ない。死者が生者をうごかす。生者は死者のそうした力を信じ、そして、それをとりなすためにあらゆる努力を傾ける。この奇妙な倒錯をみとめない者は、日本の歴史の底流を理解することはできない。

それを「怨霊史観」と呼ぶ人がいるが、私にはいささか抵抗感がある。なぜなら、怨霊は個人的な形で発動するが、その根底には、民俗学でいう「御霊《ごりよう》」信仰があるからだ。個人の怨念に帰するにはあまりにも広く深い民間信仰の流れがみとめられる。挫折して無念の思いでたおれた者、非業の死者、それらはすべて鎮魂しないかぎり加害者となって、勝者として生きる者たちをおびやかし、苦しめつづける。そうした事実は、死者の復活をおそれる民間信仰の根強い伝統に支えられてきているのである。

おそれられたのは、死者ばかりではなかった。死霊のほかに生霊のたたりがあった。そのもっとも代表的なのは、六条御息所の生霊が、葵の上にとり憑いてたたるという『源氏物語』の挿話である。

御息所は自分のふしあわせをなげいても、人を呪うようなことはまったくないつもりであるが、それにもかかわらず、ただ夢の中で、自分が葵の上のところに出かけて、現実では思いもよらないような乱暴狼藉を働く。そして葵の上もまた御息所の生霊にとりつかれて、「物を思う人の魂は自分のからだからさまよい出るものと思われる」というような御息所の心境を口走る。このように葵の上が口走っている間は、御息所自身も失神状態に陥っており、その間の魂がぬけたような気分をずっとたどってみると、着物にも芥子《けし》の匂いがしみついている。髪を洗ったり着物を着かえたりしてみても、その匂いは消えない。そこで自分の魂はやっぱり葵の上の身辺をさまよっていたのだろうか、とうとましく思う、という箇所がある。

これは物語の一節とはいえ、当時の社会を反映したものであることはまちがいない。

藤原頼長の復活

敗者と勝者の関係が明確な形をとり、しかもその関係が永続するのは権力闘争においてである。権力闘争の中で、もっともするどい形のものは、政治支配をめぐる闘争である。政治闘争の敗北は往々にして政治死をまねく。怨恨も、またもっとも激烈な形をとらざるを得ない。

政治的敗北のばあい、その怨恨を崇高な倫理的、あるいは宗教的な価値転換へとみちびくことはもはや不可能である。怨恨を攻撃性の武器に変える道しかのこされていない。このことを歴史の中に見てみることにする。

たとえば、悪左府と恐れられた藤原頼長が失脚した最初の原因というのは、近衛天皇の死を願って愛宕山の天狗の目に釘を打った者がいる、という巫女の証言によってである。もうすこしくわしくいうと、眼病をわずらったあげく亡くなった近衛天皇が、口よせ巫女の言葉を借りていうには「自分が亡くなったのは、たれかが愛宕山の天公の像の目に釘を打って自分を呪詛したからだ」ということで、鳥羽上皇が使者にその像を検分させたところ、果してそのとおりだった。それは左大臣頼長のしわざと、政敵である忠通から中傷された。

このことは、慈円の著わした『愚管抄』にも記されている。すなわち、その巻四に「ヒトヘニコノサフ（左府）ガ呪詛ナリト人イイケリ。院モヲボシメシタリケリ。証拠共モアリケルニヤ」とある。慈円は忠通の子であるから、その噂を肯定するような筆使いをしているのはとうぜんである。

しかしそれにしても、巫女の予言を一笑に付すことは、当時の実力者の頼長にとってはたやすいことのようにみえながら、それを否定できなかったというのは、呪詛が当時の貴族社会をうごかすほどの力をもっていたことを、まざまざと示している。

この悪左府藤原頼長は保元の乱で敗死するのであるが、それから二十年そこそこしか経っていない安元三年（一一七七）になると、保元の乱の首謀者の一人である藤原頼長に対して、太政大臣正一位が贈られる。そのために少納言惟基が勅使となり、悪左府頼長の死骸の埋めてある大和国添上郡上村般若野（現在、奈良市）の火葬場にまで出向いて、そこで頼長の罪科を許す宣命を伝えたのであった。

やはりこの年に崇徳上皇の院号である讃岐院に崇徳院という名をたてまつるように宣下された。『百錬抄』は「天下静かならず、彼の怨霊あるによりてなり」と述べ、『愚管抄』もまた「カヤウノ事ドモ怨霊ヲオソレタリケリ」と記している。いずれも怨霊の発動を明白にみとめている。

ところで、保元の乱で崇徳上皇側の敵にまわったのが藤原信西である。その藤原信西は、少納言入道信西ともよばれたが、三年後に起った平治の乱のときには、源義朝の軍勢検非違使源光保に追求されて、京都の南方の綴喜郡の山中に逃げかくれていたところを発見され、打首になった。この信西は頼長の屍をあばき、また讃岐院が配所で書写した大乗経を、鳥羽の八幡あたりにも納めたいという申し出をしたのに対して拒絶したということから、讃岐院と悪左府の怨霊が荒れ狂うきっかけを作った人物であった。

そこで信西の子どもの藤原成範が、崇徳院（讃岐院）と悪左府の霊をまつる神祠をたてる仕事をするのは適任でないとして、退けられたという。つまり、当事者だけでなく、その子のことを気にするまで、怨霊へのおそれが人びとの間に根強かったことを物語っている。

敗者・崇徳上皇

さていよいよ、日本史の中での最大の怨霊である崇徳院（讃岐院）について触れなければならない。崇徳院（上皇）の怨霊の発動は、空前絶後と見るほどの猛々しいものであった。こうした意味で、矢代和夫氏が『古代最後の天皇御霊』の中で「保元物語は敗北の天皇崇徳院の無力者から復讐への転換、つまり崇徳院怨霊の物語とでもいうべきモチーフが貫流しており、それを通して保元の乱そのものを受け止めていこうとしている」と述べているのは、『保元物語』の性格を分析する上での適切な言葉である。

崇徳上皇については、八年前刊行した『魔の系譜』に詳述しているが、新しい読者のためにその要約を書いておこう。

保元の乱で敗れた崇徳上皇は、保元元年（一一五六）七月二十三日に仁和寺から護送されて、八月三日には四国の松山の海岸に到着した。そして、讃岐の綾歌郡林田村（綾高遠《あやたかとう》の堂）で三年間をすごし、のち府中の鼓ケ岡《つづみ》の木丸《このまる》御所で六年間をすごした。崇徳院は、自分を讃岐の地に配流した朝廷の措置がきびしすぎることに、烈しい不満を抱かずにはいられなかった。というのも先例がないわけではなかったからだ。平城《へいぜい》上皇が嵯峨天皇にそむいて乱を起し、あえなくやぶれたとき、天皇の処置は寛大であった。平城上皇は出家するにとどまって、僻遠の地に流されることもなく済んだのである。しかも後白河天皇は、一時、自分の邸内に住まわせてやったこともあるではないか。そのことを考えただけでも、崇徳院のかつての帝王としての怒りは燃え上った。

「……嵯峨天皇の御時、平城の先帝世を乱り給いしかども、すなわち出家し給いしかば、遠流まではなかりしぞかし。いわんや当帝をば吾在位《わが》のときは、いとおしみたてまつり、はごくみ参らせし物を、その昔の恩をも忘れて、からき罪におこなわる、心憂《う》き、など思召ける。今生《こんじょう》はしそんじつ、後生菩提の為にとて、御指のさきより血をあやし、三年が間に五部大乗経を御自筆にあそばされたりけるを、かかる遠島にたてまつること痛ましければ、鳥羽の八幡辺にも納め奉るべきよし、御室《おむろ》の御所へ申させ給う」

と『保元物語』にはある。しかしまえにも触れたように少納言入道信西が反対した。

「御身は配所に留らせたまい、御手跡ばかり都へ返し入れさせ給わんこと、いまいましく覚え候。その上いかなる御願にてかそうろうらん。おぼつかなし」

信西は崇徳上皇のやり口に呪詛、不吉な願望がこもっていないかを疑ったのである。こうして崇徳院の切なる申し出は拒否され、御経は都から返された。上皇はくやしがった。

「後世《ごせ》のためにと書きたてまつる大乗経の敷地（注—置き場所）をだに惜しまれんには、後世までの敵ござんなれ。さらにおいては、われ生きても無益《むやく》なり」

このようにして、その後は髪をも梳《くしけ》ずらず、爪も切らず長々と伸し放題にしたまま、顔色は黄ばみ、目はくぼみ、やせおとろえていった。

「吾ふかき罪におこなわれ、愁鬱浅からず、すみやかにこの功力《くりき》をもって、かの科を救わんとおもう莫大の行業を、しかしながら三悪道（注—地獄道・餓鬼道・畜生道）に投げ込み、その力をもって日本国の大魔縁となり、皇《おう》を取って民となし、民を皇となさん」

そう決意し、自分の舌先をくい切って、流れる血潮で大乗経の奥に呪詛の誓文を書きつけ、海の底にしず

めた。『源平盛衰記』にはこのことを、

「かなしこの経を魔道に廻向して、魔縁と成って遺恨と報ぜんと仰せければ、この由都へ聞えて御有様見て参れとて、康頼を御使に下されけるが、参りて見奉れば、柿の御衣の煤けたるに、長頭巾を巻きて、大乗経の奥に御誓状を遊ばして、千尋《ちひろ》の底に沈め給う。その後は御爪をも切らせ給わず、御髪をも剃らせたまわで、御姿を窶《やつ》し悪念に沈み給いけることおそろしけれ」

とある。『保元物語』は、

「生きながら天狗の姿にならせたもうぞあさましき」

と書いてある。われわれはここで大魔王の誕生の場面に立ち会うのである。

大魔王・崇徳上皇

崇徳上皇は九年間の謫居生活ののち四十六歳で死んだ。長寛二年（一一六四）八月二十六日のことである。上皇の側近は、さっそく都に崩御を注進し、遺骸の処置の指示を受けた。暑い時候であり、上皇の死体の腐敗を防ぐために、泉の水に浸して復命を待つことにした。二十日目に都から、白峰山に葬れという宣下が到着した。野沢井の泉の清水に漬けられていた崇徳上皇の遺体は、殯柩《ひんきゅう》に納められて出発した。

そうして白峰の山裾の高屋《たかや》の阿気《あけ》という場所にさしかかったとき、一天にわかにかきくもり、雷鳴を伴う烈しい風雨となった。夕立か驟雨に見舞われたのでもあったろう。人びとは、殯柩を石の上におろし、雨の晴れるのを待った。

すると、柩の中から血がこぼれ出して、柩を置いた台の石を染めた。遺骸にはまだ血が流れていたのである。死後二十日経ってなお、まだ完全に死に切ってはいなかったのである。

「血の宮」の名称はここにはじまった。里人は、血のかかった石を御神体として神殿におさめ、崇徳上皇の霊をいまだにまつっている。

「血の宮」を左方に折れて山道にかかる。あるかないかの小径が児《ちご》ケ嶽のふもとにつうじている。上皇の殯柩ははこばれて、白峰山頂の石巌の上で荼毘《だび》に付したのであったが、その折、荼毘の煙はたなびいて、児ケ嶽のふもとに落ちた。当時の有様を『源平盛衰記』は次のように伝えている。

「白峰という山寺に送り奉り焼上奉りけるが、折節北風はげしく吹きけれども、余りに都を恋悲しみ御座《おわ》しましけるにや、烟は都へ靡《なび》きけるとぞ。御首をば必ず高野へ送れとの御遺言有けるとかや」

里人はこれを大いに畏敬して、煙の落ちたところに宮をたてた。これが「煙の宮」と称する神社である。「血の宮」といい「煙の宮」といい、ふつうの神社におよそ似つかわしくない名称である。

山頂には今日、西国八十一番の札所となっている白峰寺があり、そこからすこしはなれたところに崇徳上皇の御陵がある。御陵の北側の背後は、数十メートルの断崖絶壁になっている。それが、児ケ嶽である。

頂上に崇徳院をまつる頓証寺《とんしょうじ》は、保元の乱で崇徳上皇と対立した後白河上皇の寄進にかかるものである。建久二年に後白河上皇は病にかかり、崇徳院のたたりと思いこんでなやんだあげく、白峰御陵のすぐ近くに頓証寺をたてた。源頼朝をさんざん手こずらせて「日本一の大天狗」と頼朝にののしられた後白河上皇が、死んだ大魔王の崇徳上皇を恐れたことに、私は日本歴史の特殊なニュアンスを感じないではすまない。

頓証寺の作りかまえは、紫宸殿になぞらえ、庭前に左近の桜、右近の橘を植えたというが、崇徳上皇は死してなお宮廷を模した寺に住み、かつては廟門の左右に為義と為朝の弓箭をもった木像が控えていたという。

帝の忠実な眷属である相模坊と為義、為朝を、随神として身辺からあくまではなさなかったことに、おどろかざるを得ないが、彼らは今日も頓証寺に合祀されている。

寿永三年（一一八四）七月三十日には、平大納言時忠卿以下十余人が御廟に参詣して、詩歌をたてまつり祈ったと「白峰寺縁起」にあるが、それは屋島の戦いの半年もまえのことであり、平治の乱にひきつづき、平家はすでに崇徳院の怨恨をおそれていたことが明白である。清盛の狂い死にも、上皇のたたりとみなされた。崇徳院のたたりはその後もずっとつづいた。

明治と年号が改元される半月ばかりまえ、慶応四年（一八六八）八月、明治天皇の勅使、大納言源朝臣通富、副使三条左少将は、讃岐に下向した。勅使の一行は阿野《あや》郡坂出村（現在の坂出市）の港に船をつけ、白峰山をのぼって、御陵のまえにたった。その日は崇徳帝の命日にあたる八月二十六日であった。勅使はうやうやしく額ずくと、明治天皇の宣命を崇徳帝の御神霊のまえによみあげた。

その宣命の内容は、最近京都の飛鳥井《あすかい》町に新しい神社をたてたから、崇徳上皇の御神霊にむかって京都におかえり下さい、という趣旨のものであるが、それにしても「御欝憤の中にかむあがらせたまえる」とか、「御積憤をなごめ奉り」とか、「多年の宸憂を散らして」とか、まるで生きた人間をなだめるときの言葉使いとそっくりで、お迎え人と共に京都におかえりいただくことを懇願している。まかりまちがって疎略にあつかえば、それがかえって上皇の怒りを招くことをひたすらにおそれている。

しかしそれは上皇の死後すでに七百余年を経ているのである。しかもこのように生きた人に面とむかって、なだめすかし、御機嫌をとるような態度は、一体何を意味するか。それほど崇徳上皇のたたりが、歴代の朝廷や貴族や武士などにおそれられてきたからではないか。

宣命の中にも「此頃皇軍に射向い奉る陸奥出羽の賊徒をば速やかに鎮め定めて天下安穏に護り助け賜へ」とねがっているが、慶応四年というと、ちょうど戊辰の役の年にあたり、朝廷の方は征討軍を東上させ、まさに奥羽諸藩を挑発して、一戦をまじえようとしていた。このとき崇徳上皇の霊が、奥羽諸藩の方に味方して官軍を悩ましたとしたら、それこそゆゆしい事態になるかも分からないと朝廷は判断し、京都に御還御をねがったのである。

怨霊になやまされることのおびただしい日本の歴史の中でも、崇徳上皇のたけだけしい御霊の発動が七百年もつづいたというのは、その不退転ぶりがきわだっている。こうして、崇徳帝の御神霊は帝の死後七百五年目に、京都に還った。それが今の白峰神社である。

宮廷の怨霊たち

『太平記』には、雲景という諸国一見の僧が、愛宕山の異人にかいま見せられた、世にも異様な光景が記されている。それによると、二帖敷ばかりの中央上座には、大きな金の鵄《とび》が翅《つばさ》を刷《つくろ》ったようなかっこうで、崇徳上皇が著座している。その右手には為朝が大弓をもってひかえ、左座には淡路の廃帝（淳仁天皇）、井《い》上《かみ》の皇后、後島羽院、後醍醐院が列座している光景が展開していた。

やんごとなき賢帝たちが、悪魔の棟梁となって、天下を乱そうというぶっそうな相談をしている最中だというのである。玄昉など有名な高僧たちもまじっていたが、中でも崇徳上皇が中心であるというのは、彼が大魔王であることを示すものにほかならなかった。これらの人たちが、なぜ天下擾乱の謀議を企てるようになったか。

このうち、淡路の廃帝とは淳仁天皇のことである。藤原仲麻呂の叛乱後退位させられ、淡路島に流された（七六四年）。藤原仲麻呂は、淳仁天皇を意のままにあやつっていたのだから、天皇もそのあおりを受けずにはすまなかったのである。淳仁天皇は淡路島の監禁された配所を脱出しようとして、国司の兵にとがめられ、まもなく死んだ。三十三歳であった。いわば権臣のまき添えをくって、配流の地で死なねばならなかった無念さが、悪霊となってながくとびまわったのである。

また、光仁天皇の后であった井上皇后は、自分の子で皇太子であった他戸《おさべ》親王の安泰を願って、侍女たちにある種の呪術をやらせたらしい。これを藤原百川が、井上皇后の夫である光仁天皇に、皇后らは天皇を呪い殺そうとしていると密告した。結果は、井上皇后と他戸皇太子が、大和国宇智《うち》郡に護送されて幽閉され、二人とも三年後のおなじ日に死んでいる（七七五年）。たぶん殺されたのであろう。

聖武帝のときに起った長屋王の変も、もとはといえば、長屋王が天皇を呪い殺した、という密告が原因である。長屋王とその妃は自殺に追いこまれた（七二九年）。このあたり、仕組んだわなにかかったと知っても、それを弁明できがたいところに、当時、呪詛のもつ絶大な力があったのである。

桓武帝は、彼の父光仁天皇の皇后であった、井上皇后と他戸親王の非業の死におびえて、都を平城京から長岡京にうつした。長岡京の造営の途中、桓武帝の同母弟であり皇太子である早良《さわら》親王は、藤原種継暗殺の陰謀に加担したとみなされ、皇太子の地位をはぎとられた。乙訓《おとくに》寺に幽閉されて憤激した親王は、十日以上も絶食した。衰弱した親王は、淡路に護送される途中死んだ。それでも屍は淡路にはこばれて葬られた。

ところが、早良親王の憤死後数年にして桓武天皇の母の高野皇太后、天皇の皇太子の安殿《あて》の母である皇后の乙牟漏《おとむろ》など、もっとも身近な人びとが次々に死ぬという事件が起こった。天皇は早良親王のたたりだと恐怖した。それは朝廷おかかえの陰陽師が、早良親王の怨霊が憑《つ》いているという指摘をしたからである。桓武天皇は早良親王の亡霊のうろつく長岡京から平安京へと都をうつした。

また、桓武帝の皇太子安殿は平城天皇となったが、腹ちがいの兄弟の伊予親王とその母吉子《よしこ》が、謀反の罪をうたがわれて服毒自殺したのち、そのために天皇を退位し、平城の旧都に居を移している。平城天皇は、自分の病気を早良親王や伊予親王の怨霊のたたりだと信じておびえたのである。

怨霊への恐怖は、宮廷の伝統となりつつあった。朝廷が大規模な御霊会《ごりょうえ》をもよおして、怨霊をしずめるまつりをしたのは、清和天皇の貞観五年（八六三）のことである。

ここでまつられた御霊とは、早良親王、伊予親王とその母吉子、平城上皇とよしみをつうじた藤原薬子の兄の藤原仲成、承和の変で捕えられて伊豆に流される途中病死した橘逸勢《はやなり》、伊豆に流された文屋《ふんや》宮田麻呂の六人である。

これらのうち、藤原仲成は別として、あとはすべて政敵の謀略にかけられた匂いがつよい。飢饉があったり、疫病がはやったりすれば、無実の罪をきせられたこれらの人たちの御霊のたたりと考えるのはおかしいことではない。朝廷はそれが社会不安をかもし出すことをひどくおそれて、神泉苑で御霊会をいとなんだのである。

神泉苑の御霊会は、僧侶が講師にむかえられておこなわれたが、その際、雅楽寮の楽人の手で音楽が奏され、また舞いが舞われたという。それは仏教渡来以前の死者の鎮魂祭の伝統を引いたものであった。

道真・将門・宗吾の怨霊

怨霊の中で見落すことのできないのは、菅原道真である。道真は延喜三年（九〇三）に五十九歳で死んだ。延喜八年には、藤原菅根が雷にうたれて死んだ。あくる年には藤原時平が死に、十三年には源光が死んだ。みんな道真の反対派であったので世人は道真の怨霊のたたりだと噂しあった。延喜二十三年に保明《やすあきら》親王が病死したときもそうであった。親王の死んだあくる年に、菅原道真を右大臣に復し、正二位を贈った。そうして道真の左遷を命じた詔勅を棄却することにした。だがそれでたたりがやんだわけでもなかった。

延長八年（九三〇）に、宮中の清涼殿の柱に落雷して、藤原清貫や平希世が即死した。またこのとき紫宸殿にも落雷して、数人が死傷した。清貫や希世が道真の反対派の人たちであったことから、菅公の怨霊説はますます強まった。醍醐天皇はそれがきっかけで病気になって間もなく死んだ。

「北野天神縁起」にはこのときの落雷事件について、「これ天満大自在天神十六万八千の眷属のうちの第三使者、火雷火風毒王のしわざなりとぞ。その日、毒気始めて御門の御身に入りて、玉体やうやう例にたがいまし」とある。『扶桑略記』もまた、主人がおそれおののいて、毎夜比叡山の高僧が宮中で加持祈禱をおこなったと述べている。それは更に『道賢上人冥途記』になると烈しくなり、延喜王の身肉六腑はことごとく腐れはて、そのために彼の王はとうとう死んだという風に誇張されている。時平の子孫がほとんど若死しているることも、道真の怨霊とむすびつけられた。

このように、時の権力者を震憾させる亡霊の出現は、およそ外国の歴史には発見することができない。

平将門の『将門記』には、菅原道真の霊魂があらわれて、将門を擁護するような文章があるが、共に非業の死をとげたということに対する共感が、表明されているのであろうか。将門が打首になってから、首にまつわる伝説はあちこちに生まれた。たとえば、将門の死骸が首を追って武蔵の国までやってきたが、そこでとどまった。その霊が荒れて郷民をなやますことがしきりであったので、郷民はそこに神社をたてた。それが神田明神であるといわれる。

神田明神は将門の首をまつったもので、浅草の鳥越神社は手を、牛込の津久戸神社は足を祀ったものだという伝承は、江戸期の三百年間、民間に信じられてきたという。

中山太郎は「将門の首塚」と題する一文の中で、興味ある話を伝えているので、次に紹介する。

明治四年に、教部省から神田明神の氏子に対して、神田明神は従来平将門をまつるとあるが、将門は逆臣であるから、神として崇敬すべきものではない。これから祭神を、オオナムチ・スクナヒコナの両神と改めるから、そのように心得よ、という達しがあった。が、神田明神の氏子たちは、それに納得しなかった。先祖代々、氏神としてまつってきたものを、明治になってから崇敬できないという理くつはない。教部省でそんな理くつをいうのならば、自分たちは、別に将門を祭神とした神田明神をこしらえるといい出して、話はもつれ、ややこしくなった。そこで当時の東京府知事が仲に立って、神田明神の祭神は教部省のいうようにあらためるが、そのかわりにあたらしく将門神社を摂社として設けるという条件で手打ちになり、大正十二年の震災までは、本社に並んで摂社の将門神社が存在していたという。

ではどうして、将門の首塚、胴塚、手塚などが各地に散在しているかといえば、それは怨霊の出現を怖れてバラバラにしたのだと、中山太郎はいう。

事故死をとげたものの死体を、切り刻んで埋める例は沖縄にも見られる遺習なので、中山説は理解できる。

それでも怨霊信仰が普及すると、将門が神と称せられるのはさほど抵抗はなかったのである。更には唱門師と称する下級の仏徒の子孫が、たまたま唱門と将門とが音が共通なので、自分らを将門の子孫と誇張して自称したことも、将門伝説をひろめるのにすくなからぬ役割を果した、という興味ある説を中山太郎は述べている。

怨霊に対する恐怖は近世までながく尾を引いた。

『地蔵堂通夜物語』によると、義人佐倉宗五郎（木内宗吾）は、処刑の際に眼をかっと見開いて、「極楽往生に望みなし、念仏供養も頼み致さず」といいきった。このとき一天俄かにかき曇り、篠をたばねたような大雨がふりかかって、雷が鳴りわたり、処刑に立ち会った連中はいっせいに逃げ去ったという。

その後、宗吾の亡霊のたたりと思われる怪事が、殿中で起った。「夜ふけに入るに及び男女の泣声に、必死の泣声、大狂乱の地獄の有様に人々唯呆然とあきれるばかりなり」という状態が毎夜つづき、藩主の奥方は死んだ、と述べてある。

さらに宗吾の亡霊は、彼とその子どもたちを虐殺した藩主の堀田正信にたたった。正信は精神錯乱して、近習や小姓などを妖怪呼ばわりしながら、叫びつつ刃をふるって傷つけた。怪我をする者数知れず、藩では宗吾のたたりかも知れぬと、宗吾の血筋の者を探し出して、家名をつがせた。

宗吾の処刑された承応二年（一六五三）のあくる年には、平将門の社に宗吾の霊を合祀して、口宮明神といった。これは口にしてはならない神霊だという意味のことらしい。もともと宗吾郎という名なのに、宗吾という名を贈ってわびた。

そののちも堀田正信の乱心はやまず、幕府から疑いの目を向けられ、討手を差しむけられたが、とりなすものがあって、十二万石の佐倉から、信州飯田の一万石へ所替えを命じられただけでなく、正信は飯田城に幽閉された。やがて若狭や淡路に移され、延宝八年（一六八〇）には屠腹して死んだ。また佐倉領民に対して、一石につき一斗二升の増税をたくらんだ奸臣の一人は切腹し、他は自殺した。

これに対して、宗吾処刑後十年もたたない万治三年には、幕府が佐倉領民への救米として、高一石について二割の免定を下した。その措置に農民は歓呼し、これも宗吾のおかげと一祠をたて、宗吾霊神と称して、春秋二回の祭をたやさなかった。

宗吾の霊は、宝暦二年（一七五二）に百年祭、享和二年（一八〇二）に百五十年祭がいとなまれ、ときの藩主から、徳満院凉風道閑居士という、いとも円満ですずしげな法名を与えられた。それも時の権力が宗吾の亡霊のたたりをおそれて、とり入ろうとする下心のためであったにちがいない。

こうしてみれば、私が最初に述べた「死者が生者を支配する」という言葉が、日本では独特の形で歴史をつらぬく原理となっていることが理解できるはずである。死者の否定的な魔が歴史をうごかす。それがもっとも露骨にあらわれたのは、奈良平安朝から鎌倉初期であった。

後世になっても、それは政治の表面から姿を消したようにみえてもそうでなかった事例は、かぞえ切れないほどある。そして、今日なお怨霊への畏怖は、日本人の間に残されていることを私は強調しておきたい。

（「歴史と旅」七一号　一九七九年一〇月）

環シナ海と九州の文化圏

九州の文化圏

なぜ熊本で「環シナ海文化と九州」というテーマでこの地名シンポジウムを開くかということですが、熊本は地理的な位置から見ても九州の中心部であるということは否定できないことです。そして、その九州は日本列島の中でこそ一番西に位置していますが、かつては、日本の中央であった時代がありました。日本の歴史を考えてみると、日本の政治や文化の中心は、丁度気象が西の方から、東の方に移っていくように、日本の政治も文化も、西から東へとその重心を移してきました。弥生時代の初頭、歴史時代に入ってから古墳前期までは、九州はその中心に位置していました。それが次第に奈良時代に入ると、大和に移り、平安時代になると京都に移りさらに東へ移って徳川家康が江戸に居を定めた。それからそれを引き継いだ明治政府が東京と名前を改めた——江戸の文化を引き継いで、東の方に政治の中心を移した。

そう考えますと、かつて九州が中心であった日本の文化の重心が次第に東の方に移っている気がするのです。とくに私は九州出身でございますから、どうも日本の文化がいくらか東よりになりすぎているのではないか、という感じがする。それは九州に生まれ育った人間としては止むを得ないことなのかもわかりませんが、仮にこの熊本にコンパスの中心部をあて、円を描くとすると、熊本と東京の距離は、西の方は熊本と上海の距離に相当する。北は朝鮮半島のピョンヤン（平壌）に、そして南は八重山群島の一番端の波照間あるいは与那国のところまでいくわけです。

熊本を中心とした世界は、東京で考える日本列島とは違った映像をもっているのです。熊本を中心とした一つの世界は、その中に東シナ海を含んでいるということです。今日では海を自分達の生活圏、文化圏として考えることがなくなっているが、かつては、海は重要な文化や政治、交通の舞台でした。ということを考えても、この東シナ海やそれに続く南シナ海は、九州に住んでいる人達の生活圏であった時代があった。決してこれは東シナ海や南シナ海の環シナ海文化をこと新しく考えようとするのではなくて、今から千年二千年に遡ってみるときに、私達の中にどういう風にその文化圏がつながっていたかを考えることにもなるわけです。

情報網の最前線

『魏志倭人伝』の頃におそらく倭国の中心は、北九州からこの熊本の北部あたりまでに広がっていたと思われる。北九州や中九州を中心とした倭国の中でも邪馬台国の所在地は、私の考えでは筑後川の下流の筑紫平野が、最も妥当であろうと思います。ともかく、その邪馬台国が、朝鮮半島や中国大陸の政治の動向に対して、極めて鋭敏な反応を示していたのです。中国の政権が、朝鮮半島に置いた植民地「楽浪」や「帯方」に対して、絶えず使者を送っています。卑弥呼の使いは洛陽の土まで踏んでいるのです。それからまた朝鮮半島の動乱は直ちに北九州、あるいは中九州の方に波及して参ります。そういうことを考えると、九州は、海外に対して非常に鋭敏な感覚をその古代から備えてきたのではないだろうかと、私は常々考えているのです。

北は博多湾、また糸島半島、松浦半島、西彼杵半島、そして有明海や不知火海、さらには薩摩半島に至る海岸線は、海外に対する一つの情報網の最前線であると考えてもよいと思うわけです。それは単なる岬や、内海、砂浜であるだけではなくて、意識の最前線であると考えられます。

意識の最前線のもう一つ外側に九州の西北、または西側に浮かぶ島々があります。例えば、五島列島とか、天草、長島、甑島、草垣群島、それから口永良部島、これもまた意識の最前線のさらに外枠であると考えられます。耳を澄まし、目をそば立てている感覚の向こうに、朝鮮半島があり中国大陸があると……このレジメにも書きましたが、天草の今の苓北町、昔の富岡の海岸で、波おだやかな夕暮れに耳をすますと、中国大陸で中国語で話をしている会話が聞えてくるということを、地元で聞いたことがあります。

その富岡は、頼山陽が天草に遊びました時に、有名な「雲か山か呉《ご》か越か」ということを漢詩に詩った場所です。その呉か越かという感覚が、江戸時代の漢詩にまで伝わっている。東洋史家の白鳥庫吉や太田亮は、その呉というのを日本では「クレ」と訓じているのは恐らくそれは、日暮れからきたんじゃないかというふうに言っている。この呉を「クレ」という解釈は、金達寿さんが書いたように「コクレ」や「クレ」ともつながっていく。少なくとも小さいときから、九州の西海岸の夕暮れを知っているものにとっては、この言葉は非常に自然な解釈です。日本の中で夕暮れが一番遅く、しかも一番長いのは九州の西海岸です。暮れなずむ風景の中で、私達は、家に帰るのも忘れて遊んだのでした。その向こうに中国大陸があってそこにまた、もう一つ遅い夕暮れがあるということから、その「クレ」という名前を付けたんではないか、と。そう考えると、『日本書紀』や『古事記』の中で、呉に対して特別の親しみを寄せている理由が、自ずから納得できるのです。呉から鵞鳥を持って来たとか、太刀ならば呉の「マサビ」つまり刀であれば呉の国の刀が一番いいとか、そういうのが『日本書紀』に出ています。こうした呉に対する親近感はやはり九州でなければ味わえないものがあるのではないかと思うのです。

東シナ海の航海

補陀落渡海は熊野から出発して行ったというのが有名ですが、熊本県の、北の方の伊倉や高瀬からも出発している。その行先は、揚子江の沿岸の舟山列島です。その舟山列島の中の普陀山に普陀寺というのがありまして補陀落渡海はそこを目指したのです。それで遣唐使船も、かつては、朝鮮の西海岸を通った北の道を辿ったが、新羅と日本との雲行きがおかしくなり往き来がなくなると、次は南東路といって、種子島、屋久島を通り、奄美、沖縄、久米島を通り、石垣島を通ってそしてそこから一挙に舟山列島に行くルートです。また、五島列島の方から舟山列島あるいは揚子江岸を目指したルートがありました。五島列島の一番南に福江島があり、その最先端に三井楽がある。昔は美弥良久《みみらく》の島と呼ばれて、ここに行くと死んだ自分の近親者に会えるという、いわばそこがこの世の果であると考えられていた。そこは三井楽の柏港に船を寄せて、薪水を給したあとは、一路東シナ海を突っきって揚子江を目指した。

当時の日本の航海術はまだ非常に幼稚で、気象条件、季節風などの研究も全く不足していたので、東シナ海では遣唐使船は、よく難破した。しかしそれが巧くいくと、三日で横断できる。平安時代の初期の中国の商船は、たった三日で東シナ海を横断して、日本にやって来ている。

東シナ海はもともとは遠くなかったんだということが言えるのです。『魏志倭人伝』にも、倭国は中国の会稽或は東冶の東にあると、言われている。福建省や浙江省の東にあるように考えられていた。揚子江の周辺と日本との関係は親しいものがあったと想定することができる。『魏略』という本に「倭は自ら太伯の後なりと称す」と書かれてある。太伯というのは呉の国を建てた人物です。倭人は自分たちは呉の国の後裔であり、子孫であるというふうに考えていた。これは伝承だから、それを確認することは勿論できない。ただその倭の水人の原郷が、舟山列島や福建省、浙江省あたりにあったということは、いろんな形で確認できるわけです。パネラーの一人の国分直一先生の師匠であった金関丈夫先生は、種子島の広田遺跡の発掘の結果で、二度ほど中国大陸と交流があったということを言っている。最初は弥生の前期に江南の楚の文化が流入し、紀元二世紀から三世紀の初めにかけては、中国の三国時代の呉の文化が入ってきている。三世紀は「倭人伝」の頃の時代です、「呉楚東南にひらけ、乾坤日夜浮かぶ」という杜甫の詩があるが、その呉、楚と種子島とが密接な関係にあったことが、この遺跡の発掘の結果、証明できている。今の鹿児島神宮、大隅正八幡を修復した日秀上人も舟山列島の普陀山を目指して航海し、普陀山の観音を拝したのち琉球に立寄って、真言を広めている。「倭人伝」の時代から彼我の交流、中国や朝鮮半島との交流が非常に密接であったということが言えるのです。さらにそれを遡ると、考古学の領域になる。縄文時代の前期の曾畑式土器は今の宇土市の曾畑貝塚から出た土器ですが、沖縄本島の西海岸の読谷村のトグチアガリバルの遺跡から出土している。また北に向かうと朝鮮半島の最南端の釜山の東三洞貝塚から、同じような曾畑式土器が出ている。こういうことからも、九州西海岸を通して、縄文人が海上から交流したさまが想像できるわけです。

『肥前風土記』の中に、この五島の海人・白水郎は容貌が隼人に似ているということが書いてある。そしてその言葉は普通の肥前の言葉とは違っている。ということから五島と薩摩の関係が想定されるわけですが、その場合に五島と薩摩の間にある天草、甑島、それから薩摩半島が一連のつながりのある場所として辿れるんじゃないかと思うんです。

薩摩半島の金峰町に高橋というところがあります。そこは阿多隼人のいわば中心でした。阿多という地名もあるんです。その阿多は阿多隼人の中心であった。そして、この隼人は非常に勇猛でなかなか屈しなかった……肥後の屯田兵を連れて行っても、まだ川内川の北のところで留まっていて南の方には入れなかった。琉球語で「アタク」といえば鵜を指すという。阿多という言葉はそれと関連がある。恐らくこの阿多隼人の中心部分に向かって中国南部から渡来した人がいるに違いない。その経路はよくわからないが――その種族は鵜飼いの技術をもっていた。金属器を持っていた。また犬祖伝説、自分達の先祖は犬であるという考えをもっていた。さらに耳に大きな耳輪を下げる風習をもっていた。そういう人がこの薩摩半島の一角に独自の文化を展開した。それが『日本書紀』や『古事記』に出てくる山神、海神の神話になると思う。

滞留定着する文化

この日本列島の文化が形成されるには、東シナ海をプールと考えますと、そのプールから入って来た文化が、まずその内海に定着する。滞留するということがなければならない。

山陰を例にとると、島根県は出雲と石見の両方から成り立っているが、石見の海岸線は非常に単調である。それに比べて、古代の島根半島は西は神門の湖があり、真中には穴道湖がある。東には中海があってそれぞれ内海の役を果たしている。ということから出雲文化の独自な姿の異相が形成されてくる。それと同じようにこの有明海や南の不知火海には、内海があって干潟がある。干満の差が激しい。そういうところに、日本の最初の文化が滞留定着し、花を咲かせたのじゃないか、と思うのです。九州の西海岸の文化は、勿論大きな意味では東シナ海や南シナ海と繋がるが、日本の文化として受け入れられる際、有明海、不知火海の役割を過小評価することはできない。時代をややずらして考えて見ると、南北朝の頃にも既に大きな貿易が九州西海岸において営まれている。

八代の名和氏その後を継いだ相良氏は、揚子江附近まで船を何隻も派遣していることが『八代市史』の中に出てくる。また相良氏は南は琉球とも交流を結び、いろんな珍品を贈っていることが、相良文書の中に出てくる。

南北朝時代は、後醍醐天皇の皇子懐良親王が忽那水軍の援を借りて鹿児島に上陸し、それからまただんだん九州内陸部に入って大宰府に至り、方々流浪して戦ったのだが、その時援けたのが菊池水軍、それから伯耆から来た名和水軍、名和長年の子孫の名和水軍です。この二つの水軍によって懐良親王の活動はたすけられた。南風競わず南朝の旗色が悪くなると、この名和水軍は八代に城をもちつつも倭寇化して南下する。おそらくは今の苗代川あたり、大隅半島の伊座敷とも関係があると私は思うのですが、沖縄本島の東南部の佐敷というところにやってくる。沖縄には当時、北山、中山、南山の三つの勢力があってその三山を統一したのが、南下して倭寇化した名和長年の末流の名和水軍です。沖縄本島の東南部を拠点としていたのです。第一尚氏の尚というのはナオと読みますね。それは名和水軍の名和に由来するということを折口信夫は言っているのです。

倭寇の活躍というのは非常に重要です。私達は倭寇というと何かやくざのように思うのですが、決してそうではなくレベルも高く和戦両様の構えをもってこの東シナ海を舞台として、縦横に北へ、南へと活躍した。この倭寇時代が、南北朝時代から室町時代の初期にかけてあったと思うのです。

朝鮮の高麗王朝が倒れたのは倭寇の故だと言われているが、そういうふうに倭寇の力は絶大でした。だから琉球王府も那覇港に鎖を張り、倭寇の侵入を防いだという話もあります。

琉球と朝鮮との交易が室町時代には非常に盛んになってくる。それは中国の明国が海禁政策をとり、自国民に外国との貿易を一切禁止した。禁止したものだから、冊封貿易というか、例えば琉球の船が中国に貢物を持って行き、中国から見返り物資をもらってそれを朝鮮の方にも持って行って売る。いわば貿易の中継地として、商品となる物資をお互いに交換するという形をとらざるを得なかった。それで、その中国の明に従属している朝鮮や日本や琉球が相互に貿易を繰り広げることになり、琉球と朝鮮との関係は、この西海岸を通して非常に活発であった。沖縄本島の南山の王様が二回にわたって朝鮮に亡命していることが『李朝実録』の中に出てくる。亡命できるということは、余程朝鮮が琉球にとって親しくなければならない。また朝鮮国王も亡命した南山王を非常に丁寧に取扱っている。

もともと琉球へは、博多商人の手引によって薩摩半島から行っていたわけだが、薩藩と琉球との関係がよくなくなると、琉球から朝鮮へ持って行く貿易品を薩摩の方で私物化しようとするので、いきおい海上の路を通って、琉球と朝鮮との関係が成立するわけです。朝鮮の『海東諸国記』という本に、北の松浦半島から一挙に薩摩半島の西側にある、口永良部島を目指して行っている。博多の商人達も、おそらく島伝いに西海岸を航海したのでしょう。九州本土に上陸しないで琉球や朝鮮と博多との間を往復している時代がつづいた。琉球は大変富み栄えた時代があった。朝鮮もそうです。ところがポルトガル、スペイン、そのあとはオランダまたはイギリスが東方に進出してきて、環シナ海を舞台として大変活躍する。そうすると、もう琉球の中継貿易というのは意味がなくなってくる。南蛮文化とよばれるポルトガル、スペイン、イスパニヤ、それからまたオランダ、イギリスの文化を九州が直接受け入れるようになるわけです。江戸時代になるとポルトガル、スペインの宣教師を伴う文化は後退してプロテスタントのイギリス、それからオランダの文化が日本に受け入れられます。その受け入れ先は、九州は平戸や或いは長崎です。長崎には中国船もやってきました。

阿多隼人の根拠地の一つである、薩摩の野間半島の沖を中国の船が通る時は、紙銭を焚き、金鼓を鳴らして海の神に感謝をしたという。これは道教でいう媽祖神といって中国の航海女神ですが、野間半島の麓に林《りん》という苗字の家があって媽祖を祀ってあります。それから長崎県の西彼杵半島でも、野母崎の沖で中国船はやはり紙銭を焚き金鼓を鳴らす。日本に入る時は万里の波濤をくぐってやって来たという感謝の念を表し、日本からまた中国に帰る時には、無事に帰れるように祈った。

近世以降の閉鎖性

九州は寛永年間に鎖国令が発せられると、にわかにさびれてくる。この鎖国令で、今までフロンティアとして第一線にあった九州は、一挙に辺境の位置に突き落されてしまう。九州が何か日本の辺境のような感じを受けるようになったのは、江戸時代の中期だと思う。江戸時代では後期になると、出島を通して海外文化の知識を得る以外漂流民に頼るほかなかった。漂流民の知識が幕府の方針をきめるために役立ったのである。漂流民の中には肥後の国のものもいて、天保五年に肥後の寿三郎、庄蔵、熊太郎、力松《チカラマツ》たちが、天草から長崎に行く途中遭難して三十五日間漂流した。その間十三日間は飲まず食わずの揚句呂宋（ルソン）島に漂着した。それから澳門（マカオ）に送られ、外国船のモリソン号で日本に送り返される。天保八年、当時は高野長英が、『夢物語』を書いて、世の中を戒しめたわけだが、それが幕府に罰せられた。幕府は外国船が日本の沿岸に出没することにひどく神経を尖らせた。モリソン号に乗った肥後の寿三郎達は、船ベリから故国の山河を眺めながら歓呼の声を上げていたが、浦賀水道まで来た時に、「異国船打払令」によって浦賀の砲台から弾が打ち出される。仕方なく漂流者たちは、涙をのんでまた澳門に引き返して行く。そこで肥後の寿三郎は長崎の役人に次のような手紙を書いた。

「おおそれながら一筆《ひとふで》願い上げ奉り侯、しかれば私共天保六年十一月、大風にて流され異国人より助けられ、また異国船より先年日本に帰りけれども、おん受け取り下されずによりて是非なくまた外国に帰り候。しかるに私父母兄弟に、甚だ会いたいけれども会はれぬによって、この私の手紙を御慮外ながら、おん送り下され、願い奉り候」

この手紙を長崎の役人に出した。また故郷のつまり肥後の国の父と兄に宛てては次のような手紙を書いている。

「我が国へ帰りたきこと海山にもたとへられず候へども、帰ってはまた天下様並びに我が国の殿様に御難題になること怖れ、帰りたくはなく、我が国のことを思い、悲しきばかり……」

我が国というのは肥後の熊本のことです。故郷のことを指している。こういう無欲な庶民がこのような嘆きを、哀切に満ちた手紙を書かなければならなかったということは、日本の鎖国の政策によるものです。この日本を一つの島国として閉じ込めようとする考えは明治になってからもずっと引き続いている。やっと戦後になって解放されたかのように見えるが、未だ我々の意識の中には、どこかそういう閉鎖的な感情があるに違いない。

今日のシンポジウムも、意識の閉鎖性をどこかで破らなくてはならない。破るにはどうしたらいいか。それは先程話したように、かつて九州はどういうふうに位置づけられていたかと、それを考えることが一つだと思う。簡単ですが、これでご挨拶といたします。

（『自然と文化』二〇　一九八八年春季号）

玉ノ井随想

彦火火出見命と豊玉姫の物語の舞台は薩摩半島である。枕崎から東への道をたどると、突き出した開聞岳のふもとに枚聞《ひらきき》神社が鎮座する。神社の北方五町ばかりのところに「玉ノ井」がある。豊玉姫が朝夕に水を汲んだ井戸と伝えられている。彦火火出見命が海神宮の井戸の傍で豊玉姫と出会ったという神話にもとづくもので、街道に面したわずかばかりの叢林の中に残されている。

井戸のまえに斎藤茂吉の

　玉の井に心恋しみ丘のへをのぼりてくだる泉は無しに

の歌碑が建っている。この歌では丘の近くの泉をさがしたような趣きであるが、現在の「玉ノ井」はまったく平坦な場所にある。このことから茂吉の歌は別の場所を詠んだのではないかという気もする。というのも豊玉姫にゆかりのある遺称地は薩摩半島には点々とあるからである。しかし江戸時代の地誌である『三国名勝図会』は大昔このあたりが海で竜宮界であったために、そこに「玉ノ井」の伝承が起こったのであろうとしている。秀麗な火山のふもとに、今も裸足の塩土老翁《しおつちのおじ》がやってきそうな風景が展《ひろ》がっている。開聞岳は貞観十六年に噴火し灰を降らせたという記事が「三代実録」に載っている。それ以前の記録はないが、まえは青い海にのぞみ、うしろに火を噴く山を背負う風土は神話劇に似つかわしい。

開聞岳の西側には脇浦という集落があって、そこに花瀬崎がある。花瀬は花礁《はなぜ》とも書く。「三国名勝図会」によると、花礁というのは、湾内の岩礁に牡蠣《かき》や蛤《はまぐり》が密着し、またそれは湾の水底にもあり、花のように色とりどりである。それが湾内一杯に見られるのでそこを花礁と呼ぶとある。こうした光景から大昔の人びとは海神宮を連想したのであったろう。

開聞岳は開門とも記されたように、南の海に開く門である。そのふもとに立って煙波漂渺たる彼方を望めば「妣の国」がしきりに思い出される。彦火火出見命とのいさかいから、海神宮に去っていった豊玉姫と、その母を慕う孤り児の心情を私は昨年秋に上梓した「海の夫人」の中で次のような歌に托したことがある。

みどりなす潮は洗ひぬ産砂《うぶすな》の神にまかせて汝が捨てし児を
山ゆけば毛桃は熟《う》れて黄金《こがね》蜘蛛紋章のごとくかがやきにけり

南九州には黒と黄の縞模様をした蜘蛛を捕えてそれをたたかわせる習俗が今も残っている。現地では黄金蜘蛛を山コブと呼んでいる。コブは蜘蛛の方言である。

「海の夫人」というのは言うまでもなく、イプセンの戯曲の題であるが、折口信夫は海の彼方の異空間からやってきた異族の女が、信仰上の違いから夫の許を去っていくとして、その他界妻のことを「海の夫人」と呼んだ。彦火火出見命と結婚し、一子をもうけながら海神宮に還っていく豊玉姫こそは「海の夫人」の主題にもっともふさわしい。私もそれにあやかって、馴れない歌の連作を試みた。

あかつきの夢かがやきて金雀花《えにしだ》の乙女は咲《ゑま》ふ水底《みなそこ》の井戸

右は「玉ノ井」をうたった拙歌だが、「金雀花」というのは神話のどこにも見当らず、私の創作した形容である。彦火火出見命が海神宮で身を寄せたのはカツラの木であるが、私は志摩半島の安乗《あのり》という海村で、安乗神社の宮司から、能楽の「玉ノ井」の舞台では、そのカツラの木にモチの木を使うという話を聞いたことがある。それが事実かどうかをたしかめないで今日にいたっている。安乗は的矢《まとや》湾の入口を扼する漁村であって、海女の名所であり、またそこには古風な安乗文楽の人形芝居が伝えられている。安乗の正月元日には、潮が八合目まで満ちた頃を見計って三棚《みたな》神事がおこなわれる。安乗神社の森から切り出したモチの木に蜜柑を一杯ならして、海岸の波打際に立てる。そのかたわらに三段の棚をつくり、棚の上には米の飯《いい》を盛った八十一個の皿を置く。これを三棚とも御棚とも呼んでいる。神主の祓いが終わると神饌の飯を海に投じて魚族にほどこす。同時にモチの木を倒すが、海の方に倒れると豊漁があるという。木の枝につけた蜜柑が地面にころげると皆で奪い合う。これは海神に供進《ぐしん》して大漁を祈願する行事である。蜜柑は常世の国の果実であるタチバナにほかならず、モチの木は玉ノ井のほとりのカツラの木をあらわしている。

正月二日は安乗神社に納めてある文楽人形をおなじ浜に出してきて、海の方に向けて三番叟《さんばそう》を舞わせる。これを翁《おきな》祭と呼んでいる。「とうとうたらり、とうたらり」という囃ことばや笛や鼓に合わせて人形はひとさし舞う。

村人は豊漁をもたらす海神の存在をかたく信じて毎年この翁祭をおこなう。そこにも人間と神または精霊とのきずなは保たれている。この世に渚があるように、海底の宮殿にも美しく小さな渚があった。それを日本書紀は「海《わた》の底におのずからに可怜小汀《うましおはま》あり」と表現している。海のむこうは波ばかりでそのほか何も見えないが、わが古代人は海神宮に美しく小さい渚を描いたのである。現世と他界の双分された世界観に生きる古代人は、渚に立って呼べば応える存在《もの》のあることを固く信じたにちがいない。渚に立つときの歓喜と悲哀のみなもとをふかくたどるとき、私たちは遥かなる海神宮にみちびかれるのである。彦火火出見命が海底に降りるときに乗ったという無目籠《まなしかたま》は日本人の意識の最深層に降下する潜水器の役目を果したのである。

(「鍊仙」三七七号、鍊仙会、一九九〇年一月)

「金属の文化誌」序

柳田国男監修『民俗学辞典』の「一目小僧」の項を開いてみると次のような記述が見付かる。

「かつて祭の折りにある一人を神主と定め、神の名代として祭の礼をうけさせた者を常の人と辨別するために一眼一脚にする風習があったのではないか。そして眼をつぶすに用いた栗の毬・松葉・胡麻その他の草木にイミがかかって禁忌とするにいたったのであろう。さらに古代にさかのぼれば、神主を祭のときに殺したことも想定され、その一眼にされた神主の御霊は一方では独立した神の眷属として祀られるとともに、主神の統御を脱して山野へ漂泊したものは、おそろしい一目小僧の妖怪変化にもなったのである」

一眼を失った神の伝承の起源の説明であるが、金属精錬と結びつける箇所はどこにも見当らない。

しかし私が拙著『青銅の神の足跡』の中で明らかにしたように、目一つの神は銅や鉄を精錬する人たちに多い職業病に由来する。一眼を傷つけた神というのは、長い年月、炉の炎を見詰めながら作業をおこなってきたあげく、いつの間にか片方の眼の視力を喪失した人の謂である。一脚の神というのも、たたらを踏む仕事のために、足の疾患に罹った者を意味するのであり、時には激烈な水銀中毒に侵された者を指した。目一つの神の存在はギリシア神話に見られるように、早くから海外の民間伝承として流布され、日本に伝わってきたとも考えられる。しかも彼ら不具者を神と呼んだ所以は、金属精錬の作業が農漁民にはとうてい不可能な特殊な技術の熟練を必要としたからであろう。

目一つの神は記紀には天目一箇神《あまのまひとつのかみ》の名前で登場している。この神はまぎれもなく、鏡など金属製品の製造を指導する神である。今日でも天目一箇神を祀る神社は少なくない。このような事実があるにもかかわらず、さきに紹介したような辞典の記述がどうして生まれたのであろうか。

柳田国男にひきいられる日本民俗学は稲作慣習を偏重し、金属にまつわる伝承を研究の対象とするのに熱心ではなかった。稲に魂《アニマ》を見出し、一定の土地に定住し、季節の推移を生活のリズムとしてきた稲作民の対極にあるのが、金属を精錬する人たちであった。金・銀・銅・水銀などの鉱物には、動植物に内在する霊魂《アニマ》を認めることができない。また金属精錬に従事する人たちの生活には、農民、漁民、山民の生活のように季節をめぐる一定のリズムがない。さらには、彼らは漂泊者の心情を多分にもち、定住性が乏しい、ということなどが考えられる。その数も定住民に比べて遥かに少なく、それゆえに農漁民が大部分を占める社会では例外的な存在と見なされた。こうしたことから彼らは日本民俗学の視野の埒外に置かれてきた。

しかしまだ重要なことが言い残されている。金属精錬に従事する者は、山野河海に遍在する神とはちがって、職業的な神を信奉していた。天目一箇神や金山彦命は古代から信奉されているが、今日でも代表的な神は金屋子神《かなやご》である。この神は農民や漁民の礼拝する神ではなかった。しかも金屋子神の呪力は絶大であり、八丈島の末吉という集落では、盗まれた品物が見付からないとき、金屋子神にお伺いを立てると言い触らせば、いつの間にか盗品が出てきたという。奄美大島では小学校で鍛冶屋の子とは喧嘩するな、後でたたられるから、と恐れられた。事実、鍛冶屋の中にはきまった呪文を唱えて相手を呪詛することがあったという話を私は薩摩半島の南端の秋目《あきめ》で聞いたことがある。

これらの話はすべて金属の威力を物語るものにほかならぬ。それを証拠だてるように鍛冶の神は総身鉄でできていたという話が遠く八重山諸島にまで伝わっている。

さて、金属を精錬するためにはその原料となる鉱物を探し出すことから始めねばならぬ。しかもその探索がいかに困難なものであったかは、元明天皇の御代、秩父の黒谷で自然銅が発見されたとき、年号を和銅と改め、また聖武帝の御代、陸奥国の小田郡湧谷の渓流から黄金が発見されたとき、天平感宝と年号を改め朝廷が狂喜したことでも分かる。古代においてもおそらく素朴ながら発見するためのなにがしかの技術があったのであろう。夜中遠望して光を発する山は銅か銀を埋蔵していることがあるといわれ、佐渡の鶴子銀山や別子銅山、石見銀山などもそのような光がみとめられたことから発見されたという伝承をもっている。また山師たちが木の枝を持ち歩いてその枝さきの反応によって、地下の鉱脈の所在をたしかめる例は南アフリカの金山に見受けられるが、ニュージーランドも、井戸を掘るときに、木の枝を手に持って歩き、水脈を探すという。このように鉱脈や水脈を探すのに、古代日本でもヤナギなどの木の枝を持ち歩きながら、山野を放浪漂泊した人びとが存在したのではないか、と私は推測するのであるが、残念ながら、そうした民俗例は今のところ一つも報告されてはいない。

とはいえ、ここに鉱物、とくに水銀の所在を暗示する特異な丹生《にゅう》という地名がある。それは本巻に収録した「日本水銀鉱業発達史」で矢嶋澄策が、また「日本産水銀の史的研究」で大西源一が力説しているところであるが、古代水銀の産地としてもっとも有名なのが、櫛田川の上流にある伊勢の丹生であることはいうまでもない。そのほか吉野にも紀ノ川の上流にも丹生の名を冠する地名や神社名は少なからずある。これら丹生という名のつく土地はすべてメディアン・ライン（中央構造線）上にある。矢嶋の共同研究者で『丹生の研究』の著者である松田壽男は、「伊勢の丹生から西に、かずかずの丹生をつらねて豊後の丹生まで」地質学での中央構造線は、まさしく「丹生通り」を形成しているというのである。丹生は水銀の原料である辰砂をまじえた岩石や土を意味する。松田によれば、戦前の日本では、北海道を除いて、本州に約三〇の鉱山に水銀の産出が確認されてきたが、その三分の二以上は中央構造線に沿った場所にある、という。これをフォッサ・マグナよりも西に限れば、その比率はもっと高くなる。このようにして丹生の地名と水銀の産出との間に少なからぬ由縁が見出せる。これは地名が水銀鉱山発見の手がかりになり得る有力な例証である。

前述のように、目指す鉱物はどこにでもあるものではなかったから、それを発見するのには、人知れぬ労苦を必要としたことが、脇とよの『砂金掘り物語』の中でつぶさに述べられている。断崖をよじ登り、渓流を渡り、虻になやまされ、熊におびえながら砂金を探し歩いた人たちの日常は、農民や漁民のライフ・サイクルとはいちじるしくちがったものであった。いわば一獲千金の夢が、彼らをつき動かし、最後まで駆りたてた。その中には僅かながら幸運を摑んで産を成した者もいたが、大部分は悲惨な結末を辿った。日塔聰の『北辺のゴールドラッシュ』には明治三十年代の初め、オホーツク海に面した枝幸《えさし》という寒村に数千人が群がり集まったと述べられている。しかし黄金に托した夢も束の間で、砂金を掘り尽したのち、人びとは泡のように四散するのである。

それに加えて鉱物を土中から掘り出し、それを精錬するのには公害がつきものであった。銅坑や水銀坑で働く人びとはたえず落盤の危険にさらされ、また身にふりかかる鉱毒の恐怖におびえた。これらの公害は当事者だけに向けられたものではなかった。山砂鉄を掘ってカンナ流しをすれば濁水が田畑に流れこみ農民の生活を侵害した。また銅や水銀の鉱毒は周辺の人びとの生命を奪った。

金属の文化誌の中では鑪《たたら》をめぐる民俗が重要な位置を占める。鑪は消滅したが、その民俗慣習を知ることによって、私たちは近代以前の社会に遡る手がかりを得ることができる。本巻に収めた『山陰の鑪』を編纂していただいた白石昭臣氏に厚くお礼を申し上げる。

（『日本民俗文化資料集成』第十巻、一九九一年一一月）

「動植物のフォークロアⅠ」序

一九九二年九月六日付の朝日新聞朝刊は、過去十三年間に全国の海辺から、東京ドーム約九百個分の干潟がなくなり、戦前の干潟面積の四割が消滅していることが環境庁の調査で明らかになったと報じた。戦前には約八万三千六百ヘクタールの干潟があり、そのうち約三万一千ヘクタールが消滅したことになる。このままのペースで埋め立てなどが続くと、約百六十年後に干潟が全国からまったくなくなると、環境保護団体は指摘している。干潟はかず多くの鳥たちの棲息地であり、また渡り鳥の羽をやすめる所である。シギやチドリなどの干潟の鳥は気の遠くなるような長い歳月をかけ、干潟に適応する長い足と長いくちばしをもつ現在の形態に進化してきた。だから彼らが餌をとり、休む所は干潟しかない。その干潟が日本各地で海岸の埋立てのためにどんどん消えていく。他の干潟を求めて群れ立つ渡り鳥たち。しかしその干潟も容易に見付からない。それは海をうばわれて、転業せざるを得ない漁師たちの姿でもある。人間も生物もともどもに自然界から追い立てられる時代が到来している。

私はかつて、民俗学は神と人間と自然の生物との交渉の学であると、自分なりに定義したことがある。私はその着想を信州遠山の霜月祭から得た。霜月祭では煮えたぎる大釜の前で神事がおこなわれる。そのときよみあげられる呪詞の中に、

蝶類のこらず　這う虫のこらず　お湯召せ　お湯召すときは　雲《くも》とのぼれ

という言葉がある。森羅万象にやどる神の名をよみあげてその魂をしずめ、最後に、

しずかなれ　しずかなれ　精《せい》しずかなれ　深山《みやま》の　百千《ももち》の精《せい》もしずかなれ

とおごそかに呪文をとなえる。夜が更けると、

八幡さまもよく舞うよ　山住さまもよく舞うよ

という歌を一堂に集まった老若男女が合唱する。山住さまとは狼を御神体とする山の神であるが、霜月祭には狼の眷属である狐に扮した男も面をかぶって出てきて、群集の間をさまよう。霜月祭のように神と人間と動物の三者の親和にみちた関係がうかがわれる民俗行事は、実際に人間と動物との緊密な交渉のあった時代

をそのまま反映しているのである。人間は長い間、自然の生物に依拠した生活をしてきたために、動物や植物の生態についての観察を怠ることがなかった。それを抜きにすれば、衣食住に不可欠な動植物を手にすることができないということから経験知の積み重ねが必要であったのであり、その知識が民俗的な表現をとることも少なくなかった。

生活民が動植物にどのように対処してきたかという点に眼を向けると、そこにはおどろくほど、多様で生生しい世界が展開する。それは本巻に収められた「くも合戦覚え書き」を見れば一目瞭然である。ネコハエトリグモの生態に的確に対応するおびただしい方言群が蒐集されており、それらは細かい観察の上に成り立ったものであることを知るのである。

千葉県安房郡鋸南町勝山の竹平氏の報告を見ると、ネコハエトリグモのいる場所によって、バラガネとかササガネと呼ぶとある。このことから日本書紀でこれまで定説のなかった「ささがね」という言葉の意味が明らかになる。「允恭紀」に、

我が夫子《せこ》が来《く》べき宵《よひ》なり　ささがねの蜘蛛の行ひ今宵著《しる》しも

という歌がある。この「ささがね」について幾通りもの解釈がある。「ささ」を小さいというふうにとって、小さい蟹のような蜘蛛というのが第一で、「ささがね」は笹が根であるというのが第二の説である。また身体が蟹のようで笹原に住むので「ささがね」といい、それを蜘蛛の別名であるとする第三の説もある。これらの説のうち第三の説が正しいことが、さきの報告によって確認できるのである。

「くも合戦覚え書き」の中の長短おりまぜた報告を読みながら、私は自分の幼少の頃の胸のときめきがよみがえってくるのを禁じ得なかった。かく言う私は熊本県南部の水俣市に生い立ち、小学校の頃、町の裏山

にヤマコブ（コガネグモ）を取りに出かけ、取ってきたヤマコブを、庭の樹の枝に飼っていて、友人とクモ合戦に興じたものである。クモ合戦はヤマコブだけと思いこんでいただけに、ネコハエトリグモの合戦が千葉県や神奈川県の海岸部にひろくおこなわれてきたと知ったとき、新鮮なおどろきと共に、けんかグモを飼う子どもたちの楽しさが伝わってきた。

本巻冒頭の「ちちしろ水」は動物民俗誌が文学にまで高められた名品である。映画の名場面のように、くりかえし読んで飽きることのない文学的香気に満ちており、しかもふかい民俗学の造詣に裏打ちされている。穴ごもりを終えた母熊が谷へ下って最初の乳となる雪どけの水を飲む箇所は、私たち現代人の奥底に深く眠っている原始の情念を揺りさます。「ちちしろ水」は教科書に採用されて広く読まれるに価する珠玉の作品である。

「唯物論者のみた梟」も親しみぶかい叙述の形式をとりながら、人間とフクロウの密接な関係を追求している。鳴声に対する考察をくりかえしているところに特色がある。夜更けに聞えてくるフクロウの声は、周囲が静かなだけに冴えており、何か物語めいた神秘的な連想を誘うのである。それは太古からの人間とフクロウの関係を暗示しているようである。

フクロウといえば、誰しもアイヌの神謡に登場する「フクロウ神が所作しながら歌った歌」を思い出さない訳にはゆかない。

「『銀のしずく降れ降れまわりに、金のしずく降れ降れまわりに』という歌を私は歌いながら、川の流れに沿って下り『人間の村の上空を通りながら、自分の下の方を眺めると……』」

という美しい比喩をもってはじまるフクロウ神の歌を、知里真志保は次のように解説している。フクロウに限らず、カッコー、カワウソ、マムシ、エゾイタチ、カエル、サケ、沼貝などが登場して第一人称で自叙伝を語る神謡はカムイ・ユカルと呼ばれている。ユカルというのはもともと「獲物のさまをなす」とか「獲物の真似をなす」という意味の言葉である。フクロウ神の歌もフクロウ神の祭の儀礼として、所作をともないながらうたわれたものであった。司祭者のシャーマンがフクロウ神に扮して祭場を舞いあるき、フクロウ神になりかわって、村の守り神になったいきさつを一人称で語る。それは祭の所作にともなう歌であったが、いつしか神謡だけが各地に伝えられるようになった（「知里真志保全集2」）。

これは獲物の動作を真似することで、獲物を多く手に入れることを願う感染呪術であるが、ここでは呪術であるシャーマンと獲物であるフクロウが一体となっており、しかもフクロウは神として自叙伝を語るという形式になっている。私はさきに民俗学は「神と人間と自然の生物との交渉の学」であると述べたが、その三者の関係は、アイヌの生活意識を反映した儀礼において、極限まで押し進められていることを知るのである。

解説で斎藤氏が述べているように、柳田のあとをつぐ日本民俗学は、動植物の伝説や昔話など説話類の蒐集・研究には眼を向けていても、生活民が動物や植物の生態をどのように観察し、理解し、把握し、それを民俗的に表現したかということについてはすこぶる不熱心である。そこで私は今は消失しかけている人間と動物の親和関係を回復させるためにも、最近提唱されている「生態民俗学」へ希望をつなぐのである。それが日本民俗学の閉塞状況を破る有効な道であることを信じている。本巻もその手がかりを得るための試みの一つである。

（『日本民俗文化資料集成』第十一巻、一九九二年一〇月）

「動植物のフォークロアⅡ」序

仲原善忠は沖縄県久米島出身の学者で、成城学園に職を奉じていた。仲原の家は柳田国男の家から一キロばかり離れたところにあった。柳田は散歩が好きで、仲原をよく連れ出した。田んぼ道を歩きながら、柳田は傍の草の名前を仲原に聞いた。そのときのことを仲原は柳田についての思い出話の中に書いている。


「これは沖縄で何というか」

「さあ、存じません」

「これは何というか」

「さあ、忘れました」

「君、何も知らんね」

「でも私は私なりの植物分類法をもっています」

「それはどういうことか」

「この草は、馬が食うか食わないか。この木の葉は牛または山羊が食うか食わないか。馬、牛、山羊がよろこんで食うか、仕方なく食うか。その判断は沖縄にある草木なら、ある程度自信があります」

先生は大笑されるかと思ったら、立ちどまっていかにも感にたえたように「うむ、そうか」と唸られたので、こっちが面喰った、と仲原は述べている。


南島民が有用植物にくわしいことは植物学者の玉置和夫（彼は一九七八年十二月、奄美群島のかけろま島で事故に会い三十一歳の短い生涯を閉じた）がしばしば記している。たとえば新城島《あらぐすく》民の植物に対する認知度はきわめて高く、植物二〇一種のうち何らかの形で利用されてきたのは九七種にのぼる。新城島民は海が荒れると幾日も島の中に閉じこもって、島に産する植物を何らかの形で利用することを迫られた。それが離島民の有効な植物に対する知識を豊富にしたという。

玉置は新城島の上地島《かみじ》を調査し、島民が植物の分類命名に特異な方法を用いていることに着目した。それは島民が生態・形態的に近似している植物にミー（雌）、あるいはビヒ（雄）という属詞を用いて、対立を表現しているという事実であった。この興味ある事実についてはすでに松井健が「民俗分類の構造」（「季刊人類学」六巻一号）で指摘しているところである。典型的な方言名Aにあたるものを雌A（たいていは単にAと呼ばれる）とする。似てはいるが典型的なAでないものを雄Aと呼ぶ。つまり典型的な方がミー（雌）または接頭語なしで呼ばれ、派生的なものにはビキ（雄）がつくというものである。

玉置は松井の分析をさらにすすめ、ミーとビヒ（ビキ）に表象される対立について考察している。たとえばパパイヤをマンズウと呼んでいるが、ミーマンズウはパパイヤの雌株であり、ビヒマンズウは雄株である。ミーマンズウに果実は生《な》り、島民はその果肉を食べるが、ビヒマンズウには実は生らない。

また新城島では山羊をピミザアキと呼んでいる。ところでミーピミザアキ（ハマセンナ）という植物は山羊が好んで食べるが、ビヒピミザアキ（オオシマコバンノキ）は山羊が食べると中毒を起こすという。両者は葉の形状がよく似ているので、ミー（雌、本物）とビヒ（雄、贋物）とを弁別することにしたのである。

有用性の高いものにミー（雌）を付すというのは八重山島民にとっては雌が雄にまさるという優越感のあることを示すものだ、と玉置は言う。

西表島の古見《こみ》ではかつて旧八月十五日の夜、日没前に綱引をおこなった。古見の部落を南北に分け、ビキヅナ（男綱・北）とミーヅナ（女綱・南）をもって引きあった。南が勝たないと豊作ではないとされていた。南島では女は男よりも神に近いと考えられ、聖域に立ち入って神祭をするのは女だけに限られるとされている。ということから、女性優位の原理に立脚して、島民の生活にとって重要性のある方にミーを付したと見ることが出来るのではないか、と玉置は類推している。

このような有効性を示す基準法は本土ではどのようにおこなわれているか。

川名興は、「植物の方言名にみる命名の民俗学的考察」の中で、房総半島の植物方言名に触れている。たとえば、富津市金谷では、仏前に供えるシキミに対して、代用品のアセビをオジーと呼ぶ。これは本物でないことを示している。安房郡白浜町滝口では、正月の注連飾《しめかざり》に使用するウラジロに対して、コモチシダやホシダをウラジロノオジサンと呼ぶ。これはシダの仲間ではあるが、本物でないからである。清澄山ではマルバウツギやヒメウツギをオンジイウツギと呼ぶ。これはウツギに似ているが、木の釘に利用できないからだ。

ハリギリをオンジイダラと呼ぶのはその芽がタラノキほどおいしくないことによるからだ。

役に立つものAに対して役に立たないA′にオジーをつける植物方言は、動物名にも見出すことができる。たとえば安房郡鋸南町吉浜ではスガイをサゼエノオジコと呼ぶ。アワビやサザエで生計を立てている海女にとってはサザエによく似ていてもオジコではどうしようもない。房総方言では長男をあらわすセナーに対して、オジーとは次男以下をさす。それを似て非なるもの、まずいもの、代用品などの意味で使用するのは、日本の家制度において長男（セナー）がオジー（次男以下）よりも尊重されたためである、と川名は見解を述べている。

以上のように生活民の動植物分類と命名法は有効性を基準としており、学問的体系にもとづく分類とは全くちがう次元でおこなわれていることを私共は知る。しかし一方では生活上の利用という視点から離れた命名もある。それは本書にも収められている加納康嗣の「鍬形虫考—げんじの方言をさぐる」などに見ることができるが、解説が巻末にあるのでここで触れるのを省略する。

いずれにせよそれらは太古から今日まで私たちが人間だけでなく、動植物と共生してきたことを紛れもなく示す重要な印である。

（『日本民俗文化資料集成』第十二巻、一九九三年七月）

「農山漁民文化と民俗語」序

柳田国男と折口信夫に共通するのは、民間に使用されている日本語に対する飽くなき興味である。柳田の民俗学の出発点は、狩猟の際の言葉を収集した『後狩詞記』であった。彼はまた民俗語彙を収集して、「蝸牛考」を著わし全国的な方言周圏論を提唱した。

折口信夫を特徴づけるのは、古語の徹底した分析である。その視線は紙背をつらぬくと言っても差支えない。折口の執念によって、古代の前人未踏の民俗世界が解明された。

柳田・折口の「ことば」への強い興味は、彼らの民俗研究の原動力になっているが、その後につづく民俗学徒は、「こと」と「もの」には執着しても、どうしたわけか「ことば」に対する関心は稀薄である。いきおいその研究も進んでいない。ここにいう「ことば」とは標準語ではなく、土地の方言である。国語学でも語学の立場から方言は研究されているが、民俗学は方言を民俗解明の道具として研究するのである。柳田は生涯をかけて民俗語彙を収集分類し、さいごは『綜合日本民俗語彙』を編纂集成した。

柳田が民俗研究に三段階があるとしたのは知られている。その分類法を借りれば「もの」の研究は「旅人の学問」である。「こと」は「滞在者の学問」である。そして「ことば」の研究は「同郷人の学問」ということになる。常民の意識の襞に迫る陰影のふかい「ことば」の追求なしには、日本人の意識の深層まで降りることはむずかしく、民俗学を「日本人の学」と呼ぶことはできない。柳田・折口にはじまる民俗学を今日のように衰退にみちびいた原因の一つは、民俗研究者の「ことば」に対する冷淡さである、と私は思っている。

本巻でとりあげた倉田一郎は、柳田の「ことば」に対する知的好奇心の衣鉢を継ぐほとんど唯一人の弟子である。倉田はその民俗研究を民俗語彙の採集とその分析を通じておこなった。

倉田は家族や親族間の呼称に注目した。家族呼称や親族呼称は地方ごとに微妙な変化を見せているが、その呼称の中に「呼ぶ者」と「呼ばれる者」の関係、ひいては「呼ばれる者」の親族や家族の中での位置や役割が示される。一例を示せば、私生児の呼称は各地方で異なっているが、それをどう呼んだかということで、私生児が家族、親族あるいは村落共同体の中でどう扱われていたかが分かる。倉田が家族や親族組織を明らかにするのに「ことば」を武器にしたことは他の研究者の追随を許さない方法である。

倉田は土地や財産が、神の所有から村落共有となり、さらに個人の私有となっていく変遷過程を、民俗語彙を通じて解明した。そのみごとな業績が『経済と民間伝承』であり、その中でもとりわけ「漁獲物分配とその問題」についての論考である。

ここで倉田は分配の形式を「漁祭一致形態」と「漁祭分離形態」に大別する。「漁祭一致形態」は漁獲物はすべて神のものとする。そこでは神人共餐が分配の形式となっている。「漁祭分離形態」はすべての漁獲物を神の所有に帰するものではなく、漁獲物の一部は神に供えるが、残りは漁民の間に分配されるものである。

倉田は「漁祭分離形態」をさらにこまかく三段階にわけている。

一、共同漁撈形態、またはゆひが浜形態。これは漁祭一致形態を踏襲したもので、漁撈にたずさわらない者にまで平等に分配する。

二、共有漁撈形態、またはもやひ浜形態。これは漁撈にしたがったものだけに平等に分配するものであるが、網や舟も一人前の取分と見なして分配する場合もある。

三、経営漁撈形態、またはなごの浦形態。これは親方子方による漁撈であるが、その分配の仕方には、三つの類型がある。

A　漁獲物のすべてが親方の得分になるとするもの。これは一方的な収奪のようであるが、そうではなく、子方が親方にまったく頼り切った形態である。保護と服従が一体になった関係であり、それをさかのぼれば、神と人との関係に置き換えることができる。かつての神に奉仕したのと同じ心情で親方に奉仕すると考えると理解しやすい。

B　親方対子方に差等分配をみとめるもの。これは子方が平等に分配されるかぎり、「もやひ浜形態」の名ごりを引きずっている。

C　子方である舸子の間にも差等分配をみとめるもの。これは近代的な労働の分配への移行の側面を孕むが、狩猟において殊勲を立てたものに特別に与えられる分配と考えれば、かならずしも差別的な分配ではない。

倉田は以上のように整理しているが、それにとどまらず、「隠し奥」にも言及している。隠し奥というのは、「なごの浦形態」に見られる網漁のとき、漁夫が漁獲物から多少の点をくすねる現象で、九州ではほぼ一円にカンダラまたはカンタロという。倉田はカンダラの語源を神の占め給うもの、としている（「かんだら攷」ならびに「『かんだら』語意攷」）。倉田はそこで網元もしくは船主とカコの対立した浦浜、換言すれば、なごの浦や田子の浦の漁撈形態においてはじめてカンダラが見られるとも言っている。しかしカンダラを窃盗行為のように受け取るのはまったく正しくないとする。

「歴史の波のうちに隠顕して由比ヶ浜が名子の浦や田子の浦に移り変り、そこに今まで見られなかつた網元や船主のやうな階級が現はれると、もはや浦や浜の地形には変りがなくとも、漁獲物は昔日のモヤヒではなくなり、カコとしての新しい生活法が期待せられ、幾らかの例外を除いては、主なる漁業生活は網元や津元などに依存することゝなつて了ふ。而もモヤヒに慣れた素朴なる漁夫たちにはなか〳〵鰭の広物鰭の狭物の私有とその独占とを納得しえなかつたであろう。イヲモラヒとかサイモラヒといふ全く漁撈に何の関係もない者が分配に与るといふ現象が由比ヶ浜の継続として尚も登場した。これはまさしく浦浜に面して住む者に対するタマスであつた。カンダラも亦カコがもはや認められぬタマスを強《（ママ）》つて自ら求めるモヤヒ精神の零落した姿であつたと思ふ。唯それが余りに古い精神の遺存であつて現代に適合しないまでゞある」(「かんだら攷」)。

ここに言うタマスとは狩猟や漁撈の際の分け前のことで、南九州から沖縄にかけてひろく使用されている語である。かつては漁撈に従事しない人間にも、漁獲物を分配した。赤ん坊や病人、さてはゆきずりの旅人でさえその恩恵にあずかった。倉田はタマスのマは「年玉」のタマと同じで、神の賜物という意味である、と解している(「年玉考」)。こうして漁撈や狩猟の獲物の「分配」は現代においては純粋な経済行為のように思われ勝ちであるが、そこにゆきつくまでは長い歴史があったこと、最初は神の賜物であったことを豊富な民俗語彙を駆使して、整理分析したのはみごとな成果というほかはない。「分配」が貨幣経済とは別の人間的行為であることを示したのは倉田の不滅の業績である。

本巻は倉田一郎の民俗学関係の著作のすべてを網羅しており、一巻物の「倉田一郎全集」と呼ぶに値するものである。さいごにこれまで世間の眼に触れることの少なかった倉田一郎のかずかずの論考を博捜し、その生涯の業績を明らかにされた戸塚ひろみ氏の長年の労にふかい感謝の意を表する。

(『日本民俗文化資料集成』第十六巻、一九九五年五月)

「森の神の民俗誌」序

一

万葉集には神社をモリと訓ませている例がいくつか見付かる。巻三に

哭沢《なきさは》の神社《もり》に神酒《みわ》すゑ祈れどもわが大君は高日知らしぬ（二〇二）

がある。これは奈良県桜井市に今も鎮座する哭沢神社のことである。また巻七に

木綿《ゆふ》懸けて斎《いつ》くこの神社《もり》越えぬべく思ほゆるかも恋の繁きに（一三七八）

がある。これから推測できることは、森が神社であった時代があることだ。桜井市にある三輪山のふもとの檜原《ひばら》神社は拝殿も本殿もなく、三輪山が御神体となっている。そこには現在鳥居があるが、鳥居さえも不要な時代があった。日本書紀には、崇神天皇の六年に、大和の笠縫邑《かさぬい》に天照大神を祀ったが、そのときヒモロギ（神籬）を立てたとある。笠縫邑は檜原神社の境内と考えられている。ヒモロギは、神が降臨する場所を常緑樹で囲うだけで、祭りが終ると即刻、取りこわすのが常例であった。次には祭場に仮小屋を建てるようになった。それも祭りの直後取りこわしたが、のちには仮小屋をそのまま残して置くことにした。それがヤシロの原型である。

ヤシロは祭りのとき仮小屋を建てるための土地のことであるが、それがいつしか神社をあらわす語となった。神社に対して神宮という言葉もある。ミヤももとは神祭りをする庭をいった。かならずしも建物を必要

としないのがミヤであった。日本書紀には、敏達天皇の十四年八月の条に「王《きみ》の庭《みや》」という語が出てくる。沖縄では、今日も庭をミヤーと呼んでいる。沖縄本島の東南にある久高島では、祭りのおこなわれる広場をウドン・ミヤーという。ウは御、トンは祭場に建てられる建物である。トンもはじめからあった訳ではない。久高島で十二年ごとにおこなわれてきたイザイホーの祭りでは祭りの前日に仮小屋を作り、そこに神女たちが籠るが、祭りが終ると直ちに取り払ってしまう。ミヤを御屋と解する向きもあるが、それは原義を伝えていない。神祭りのときの広場がミヤーであり、そこに作った仮小屋がのちには宮と呼ばれることになったと考えられる。

神が降臨する特定の木のある森の中の聖域がモリであった。そこは、神祭りをする者以外は足を踏み入れることは許されなかった。今日、沖縄の島々にはウタキ（御嶽）と呼ばれる聖地がかず多くあるが、そこには鳥居も拝殿も本殿もなく、ただ神の依代と見られるクバやアザカなどの樹木にかこまれた空地に、聖域を示す小石が並べてある程度にすぎない。

ウタキという語は本土からの借入語である。嶽《たけ》は本土では高い山を指すが、沖縄のウタキは平地にもかず多く見られる。沖縄ではさらに古くはモリという言葉を使用したと推定される。「おもろさうし」には、首里森とか真玉森の名が出てくる。このモリもウタキ同様に平地にも多く見られる。神を祀る依代の樹木のあるところがモリであるという考えにしたがえば、それは別にふしぎなことではない。

二

本巻に収めたのは西日本を中心とした顕著なモリの例である。名称の異なる荒神、天道地、ガロー山などもその本質はモリと異なるところがない。そこでモリに共通した特質をいくつか挙げてみよう。
一、そこには神社に相当するりっぱな建物が見られない。あっても石祠など小祠がある程度である。
二、祭神は記紀の神統譜につながるものはない。壱岐のヤボサ神のように出雲系の神々を祀っているものもあるが、文献に見られるヤボサ社の祭神は、神社帳の作成者たちが勝手につけたものである。
三、祭地は種子島のガローー山の例のように、開拓者の霊、あるいは開拓したときに土地の悪霊を移し祀ったとされるものがある。あるいはニソの杜やモイドンのように、先祖を葬った墓地と関係があり、先祖たちを祀ったとするものがある。
四、山の神と祖霊とがつながっていると考えられるものに、山陰地方の荒神森や蓋井島の例がある。
五、祭祀をおこなうものは、同族集団が多い。モイドンは門と呼ばれる薩摩の農村の同族集団によって祀られる。ニソの杜は宗家を中心としてニソの講員があつまって祭りをする。
六、モリの神はタタリの烈しい神である。勝手に聖地に足を踏み入れたり、木を切ったりすると、さまざまな災厄がおそいかかる。モイドンのタタリは死霊のおそろしさから解放されないためである、とされている。それに対してガローー山のタタリは森の悪霊に対する畏怖心から生じたものといわれている。対馬には天童（天道地）があって、豆酘《つつ》の天道地はオソロシドコロと呼ばれて畏怖されている。
天道地と密接な関係のある対馬のシゲ地は、そこを荒すと急に海や山が荒れ、また家内に病人が出たり、不運が訪れて、家がシケる（傾く）とも信じられている。シゲ地は孤立して呼ばれることが少なく、荒神シゲ、天童様のシゲなどといわれている。このシゲはシキ（沖縄ではスク）の類語で聖域をあらわす言葉ではないだろうか。

山陰地方の荒神もきわめてタタリの強い神であった。伯耆地方の荒神でも西伯郡大山町の荒神はおそろしい神であるとされているが、それは玉垣の中に祀られている神木である。地区の人びとは十二月二十八日には、口に榊の葉をくわえ、交互に拝むが、終始無言で拝礼後は後すざりして、そのあとは振り向かないようにして帰る。このことからダンマリ荒神といわれている。対馬の天道信仰と関係のある浅藻の卒土《そと》の浜は、昔、船でそこを通るとき、浜の見える間は舟底にひれ伏していなければならなかった。浜沿いに通るときも、浜の石には手を触れてはならず、落し物を拾うことなども絶対にゆるされなかったという。

七、こうしたタブーはもとより、死霊や土地の悪霊への恐怖心から生じているものであるが、更にその根底には森や山の霊に対する畏敬の念が、潜在していることを私は強調したいと思う。

かつて日本各地に森がうっそうと茂り、人びとはその傍らでくらしていた。先祖の死骸を特定の木のほとりに埋めた記憶はすでに失われたが、その木を祀る習慣はながくおとろえなかった。たとえば島根県八束郡美保関町万原の荒神の祭りでは、祭典の前に共食をする。これは葬式のときの喰い別れを想起させる。柳田国男が「山宮考」で論じているとおり、先祖が山に葬られたというはるかな伝承を残している儀式である。

モリの信仰は日本の信仰の原型であり、その分布は広範囲にわたっている。ヤブサ（ヤボサ）神の信仰は壱岐、対馬から肥前、肥後、薩摩という風に九州西海岸一帯を南北につらぬき、南端は沖縄にまでのびている。「琉球国由来記」には、沖縄本島の東南部に藪薩の浦原がある、と記されている。先述のように沖縄にはモリと称する聖地も多く残っている。日本の信仰の原初的形態の解明に寄与するのは、まさしく森の神の信仰であるといっても過言ではない。

（『日本民俗文化資料集成』第二十一巻、一九九五年一一月）

「鮭・鱒の民俗」序

『遠野物語』には大昔、遠野盆地が湖水であったときに、鮭に乗って気仙口《けせんぐち》からやってきた男があり、遠野郷の草分けの家の先祖となったという伝承が記されている。その宮という家の先祖は大鷲につかまれて絶壁に連れてゆかれたが、絶壁の下の水際まで降りていったところ、折よく大きな鮭が近よって背に乗せてくれたので、家に帰り着くことができたという。

また鮭漁場の境界争いを仲裁するために、自分で自分の首を刎《は》ね、首と胴とが別々に流れるところを、それぞれの漁場のなわばりにしろ、と言ったという話がある。この男の末裔は、先祖が鮭のために生き、鮭のために死んだのであるからというので、家憲として、ながく鮭を食わなかった。もし食えば病むと伝えられて、今でも固く守っていると、佐々木喜善の『聴耳草紙』は伝えている。

これらの挿話から人間と鮭との関わり合いの特徴がいくつかうかがわれる。これを南島の鮫と比較して見よう。むかし宮古群島を統一した仲宗根豊見親玄雅は、沖縄の中山王府に出向した帰途に逆風に遭って、八重山の干瀬に漂着したとき、鮫に助けられて帰島することができた。そこで玄雅の後裔は、今日にいたるまで四百年以上もけっして鮫の肉を食べない。鮫の肉を食べてもすぐ吐き気を催すという。琉球王府の正史である『球陽』は玄雅の故事を紹介して仲宗根豊見親は鯖祖氏玄雅と称せられたと述べている。鯖は南島で鮫を指す。鯖を先祖とした玄雅という意味である。これから鯖をトーテムとする一族であったことが推測される。

この話は、鮭の背に乗って遠野郷にやってきた人の子孫が今もって鮭を食べないというのと酷似している。宮という家は鮭を先祖とする一族だったのではあるまいか。だからこそ、大鷲におそわれて窮地に陥っても、大鮭の背に乗って助かったのである。

またその子孫が犠牲になって鮭漁場の争いを納めたという話は、柳田国男の「魚王行乞譚」を思い起させる。巨大な鰻や岩魚が僧に化けて毒揉《も》みによる殺生をいましめたあげく、哀れな死をとげる話がいくつか載っている。それは池や淵の主が自分の仲間たちを守ろうとする切羽詰まった行為であった。柳田はここで「魚王」という言葉を用いている。並外れた大きさや特徴を備えている動物が、同類の一群から抜んでているために、それら動物たちの王と呼ばれている例は多い。魚王が自分の命を犠牲にして同類を守ったという話からして、鮭を先祖とする宮という家の子孫にまつわる話はむしろ魚王である鮭の自己犠牲の話を修飾したものと考えられる。

ここにおいて本書の中で神野善治の述べていることが注目される（「鮭の精霊とエビス信仰」）。南部藩の役人として鮭川を管理していた後藤又兵衛は、藩が鮭をひとり占めしているため村人が困窮しているのを見兼ねて、禁を破って鮭を村人にもとらせ、そのために死刑になった。この話の主人公である又兵衛は本来は擬人化された鮭の精霊の名ではないか、と神野は言う。又兵衛の死後、そのたたりによって鮭が上らなくなったので、村人は又兵衛の姿を藁人形に作って供養したところ、鮭がふたたび戻ってきた、というのが話の結末であるが、神野は、河原で処刑されたり、叩き殺されたりして、祟るのは又兵衛という人物の怨霊のように語られているけれども、実は鮭の精霊そのものであって、又兵衛の人形は鮭の霊の形代であったと言えないだろうか、と卓説を述べている。神野はまた藁で作った又兵衛の人形は鮭の形をあらわしているとも言う。これも私は賛成である。そして尾鰭が「又状」になっているからマタベエと呼ばれたのではないかと推測している。これについては次のように考えることもできないわけではない。

小林計一郎の「信濃の鮭」には、鮭は川の合流点付近によく集まるという市川健夫の話が紹介されている。また縄文式の遺跡は、千曲、犀川などに合流する支流をちょっとさかのぼった屈曲部などに集中している傾向があり、このことは縄文時代の人々が鮭を主な食糧源としていたひとつの証拠ではないか、という林茂樹の話を紹介している。これは注目に値する発言である。

川の合流点を川又、川俣、川股と呼ぶ地名は全国に分布している。

本書に収めた「三面川の鮭の歴史」の資料を見ると、三面川の河口から五十町ほどの地点に標《しるし》をたて、これを「御境」と称したとある。「御境」の下流が鮭の漁場になっているが、そこに芝居股、竹股、又兵衛などの名称が見付かる。股とか又がつくから川の合流点または分岐点と思われるが、その又兵衛と呼ばれる漁場の名称となにがしかの関連はないだろうか。

神野につづいて菅豊の「鮭をめぐる民俗的世界」もとりあげているのに、有名な鮭の大助の話がある。その一例を示すと、山形県東田川郡の川辺の集落では、旧十一月十五日に、この日まで漁獲された鮭の精霊が「オースケイマノボル」と言って、川を遡るという。人はこの声を聞くと三日のうちに死んでしまうので、漁を休み、声を聞かぬように耳フサギ餅を食って酒を飲んでさわぐ、という。

大助、つまり鮭の王が眷属をつれて川をのぼるという伝承は、東北や北陸各地に多く見られる。その声を聞かないようにと耳を塞ぎ餅をついて食べるというのは、ミミフサギモチ（耳塞ぎ餅）といって、同じ年齢の者が死んだときは、訃報を聞かないように、いそいで餅を耳にあてがう風習に由来する。ここでは鮭の王の大助を同齢者と同じ感覚でとらえていることが分かる。犬飼哲夫の「アイヌの鮭漁に於ける祭事」によると、北米のインディアンの一部族では、同性の双生児は前世では鮭であったと言われるとあるが、鮭を主食とする種族の間では鮭と人間との親縁関係が双生児という形で語られている。

川で生まれた鮭が海で育って、ふたたび自分の生まれた川に産卵のためにさかのぼってくる、という回帰性をもっていることから、沿岸や付近の川に年中姿を見せている魚とはちがう神秘的な雰囲気がそこにはある。双生児が前世では鮭であったというのは、鮭が他界の匂いを身につけていることを指しているのである。鮭をエビスと呼ぶのもそれをあらわしている。エビスは異神である。鮭漁のとき、鮭の頭をたたいて殺す棒をエビス棒と呼んでいる。秋田県では恵比須社は鮭のとれる川の沿岸にあるものが多い。神野は、毎年きまった時期に、先頭に立って鮭の大群をひきいて川をさかのぼる鮭の王を、一種の寄り神としてのエビスと観念し、祭の対象となるエビスとしたことが分かる、と述べている。

鮭は縄文時代から日本人の生活に深い関わりがあった。縄文人は鮭を主食としていたのではないかという考えが生まれるのは、アイヌのくらしなどを見れば、とうぜんである。鮭は必ずきまった季節に姿をあらわし、しかも大群で川を遡上する。更に乾物または燻製としてながく保存することが可能である。このような利点があることから、鮭を幸いをもたらすエビスとして扱ったのであるが、それは南島におけるスクと同様である。スク（シュク）もまた、日をたがえず到来し、しかも大群で押しよせるが、塩漬にして保存食とする。このスクは南島の人々にとって海神の贈物であり、スクの一種は海神《うみがみ》の託言であるウンジャミと呼ばれている。南島のスクと北辺のサケは貴重な食糧であり生命源であったばかりでなく、人間の精神生活にも深く入りこんでいる。本書は、縄文時代にさかのぼっての、サケ・マスをめぐる論文もあつめ、鮭・鱒に関わる資料を集成することにした。

（『日本民俗文化資料集成』第十九巻、一九九六年五月）

「子供の民俗誌」序

世界中の子供の写真を撮りつづけている田沼武能氏は、難民キャンプの子供たちでも、食事が与えられて一時の飢えから解放されると、すぐ仲間を作って遊ぶ光景が見られると言っている。それは人間の大人よりも動物たちの日常動作に近いものである。その遊びの種類はさまざまであるが、ありあわせの物を利用すること、それから動植物などの自然の生き物を相手にすることが特徴である。

私の幼少の頃をふりかえっても、いくつか記憶に残っている遊びがある。私の生まれ故郷の熊本県水俣は九州山脈の余波が海になだれこむところで、海ぎわまで山が迫っている。私の育った頃は大正末から昭和初めにかけてであるが、海山のあいだに抱かれて毎日をすごしていたという感が深い。年の暮になるともう椿の花が咲いた。私たちは椿の木にのぼって、口のまわりを花粉で黄色に染めながら花の蜜を吸った。山にいってはヤマコブ（コガネグモ）の強そうなやつをとってきて、庭の木に巣を張らせておく。ときどきコガネムシ（カナブン）を餌に投げてやる。そうして飼っておいたヤマコブを友だちのヤマコブとたたかわせる。ほそい棒の両端にそれぞれのヤマコブを這わせ、尻を突つくとヤマコブは棒の中央で相手にむかう。負けたヤマコブは相手の吐き出す白い糸にくるくる巻かれてしまうか、自分の糸を垂らして棒にぶらさがって逃げようとする。このコガネグモの合戦は今でも鹿児島県の加治木などでさかんにおこなわれている。

またカブトムシの幼虫を製材所のオガクズの底から掘り出し、家にもち帰って箱の中に飼っておく。それが成虫になると、雄のカブトムシ同士を、闘牛に見立ててたたかわせる。またカブトムシの角に糸をかけマッチ箱をつなぎ、それをトナカイの牽く馬車に見立てて走らせる。

硝子の切れはしを三枚組みあわせて万華鏡を作り、草花の花びらやしべを中に入れて楽しんだこともある。こうした思い出があるために私は幼少の頃をなつかしくふりかえることができる。ここで言いたいことは、子供の遊びの中では道具もまた遊びの仕方も、魔女の棒のひとたたきでカボチャが馬車に変るように、すべてがシンボルだということだ。

本書の「奄美のこども」(恵原義盛)に見られるように、「奄美の子供たちにとって、タカラガイは牛であり、クモガイは猫である。またスイジガイは山羊である。これらの貝に紐をつけて引っぱって遊ぶ。芭蕉の花もそれに角と耳、足をつけて牛の形をつくり、幼児が座敷で牛として遊ぶ」のである。

「子どもの歳時と遊び(抄)」(茨城民俗学会)には、川の流れの中に咲くコウボネ(カワホネ)の茎をとって、互いちがいに折り、鎖のように花につながるのを懐中時計に見立てて、鎖の端を帯にはさんで垂らし、時々時間を見るまねをして遊ぶことが記されている。

「コタンの童戯」(更科源蔵)にあるように、アイヌの子供にとって、猫柳は仔犬である。また一人の子供が腰にゆわえた長い縄の先に、枯草や木の皮などをしばったのを曳きずって走っていく。それは海の中を逃げるカジキマグロである。それをもう一人の子供が追いかけ、先を尖らした棒を投げつけ、うまく突き刺さると、走っていた子供は砂の上にころぶ。これはやがて荒波を越えて海の獲物を求めていく日のための手練の練習である。ヤマブドウの蔓を円く輪にしたものをころがし、それを手頃の棒で突く遊びもまた、大魚や海獣を仕止めるための練習であった。またアイヌの女の子たちは砂浜に文様を描いては消し、描いては消して遊んだ。それにはやがて娘となり、主婦となって美しい刺繡をする日のための準備がかくされていた。

長田須磨は『奄美女性誌』の中で次のように回顧している。

「私の幼いころは、機織《はたお》りのまねごとをするのが遊びの一つだった。藺草《いぐさ》をさいて幅一寸五分ぐらいの経《たて》糸《いと》をつくり、一方を立木か垣根の桟などにしばりつけ、他方は自分のしめているへこ帯に結びつける。緯《よこ》糸《いと》もまた藺草で、それを細い竹に巻きつけて、中央に取ってある綾棒《あやぼう》を上下に動かしながら緯糸になる藺草を入れて織っていた。年は六、七歳くらいからだったと思う」

長田は大正六年（一九一七）に名瀬に女学校ができるまで、これといった子女の教育施設のない大島では、機織りはむしろ良家の子女の嗜みの一つであったと言っている。それは彼女らが成人して他家に嫁したとき、婚家の衣服を自分の腕で一切まかなう必要があったからである。そのため、娘をもつ家では、芭蕉布を織るための芭蕉の林を持参金がわりに娘につけてやったのである。

子供は成人したときの準備を訓練としてではなく、遊戯としておこなうのである。かつて人間は自然に対して的確にしかも鋭敏に反応しなければ生きていけなかった。狩猟や漁撈や農耕には動植物の生態を熟知することが必要であった。その経験知は親から子へと伝えられた。それは自分の子孫が生き残るために不可欠な智慧であり、技術であった。このしつけを人間も動物も子供の遊びの中に生かしてきた。

しかし、日本においては一九六〇年代の半ばから社会が一変した。高度経済成長の政策で若者は都会にあつまり、地方は僻地化するところが続出した。農村も漁村も山村も半ば崩壊した。幼少年期に自分の心身を山野や海に開放するという体験をもつことが困難になった。子供の遊びは屋内が主となり、自然の感覚は失なわれた。その結果どういうことが起ったか。

小学校や中学校、さては大学にいたるまで、ニワトリの絵を描かせると、トサカのないニワトリや四本足のニワトリを描く者が続出した。神奈川県下のある短大の調査では昭和五六年には三五三名中一二名であったものが、昭和六〇年には三九九名中四〇名、つまり一〇パーセントにあたる学生が四本足のニワトリを描いたという報告がある。これは福島県や熊本県など地方都市の大学でもほぼおなじ結果となっているから、かならずしも首都とその近郊の生活を送ったものに限らないことがはっきりする。

四本足のニワトリの出現はおそらく日本歴史はじまってのことであり、一九六〇年代半ばから目立っていることを見れば、高度経済成長期を境目としてそれ以後の社会に見られる大きな特色であると言える。ニワトリをよく見るようなことがなかったのが直接の原因であるが、ニワトリに限らず自然を観察する力が衰退したことが考えられる。しかもそれが大学生にも顕著に見られるという退行現象は由々しい問題を孕んでいる。そこには、幼いとき、戸外で思う存分遊ぶことのなかった者の不幸さがまざまざと印されているのである。この憂うべき現状にあって、本書をひもとくとき、昔の子供たちは北のアイヌから南の奄美まで、なんと生き生きした遊びを、限りもなく持っていたことだろうと、羨ましく思わずにはいられないのである。

（『日本民俗文化資料集成』第二十四巻、一九九六年一〇月）

「鯨・イルカの民俗」序

鯨は海の王者の風格を備えている。鯨捕りは人間の勇者が海の王者に、その総力を挙げて挑む勇壮な戦いである。鯨捕りは道具、人数、技術、資本の面で他の魚を捕るのとは桁ちがいに大がかりなものである。そうして仕とめた鯨が海の面を血潮で染めて息絶える姿は、悲劇の結末を思わせる壮厳さに満ちている。鯨捕りについて書き残された文章を見ると、さながら叙事詩を読むような気がする。

本書の「噴火湾アイヌの捕鯨」で八十六歳になるアイヌの老人が語った回想談は、まことに興味ふかいものがある。アイヌはハナレと呼ぶ燕形の離頭銛の先金にトリカブトの毒を塗り、それを鯨めがけて投げる。回想談の中で噴火湾の中央にある長万部の沖で鯨を発見してからのたたかいぶりは壮絶をきわめる。その一節を引用してみる。

「鯨が現はれた。約十間位も離れてゐた。年長者のエカシクチヤが、第一番のハナレを打ち込んだ。槲の柄の重みが力になつて深く刺さつた。鯨は抜き躍ねして海底深く沈んだ。廻つてゐる。約一時間もたつた頃、再び浮かび上つた。潮を吹く。此の時儂《わし》が第二番のハナレを附けた。又水底深く沈んで行つた。約一時間半も経つてから再び浮び上つて潮を吹く。シロマレが第三のハナレを打ち込んだ。長万部の浜から東北方へ約一里半、静狩の沖迄、素晴しい勢で移動した。途中十数本のハナレを打ち込んだので、三艘の舟が、十数本の平縄紐で矢の様に引かれて行つた。舟が波を切る音、風が耳を切る音、お互の声も聞えない。静狩の沖で一廻りして、二、三時間も深く沈んだ。そして浜の近くに降されてゐた鰊網の沖の方を通つて約二里、東の方へ凄い勢でブツ飛んだ。深く沈んで廻つてゐる。さうかうしてゐるうちに、礼文華の沖で日が暮れて来た。鯨は廻つてゐる。海は段々暗くなつた。……（中略）……夜中と思はれる頃、鯨は浮き上つて真直に東へ五六里ブツ飛んだ。波を切る鯨も、舟縁《ふなべり》も、一束になつた手繰紐も、潮光りして真青だ。皆死物狂ひで、神々の名を呼び続けてゐたが、全く凄い気持だつた。鯨の止つたのは虻田の沖らしい。其処で又廻つてゐる。時々浮き上つては潮を吹く。段々東の空が白んで来た。晴天だ。海を真紅に染めて日が昇り初めた。」

長い引用になった。まだ続くのだが、残りは本文を読んでほしい。

「熊野太地浦捕鯨乃話」の中で、太地五郎作が、太地捕鯨に終止符を打ったとされる明治十一年暮の大惨事について語った話も、海の底に引きこまれるような戦慄をおぼえる。

その日は子持ちの背美鯨を発見したが、北東の強風が烈しく、出動すべきか、漁をとりやめるかで意見が分かれ、激論になったが、結局出漁することになった。あくる日はやっと鯨を仕留めたものの、西北風が吹き募り、鯨を運べないので海に捨てて逃げようとしたが、沖合に流され、黒潮の急流に巻きこまれ、転覆する舟が続出。なかにはかろうじて伊豆七島の神津島に流れついた者もいた。島民は砂浜に埋まっていた漁夫を背負って家に連れかえり、寝所に移して、肥った女性が漁夫の両脇に添い臥して、自分の体温で凍えた身体を温めたという。いきなり火であたためると死んでしまうという。

このとき出漁した一九六名のうち、一二一名が死んだ。この事件は「大背美流れ」と呼ばれているが、これを境として伝統的な太地の網取式の捕鯨はとどめを刺されたのであった。このとき、残された者たちの脳裡を掠めたのは、「背美の子持は夢にも視るな」という諺であったにちがいない。鯨は母性愛が強いが、とくに背美鯨はすこぶる勇猛なので、子に手を出せば、親はあばれ出す。親に手出しすれば、子を思う一念で更にあばれまわるという訳で、なかなか捕えることができない。そこで、背美の子持は相手にしない方がよろしいという戒めである。その戒告を破って子持ちの大背美を捕ったが、そのたたりではないかと人びとが考えたとしてもふしぎではない。そうした推測を裏付けるのが、吉原友吉の「鯨の墓」である。この鯨の墓は供養塔も含められているが、それにまつわる因縁話は、他の漁業とちがって、捕鯨が漁民の心理の奥に食い入る罪の意識をもたらすものであったことを示している。

「鯨史稿」（一八〇八年）には子持ち鯨を見付けたときには、まず子鯨に銛を付けて、網をゆるくし、遠くに去るようにするときは、親鯨は二、三里行ってもまた帰ってきて、子を鰭の下に入れてかくし、自分の身に銛を受けて終に死するにいたる。もし誤って子を早く殺すときは、半死の鯨も逃げ去るので、子持鯨を捕るときは、まず子鯨を捕えて殺さないで置くと、親鯨夫婦も子鯨も三頭共に捕えられる。子鯨が息も弱ってとても助からないような姿を見ると、雄鯨は見切ることがあるが、雌鯨はけっして見捨てない。その中でとくに座頭鯨の子を思う情はもっともふかい、と述べている。こうした光景を見て、大勢の漁夫が哀れみを催さないはずはない。「鯨史稿」には、鯨が死ぬときは身をのばして大息をつき、一声吼えて船を追いながらくるくると茶臼をまわすようにし、コロコロと喉を鳴らして息が絶える。このとき漁夫たちはみな「南無阿弥陀仏」と三遍唱えるという。

山口県の長門市通浦《かよいうら》清月庵にある鯨墓には元禄五年から明治元年までの一七五年間に、七五頭の胎児を葬っている。埋葬された胎児がふるさとの海を眺めることができるように、また母鯨が墓参しやすいように、墓は通《かよい》の港を見下す高台にあると、通浦の人びとは言い伝えているという。「鯨の墓」（抄）によると、通浦の向岸寺には、文化文政以後獲ったすべての鯨について、「戒名、捕獲場所、種類、体長、値段、年月」などが書き記されたおよそ千頭分の鯨の過去帳が残されている。

鯨捕りは残酷な殺生行為であるが、それと同時に祝祭でもあった。それは鯨が息絶えるのを見て、南無阿弥陀仏と唱えたのち、すぐ三国一の背美鯨を捕ったぞと謡うと「鯨史稿」に記されていることから分かる。それはカンダラと呼ばれる習慣からも見てとれる。浜で鯨を解剖すると、鯨組の家族はいうまでもなく、直接鯨組と関係のない人びとまで鯨肉を切り取りもちかえる。これは見張りがいても大目に見られた。これは鯨だけでなく、イルカを捕った場合にもあった。本書の「対馬の村々の海豚捕り記」にはその興味ある例が示されている。

対馬の村々ではイルカを湾内に追いこむと、一番銛を投げる女羽刺の役が十七歳から三十歳までの女たちの中から選ばれる。女羽刺は短い紺の絣に白襦袢、裾にゆもじをのぞかせた姿で、白足袋に草履をはいて、突舟に乗りこみ、先端に銛をつけた一尋半（二メートル半）ぐらいの銛を投げる。初銛の儀式がおわると、男たちがイルカを捕えて、とどめを刺す。このイルカ捕りでは、女羽刺やそれの後見役の女たちが浜に引きあげられたイルカに腰巻をかぶせると、そのイルカは女たちが取得していいことになった。これを「腰巻カンダラ」と呼んで黙認される習慣があった。これは浜辺に寄ってきた鯨やイルカ、または小魚たちも海の神の贈り物として平等に分配した古代の風習の名残りである。

生きていくためには他の生命を奪わねばならず、それが痛苦をともなわずに済まないのは、あらゆる殺生行為につきまとう心情であるが、「日本では本格的捕鯨が始まる一七世紀頃から苦痛への共感が、捕鯨活動の中から生まれている」と森田勝昭は言う。彼は更に「確かに、痛みへの共感は様々な形で表現されるが、それは常に豊漁を喜び感謝する感情と表裏一体であり、生活あるいは生命現象という動かしがたい事実を認めるところから発想されている」（「鯨と捕鯨の文化史」）と述べているが、動物の殺生につきまとう痛苦と歓喜の感情が一体となるという矛盾は鯨捕りの行為においてもっとも露呈されているのである。

（『日本民俗文化資料集成』第十八巻、一九九七年四月）

「蛇（ハブ）の民俗」序

一

日本人と蛇との関係は先史時代まで遡る。縄文中期の勝坂式土器の中にはその口縁部に蛇の意匠の見られるものがある。蛇の頭部は三角形で、口は大きく開き、あきらかに蝮であることを示している。信州の八ヶ岳の中腹から裾野にかけて出土する蛇付土器には、そのほかにもさまざまな形象のものがある。信濃境の井戸尻遺跡から出土した女人土偶は、とぐろをまいた蝮を頭にいただいている。また上伊那郷土館に陳列してある吊《つ》りランプは、正面が女の顔をし、背中に蛇が這いあがって口を開いている。その吊りランプに松脂や獣の油がともされる夜は、ゆらめく炎に照らし出された蝮の姿がくっきりと浮び上ったにちがいない。このような迫真力をもつ蝮付きの土器を造形した縄文人は、日常的に絶えず蝮の存在を意識してくらしていた。しかしそれは恐怖のためとばかりとは言い難かった。蝮が真虫《まむし》の謂であり、狼が大神《おおかみ》の義であるように、鋭敏さと邪悪さを兼ね備えたものは「畏《かし》こきもの」（日本書紀）であり、畏敬と崇拝の対象となったのであった。上田常一の『竜蛇さんのすべて』に詳述されているように、南海産のセグロウミヘビは出雲では神使の竜蛇と見なされ、出雲各社の祭祀に欠くことのできないものであった。

日本本土の先史・古代人が蝮に対して抱いていた感情を推測できるのは、奄美・沖縄におけるハブの存在である。南島にはハブの生息する島と生息しない島がある。宮古島はハブがいないので、山野でも洞穴でも警戒心をもたずに歩きまわることができる。しかし奄美本島や徳之島などは山中や海岸を歩くとき、闇の彼方にひそむ「畏こきもの」の存在を意識しないではすまず、緊張感を捨てることはできない。とはいえ、彼らが畏怖の情に支配されていただけかというと、そうでもない。蛇が脱皮をくりかえすことを不死の象徴と見なし、それにあやかりたいという欲望は宮古島の昔話の中に残されている。また蛇のもつ形姿の美しさも、恐怖を越える親和感を抱かせることになった。奄美ではハブをアヤナギという。それは長く美しい物のことである（中村喬次「ハブに関する民俗学的考察」）。奄美特産の大島ツムギの柄《がら》模様は、ハブの斑点からとったという説がある。

近代日本でも、十九歳の厄年の女がウロコの模様の着物を着たのは、蛇にあやかって、再生を願う古代人の心の名残りであり、葬式のとき先頭に蛇の格好をした葬具を掲げて進むのも、死者の世界からのよみがえりを求める心のあらわれである。

二

蛇の古語はナガ、ナギ、ナミなどあるが、イザナギ、イザナミは蛇神であったと考えられる。その二神の子が産んだアワナギ、アワナミ、ツラナギ、ツラナミはその名前からして同じく蛇神であることが推測できる。またイザナギ、イザナミは草野姫《かやの》を産んで、それを野槌《のつち》と名付くと日本書紀にあるが、ツチは、今日、「ツチノコ」といわれて騒がれている蛇のことである。古事記によると、スサノオは出雲国の肥《ひ》の河上で、足名椎、手名椎と会い、その願いを入れて、ヤマタノオロチを退治している。アシナヅチ、テナヅチのツチも蛇をあらわす。彼らは肥の河の主である蛇であったと思われる。イザナギ、イザナミの二神は、住吉大神のツツノオを産んだが、このツツも蛇である。

「魏志倭人伝」によると、倭の水人たちは肌に蛇の入墨をして、海に潜った。蛇の入墨をした潜りの漁夫がツツノオであり、それはやがてある住吉海人の大神として祀られるようになった。蝮はタヂまたはタヂヒと呼ばれた。反正天皇はタヂヒノミズハワケと称した。生まれながら蝮の歯をもった皇子という意味である。タヂはおそらくタツから生まれた語であろう。このように古代日本の神名や人名には、蛇の名をつけたものが少なくない。それは第一に蛇を先祖とする信仰伝承に由来するもの、第二には再生する蛇の不死の象徴にあやかろうとするもの、第三には蛇神に奉仕する氏族や家系に属するものなど、さまざまな命名の動機をもつと考えられる。いずれにしても、蛇は古代人の意識の底ふかくはいりこんだ生き物の最たるものであったということは否定できない。

三

奄美大島やその属島で、ハブがどのように戦慄すべき存在であるか、本書の『ハブ捕り物語』は生生しい臨場感をもつ筆致で描き出す。読者は筆者（中本栄一）のあとにしたがって、その体験を共にすることができる。そこでは、ハブを捕獲するだけでなく、ハブに咬まれる恐怖の瞬間も味わうことが可能である。それにしても奄美の山中にハブの多いことにおどろく。ハブに打たれた経験をもつのは徳之島の松山光秀もそうである。松山は言う。「島の人たちはよく藪の中や山の中を歩く。生活のため歩かざるを得ないのであるが、しかし、片時もハブのことを忘れてはいない。そして、よく藪の中を見る。見難い処は鎌や棒で押し分けてでも見る。藪の中を見る人々の目は、実に真剣な輝きを放っている。また、島の人たちは藪の中を見抜くすばらしい視力を持っているが、これは一種の天性とでも言うべきものであろう。ハブとの真剣勝負を常に念頭から忘れ去ることのできない宿命の島の人たちの、長年かかって体得し得た能力であるとも言えるのである」と述べている。

さらに、松山光秀はハブの咬傷に遭ったとき、病院に見舞にきた老父が松山を見るなり、「お前はビンチョリムン（ぼやすけ）だ。そんなハブにまで咬まれて……」とどなったと記している。自分たちが八十年間も島の藪の中や畑で仕事をして来て、一度も咬まれないのに、何をぼんやりしていたのか、と言っているのである。老父の話によれば、島で農業をしている人間は年にハブを平均五、六匹は殺すが、その殆んどが、余り目立たない浅いクサムラや細道の脇などにひそんでいる場合が多いという。

松山は島で生活するためにはハブを知り、それに対抗できる目と感をもたなければならないことを悟った、と述べている。

この松山の述懐こそハブや蝮と向き合って生活してきた人々の心情を伝えるものである。先史古代の日本人も同じような緊張した世界に生きていたことを、あらためて知るのである。


（『日本民俗文化資料集成』第二十巻、一九九八年五月）

「日本を知る101章」より

米

日本のまずしい農村では瀕死の重病人の枕許で、生米を入れた竹筒を振ると、病人は元気を取り戻すと言われてきた。この習俗は米作りに執着してきた農民が日頃米を口にすることがきわめて少なかったという事実を物語っている。その米はどうしたかといえば、大部分は貢租の対象となり、手許に残ったわずかの米は日用の品物を買うための貨幣がわりに用いられた。

古代の律令制度の下では田に課税される租税を田租と称し、それをタチカラと訓《よ》ませている。その言葉は、気力や体力の根源となるエネルギーが米であり、その米は国家をやしなうための財源でもあることを示している。

米は農民にとっても正月や祭などのときにだけ口にすることのできるハレの食物であった。そのハレにはもう一つの意味があって、私に対する公、つまりオオヤケの意味をもっている。それはみだりに私物化できないものであった。こうして弥生時代以来、日本人が米作りに見せてきた異常なほどの執念はふくざつな構造をもつことになる。

稲穂に魂がこもるという考えは東南アジアや中国南部の少数民族にも認められるところであって、日本だけに限ったことではない。しかし稲魂をウカノミタマと呼んで、日本国家の最高神に祀っているのは日本だけである。ウは美称であり、カ（ケともいう）は食物、とくに米に宿る力のことである。伊勢神宮では内宮に皇室の祖である天照大神を祀るが、外宮に人格化した稲魂である豊受大神が配祀されている。このことは米が農民の私物にとどまるものでないことを公示している。

農民の収穫祭であった新嘗祭をいちはやく宮廷にとり入れ、天皇が新穀を嘗めることが国を治めるための重要な儀式とされてきたのも、また天皇の治める国を「食《お》す国」と称するのも、そのあらわれである。

日本人の年中行事の大部分は稲作に関わる行事であり、民俗行事の核心に米があった。しかしその米は生産者のものとなることはいたって少なく、その大部分が権力者による収奪の対象であった。その権力者とは律令時代には国家であり、封建時代には大名小名などの豪族であり、また近代に入って敗戦までは大小の地主層であった。こうしてすべての世紀を通じて日本人の欲望を支配しつづけてきた米は、充足されないままに、憧憬としてながく温存されてきた。

米に対する日本人の意識に変化が見えはじめたのは一九六〇年代後半の高度経済成長期である。食生活の変貌によって、消費者の米離れは進んだ。一方農家も減反政策を強いられ、これまでひたすら米の増産を目指してきた努力目標は見失なわれた。更に外国は日本に米の市場開放を求めている。日本人は有史以来の米への信仰をひきずりながら米作りにいそしんできたが、今、その信仰は大きくゆらいでいる。米を主軸とした日本人の伝統意識は消失の危機にさしかかっているともいえるのである。

アイヌ

アイヌ民族は日本列島とその周辺のどこに生活していたか。サハリン（樺太）やクリル（千島）、北海道にアイヌがいたことはまぎれもない。では津軽海峡を南にこえた本州島はどうであろうか。その手がかりはアイヌ語地名の分布から推測できる。

アイヌ語地名研究に半生を捧げた山田秀三氏は仙台平野の北端と秋田・山形の県境をむすぶ線の北側にはアイヌ語地名が濃厚に分布していると指摘している。そこで何が分かるかといえば、青森、岩手、秋田の三県にはアイヌ語を解する人びとが住んでいて、日常的にアイヌ語を話していた時代があったということである。それは北海道系の続縄文土器とか擦文土器が東北地方の北半分にも分布しており、北海道と共通な土器文化圏が描かれることと対応する。そこでアイヌであるかどうかは別として、北海道の南部と東北地方の北部に和人（倭人）の文化とは違った独自な文化が存在していた時代があったことは疑えない。このことは、中国の史書『新唐書』にも日本国の東北の方向に大きな山があり、その外側には倭人とは別種の毛人が住んでいると記していることからも裏付けられる。毛人は毛深い人の意味でアイヌを連想させるが、毛人と書いてエミシと訓《よ》ませる場合もあることから蝦夷と考えられなくもない。東北地方の北半分、つまりアイヌ語地名の濃密な分布の見られる地域は、蝦夷が勢威を振るったところと重なる。そこで蝦夷とアイヌを安易に同一視することはできないにしても、両者の関係を否定するのは不自然である。かつて東日本を中心として幾千年もの間、縄文時代がつづき狩猟文化がさかえた。そしてアイヌも狩猟民族であり、また東北地方のマタギの山言葉に近世までアイヌ語が混じっていたところから、縄文時代とのつながりにおいて、アイヌと蝦夷を考えてみることはきわめて重要である。

動物や植物などと深く交流し、自然と対話していた狩猟時代の名残りはアイヌの信仰、習俗や神謡、文学に認められる。アニミズムやシャマニズムに基づく人間観はアイヌ民族の中に連綿と伝えられている。その人間観は一口にいえば神と人間と自然の三者の共生である。たとえば生まれて間もない赤ん坊が何か訳の分からぬことを独り言しているのを見ると、アイヌの人びとは赤ん坊が神の国から人間の国に生まれたばかりだから、神の国の言葉を話しているのだという。ボケ老人が訳の分からぬことをしゃべっていると、やがて神の国に入るので、神と対話しているのだという。このような弱い者にそそぐあたたかいまなざしがアイヌ民族の人間観の底に流れている。それは、文明社会の行き詰まった思考に一筋の光明をもたらすことはまちがいない。これまでアイヌ民族の文化を研究対象としながら、その人間性に眼をむけないことが多かった。だが、先住民の復権が叫ばれる今日、アイヌ民族の人間観がわたしたちの希望を未来につなぐ確かな糸であり得ることをあらためて強調したいのである。

琉球

沖縄と日本とは母を同じくし父を異にする兄弟である。母は言語・民俗であり、父は歴史である。琉球方言は日本語の中で本土方言全体と対立する大方言であるが、もともと日本語の幹から枝分れしたものである。また民俗は来訪神の習俗が東北地方の海岸部にも八重山諸島にも見られるように、深く共通している。それは、琉球弧の島々を洗う黒潮が日本本土の島々の近海を通っており、それによって先史時代から今日まで、南方諸国の人間や物や文化をはこんできたことを物語っている。黒潮は天然の「海上の道」であった。こうしたことから一口に南島と呼ばれる奄美や沖縄の島々と日本本土の島々は基層文化である言語や民俗を共有することになったのである。

それにひきかえて日本本土と沖縄は長い間異った歴史を歩みつづけた。両者の歴史が合体したのは、明治十二年に日本政府が強行した琉球処分以来のことであり、それ以前、琉球は名目的であるにせよ、独立国の体裁を維持していた。まして慶長十四年の薩摩侵入以前は名実共に琉球王国として、日本本土、朝鮮、中国、東南アジア諸国と交流する貿易国家であった。

琉球は独立国の時代にその独特な文化の形成を完了していた。明治以降に新たに見られるのはその付け足りに過ぎない。古謡集「おもろさうし」の集成、それにつづく琉歌の発達があった。三線《さんしん》や古典舞踊をともなう伝統楽劇である組踊《くみおどり》も創作された。また美術工芸では、陶器、漆器、織物などに独自の追求が見られた。日常生活に必要な芳醇な酒も備わっていた。つまり独立王国にふさわしい文化の一切があった。それらは日本本土の影響を色濃く受けたとはいえ、同時に日本本土には見られない独自性も充分に発揮したものであった。

琉球の社会の特徴は古代から中世を欠いて近世、近代へと移行している点である。仏教の影響がきわめて稀薄であったために、個人の意識の内面化がおこなわれなかった。飛鳥や奈良、京都の寺院に接して違和感をおぼえるという沖縄の人びとは少くない。中世の欠落が、かえって強烈な古代性を現代まで温存させるのに役立った。沖縄は古代日本を映す鏡である、といわれる。事実、日本本土の人間が沖縄に引きつけられるのは仏教が渡来しない前の古代日本の姿を今でも捉えることができるからである。それと共に、日本本土と違った歴史を歩んだことで、ヤマト（日本本土）風ではない特有な文化と意識をはぐくむことになった沖縄の社会に新鮮な魅力をおぼえるのである。

沖縄の人びとが日本本土に抱く限りない親近感は両者が母（言語・民俗）を同じくしているからであり、その一方で日本と一体化することに強い抵抗感をおぼえるのは父（歴史）が違うからである。沖縄の人びとの意識の深層には、日本本土への牽引と反撥が流れている。その振子作用は今もやむときがない。

（「太陽」平凡社、一九九三年八月号）

『民俗の宇宙Ⅰ』序

柳田国男や折口信夫は民俗学と文芸を一方は科学、他方は芸術という風に殊更の区別をしなかった。柳田が若くして詩人であり折口が終生歌人であったことからして、それはとうぜんのことと思われる。しかし柳田や折口の民俗学にたちこめる文芸的香気は、彼らが文人の経歴をもっていたためにとどまらない。

そもそも民俗学は日本の伝統文芸と共通の根をもっている。人間の生と死、あるいは個人と共同体の関係を順接するのが民俗学であり、逆接するのが文芸であるという違いはあっても、その根ざす土壌は一つである。これは万葉以来の日本の文芸の伝統をみれば、誰しも納得のいくところである。ながい間、民俗は共同体の詩として庶民の生活に受けつがれてきた。

しかし、明治以後の近代文芸は個人と生のテーマを追求するあまり、死と共同体のテーマを切り捨てた。柳田と折口の民俗学はこうした日本の近代文芸の在り方に対する深い懐疑から生れた。死と共同体を母胎とした近代以前の文芸の伝統を、彼らは民俗学の場で追求した。そうしたこともあって、柳田の文章でも、長い間、近代的学問の体裁にそぐわない随筆のたぐいと見なされる位置に甘んじなければならなかった。また民俗学は日付のない事象を扱う学問であるから、科学の体系をとりにくいという理由で、学問的評価を受けることが少なかった。民俗学が正当に遇せられるようになったのは、柳田の没後であり、ここ四分の一世紀のことに属する。

このことが民俗学を研究する学徒にも影響した。民俗学徒は、民俗学を科学として認知させる努力を傾注し、それなりの実績を挙げた。その結果、今日では民俗学を科学でない、という人はまずいない。しかし科学としての民俗学を強調するその分だけ、民俗学が文芸とおなじく、人間の実存に根ざす存在であることを往々にして見落したこともたしかである。民俗学から文学を追放することがとりも直さず科学的であるという誤った観念が民俗学の世界に横行する仕儀にもなった。だが柳田や折口の文章に、あらずもがなの修飾は見当らない。そこに宿る香気は、日本人の意識の深層から立昇る目に見えぬゆらぎのようなものである。幾千年以来、日本の庶民の胸中に秘められた歎きであり、求めつづけた願いでもある。民俗学はそれをうたうことを自《みずか》らに禁ずる。しかし、喉もとまで昇ってくるうたを扼殺しつづけてもなお、喉もとから洩れる微かな音、吐息は残る。若くして文学に背を向けた柳田の文章は、こう考えてはじめて理解し得るものとなる。

民俗学の取り扱う対象としては、一方においては庶民の生活の中に伝承されてきた「物」があり、他方においては「心」がある。心というのは日本人の意識のことを指すが、とりわけ霊魂観である。日本人の魂は死んだらどこへいくかということを、仏教やその他の宗教の理念の力を借りずに考察するのは、民俗学をおいて他のどの学問にも見当らない。そこで私は民俗学を「たましいの科学」と呼んだことがある。科学といっても、そうした点では民俗学は学問の仲間では一風変わっているかも知れない。しかし幾千年来の日本人の心の根本問題と取り組むという点では、もっとも正統的な日本人の学問である。そしてそれは日本の伝統文芸とも通じ合うのである。

過去の衣裳を一枚ずつ脱ぎ捨てていった果に近代があるという通念に対して、民俗学はつよい疑念を表明する。民俗学の立場からすれば、過去に生起した一切の物に意味のないものはない。近代主義や進歩主義が 薤《らつきよう》 の皮を剝ぐような努力の結果空しい壁につきあたっている現在、過去の総力をあげて近代の意味を問おうとする民俗学があらたな注目を引いているのは、怪しむに足りない。このような評価を受けていることは、民俗学が今日なお学問としての生命力を保持している証拠であると考える。

右の文章は近畿大学民俗学研究所から刊行されている『民俗文化』創刊号（一九八九年二月）の「創刊のことば」として書いたものである。民俗学に対する私の姿勢を率直に表明したものであるので、冒頭に掲げることにした。

ふりかえって見れば私が民俗学へ志した動機は日本を知りたいというやみがたい衝動に発している。民俗学に深入りするようになってからもその衝動のままに動いてきた自分を見出す。私は青年時代カトリックに近づいた。戦時下の自分の思想的抵抗の拠点をそこに求めたいということもあった。しかし「普遍的」と称するカトリックが所詮は西欧社会を中心とする括弧つきの普遍性にすぎないのではないか、というつよい疑念を捨て切れなかった。また日本のカトリック教会が当時の軍国下の国策と妥協して延命をはかっている姿を見て失望した。そのとき、私は二十代の前半であったが、後半生まで引きずっていく課題を背負うことになった。

その課題は日本人に最もふさわしい思想とは何か、という切実な問いであった。それと共に日本人としての抵抗の砦をどこに求めればよいか、ということであった。

この問いをかかえたまま私は敗戦の閾を越え、戦後の荒野を彷徨したが、満足する答えは見付からなかった。そうして十年ばかりたったある日、ふと手にした柳田国男の一冊の本が、私のその後の方向を決定した。私が胸中に抱きつづけた「日本人とは何か」という問いは、柳田が民俗学研究の出発点に置いた問いにほかならないことを知った。柳田の思想に出会うことがなかったならば、私は出口の見付からない迷路の中で、精神的飢餓のため餓死をしていたにちがいない。柳田から受けた学恩をふりかえると、温かい潮がしらのようなものがのぼってきて胸一杯にひろがるのを感じる。

柳田は近代日本の学問の大方が「泰西模倣の学」であり、借り物の思想、借り物の知識の上に成立っていることを憫笑した。その心情は、なんとしても「日本人の学」を確立せねばならぬという使命感となって発現した。自分の眼で見、自分の耳で聞き、自分の心に感じたものを土台とする学問でなければ、心底から日本人を納得させる「日本人の学」をうちたてることができない、というのが柳田の主張であった。折口信夫も『古代研究』の「追い書き」の中で、実感の大切なことを説いた。折口は自分の民俗学を「私一己の学問」と呼んでいる。それは彼の謙遜とも受けとれるが、それ以上に自負の語である。南方熊楠も書簡の中で自分の学問を「自学」と称することを誇りとしていると述べている。

お仕着せの思想や学問に甘んずることをいさぎよしとしなかったところに、柳田、折口、南方の面目がある。彼らは実感の源泉を日本の庶民の中に穿たれた深い井戸から汲もうとした。庶民の生活や考えは一見狭隘のようであるが、その井戸の底には先史古代から沈澱していて他民族とも通底する深い意識の層があり、それは日頃自覚されないまま眠っていると考えた。特殊な習俗や伝承と思われるものの底に、せまい枠を越えて他民族と共有できる普遍性が見出されることからして、庶民の中にこそ日本人の学問の独創の種子がかくされている、というのが柳田、折口、南方の民俗学によせる信頼の根拠であった。そのことは、私もフィールド調査でしばしば経験したことでもある。本書はその報告の一端にすぎない。

「日本人とは何か」という問いは、日本人の世界観を抜きにしては解明することができない。その場合、民俗調査を根気よくつづけていれば、それで世界観は充分明らかになるかというと、そうではない。柳田は文献に頼ることをつよく戒めながら、その実、ぼう大な史料を駆使している。折口は公然と古典を民俗学の研究に役立てた。先史古代からつづいてきた日本人の世界観については、民俗採集で知り得るものは、その破片でしかない。土器の復元作業とおなじようにあらかじめある完形の想像図を描き、それに合わせて破片をつないでいくよりほか仕方がない。そのためには可能な限り古代の史料を検討する必要がある。
古代人の他界観の手がかりとなる常世、根の国、妣の国、黄泉の国、などの言葉が記紀万葉に登場する。この用法がそれら古典の中でどのような場合にどのように使用されているかを調べることで、他界に対する古代人の認識の枠組をおぼろげにつかむことが可能になる。しかしそれだけではきわめて不充分である。記紀万葉の研究に一生をささげた真淵、宣長、篤胤など江戸時代の国学者たちも日本人の他界観を枠組以上に明らかにすることはできなかった。

日本人の他界観の内容を飛躍的に豊かにしたのは柳田、折口などの功績である。それは庶民層の中に伝えられた残存文化を探ることで可能になった。だが庶民の残存文化から、仏教などによる後代の影響を取り除く作業は困難さをともなわずにはすまない。それではどうしたらよいか。

さいわいなことに、日本本土の南につらなる小さな島々は仏教の伝来がきわめておそくその普及も限られていたから、仏教渡来以前の日本本土の原始信仰と比較し得る文化が現代までつづいてきた。古代日本の他界観の研究は、南島を媒介することで、その輪郭をととのえることができるようになった。沖縄のニライカナイは古代日本の常世や根の国と似通う海上他界である。常世という語は万葉時代には死語となっていたが、ニライカナイの信仰は現在も南島では日常に生きている。沖縄の発見は日本民俗学の最大の事件であったと柳田は言っている。民俗学研究者の末流につながる私も、奄美沖縄に旅を重ね、汲めども尽きぬ恩恵を受けている。その中でもとくに南島の他界観に興味をもったのは、青年時代の宗教体験が背景にあり、それから癒されようとする気持ちがはたらいていることは否定できない。沖縄の海岸に立って、干瀬《ひし》に打ちよせる白波を見ながら、太古から未来へとつづく大自然のいとなみの無限の時間の一点である小さな自分を確認するだけで満足する。

私が民俗学に足をふみ入れてから書いたものに、「南島」や「他界」についての文章が多いのはとうぜんのことである。また日本人の世界観や宇宙観を明らかにするために、古代へ、そこからさらに古代以前へと遡行することを目指したものが少なくない。ということで『民俗の宇宙』（全二冊）の主題は「南島」「他界」「古代と民俗」（日本以前、金属）「人」「地名と風土」に分けられている。

私の著作集（全一〇巻、三一書房刊）は一九八六年五月に書いた文章までを収録したものである。その後の仕事はまだ「著作集」には収録されていない。いずれ、「著作集」は続刊されると思うが、刊行の日どりは未定である。その後の仕事というのは『白鳥伝説』（一九八六年）、『海の夫人』（一九八九年）、『大嘗祭の成立』（一九九〇年）、『南島文学発生論』（一九九一年）などである。

数年前から、私の愛着の深い文章を選んで自分の仕事を眺められる本を出して置きたいという気持ちが募ってきた。前途には、雲煙にかすむ遙かな山なみが望見される。そこにゆきつくのは容易ではない。ふりかえれば乏しい収穫しかあげ得なかった茫々たる山間の平地の風景がある。しかし、よくもあしくも、ここに一人の人間の歩んだ民俗学の道があり、自分の眼で確認した民俗の宇宙がある。

最後にこの本の上梓にあたって、増田政巳、沢口信夫氏を煩わしたことを付記し感謝の意を表する。

一九九三年七月五日

著　者

（『民俗の宇宙Ⅰ』三一書房、一九九三年九月）

『民俗の宇宙Ⅱ』序

日本の文化を研究するにあたっては、日本列島の東北部と西南部及び南島が、日本国の埒外に置かれていた時代のあったことを、まず念頭においてかかる必要がある。

日本国の使者に接した唐朝の記録『旧唐書』は日本列島の東北部に倭人とはちがう「毛人の国」があると記している。日本国の中央部では弥生時代から古墳時代への連続した時間的継起が見られたが、東北地方では縄文時代の狩猟文化の名残りが山人の伝承として伝えられてきた。柳田国男は先住民である山人の領域を、後来の平地人が侵犯し、山人を東北の山間僻地に駆逐したと言っている。蝦夷の後裔と自称する安倍氏、安東氏、秋田氏などの系図や文書の中には、自分たちの先祖が神武以前にこの列島に居住していたことを誇りにしている記述が見られる。一方、蝦夷の土地やその子孫と称する氏族には白鳥伝説を伝えているものがある。私は白鳥にちなむ地名、人名、伝説を手がかりにして縄文の狩猟時代から「毛人の国」へ連綿と杜絶えなくつづいてきた意識の流れを明らかにした（『白鳥伝説』）。

日本本土の南につらなる小さな島々にも日本国を相対化する有力な武器がかくされていた。本土では希薄になってしまっているが、南島にはいまだに粟や稲の初穂儀礼が顕著に見られる。この初穂儀礼こそは日本本土の新嘗祭の原型である、ということを前提とするとき、冬至前後におこなわれる宮廷の新嘗祭、ひいては大嘗祭は、民間の農民の祭祀儀礼を巧みに取り入れて、あらたな作為をほどこした祭祀にほかならぬことを知る。天皇の権威の強化のために、登場人物はそのままにして変らないが、劇の仕組を変えたものが大嘗祭である（『大嘗祭の成立』）。

南島に鉄器が伝来したのは十二、三世紀である。それまでは石器、木器、貝器、骨器などに頼るほかなかった。仏教や暦が輸入されたのは更におくれて十三、四世紀である。が、その普及は王家のある首里付近にとどまり、離島の隅々にゆきわたることはなく、あったとしてもきわめて遅々とした足取りであった。このように自然の力の前に人間が脆弱であった時代が長くつづいた南島には、いつまでも言葉の呪力が残った。それは人間以外の動植物や石や砂までもアニマ（霊魂）をもち、相互に侵犯し、牽制し、親和するアニミズムの時代を思わせるものであった。とりわけ言葉の呪力を最大限に発揮できたのは、神に憑かれた人々の発する託宣である。南島ではそれらの人びとを一般にユタと呼んでいるが、宮古ではカンカカリヤ、またはサスと呼んでいる。『おもろさうし』でサシブというのはサスの類語であろう。また久高島ではウムリングワと称している。これら神の憑依者には専門のシャーマンもいるし、そうでない場合もある。「草木言問う」アニミズムの世界の中でとりわけ言葉の威力を所持するシャマニズムの世界が南島の呪謡の源流にあることを私は明らかにした（『南島文学発生論』）。

一口に日本文化といわれるものでも、日本列島の東北部と南島では、列島の中央部とははっきりちがった系列の時間が流れていることが認められる。それは文明の進歩の遅速をはかる物理的時間とは全く別の意識的時間の流れである。そして持続する意識的時間の流れを伝統と呼ぶとき、日本文化を一つの型に嵌めたものとして扱うことがけっして正しくないことを知るのである。異系列、多系列の意識的時間の流れをより合わせて、あたかもはじめから一本の紐のように見せかけたのが記紀にはじまる日本の正史であるということから、より合わせた糸をもとに戻すことが必要ではないか。それが困難な作業であることは眼に見えているが、私はあえてそれを試みた。その作業の手がかりになるものは記紀や風土記、万葉集などに記された地名であり、また地名にまつわる説話であった。更には地名を冠した古神社であり、古神社を奉斎する氏族であった。神社には縁起となる伝承があり、古氏族も伝承をもっている。このように古い地名・神社・氏族・伝承の四つの要素を組合わせた方法によって、一本化した糸をもとに戻すことをはかった。そうすることで日本国の国家形成以前の社会にも眼が向けられるだろうと考えた。

たとえば和名抄にある六カ所の伊福郷の大半から銅鐸が出土している。そのことに着目して伊福部氏の伝承を調べてみると、それが金属精錬とかかわりのふかい氏族であることが明確になる。また伊福部氏の居住地やその祀る神社の所在地に銅山や銅鉱があることも少くない。こうして銅鐸の製作者の一人はまちがいなく伊福部氏である、と推断することができる。銅鐸の出土地が往々にして由緒ある古神社の境内であることから銅鐸祭祀の場所がやがて神社となっていったのではないかと考えられる。神社の起源は弥生時代の村落共同体でおこなわれた銅鐸祭祀の聖地にまでさかのぼり、信仰の面では弥生時代と古墳時代には断絶がなかった（『青銅の神の足跡』）。

神社の起源としてはもう一つの場合が想定される。柳田は『山宮考』の中で先祖を埋葬した場所があとで祭祀の場になったのではないかと推考したが、その眼で見ると、神社の境内に古墳のある例がすこぶる多い。神社と古墳とが一カ所に同居している事実がかなり見られるのは、村落共同体の首長や氏族共同体の先祖を葬った場所が礼拝の場となり、やがてそこに神社が建てられたからだと思われる。南島においても同様で、御嶽《うたき》とか拝所《うがんじょ》と称する聖地はもと村の祖先とか有力者、あるいは祭祀をつかさどるノロを葬った場所であるとされている。

以上のように私は地名と神社、氏族と古伝承を組みあわせながら、考古学の成果も借りて文献だけでは証明することのできない先史古代の民俗と信仰の実態を捉えることを試みた。

最後に私が地名に関わったいきさつであるが、一九六〇年代から始まった画一的な地名改変の動きに対抗して、一九七八年に私は「地名を守る会」を結成して、反対運動をはじめた。あらゆる運動に加わるまいとしてきた私であるが、その例外になったのが、なぎさを守る入浜権の運動であり、地名改悪に抗議する運動であった。それも日本人ならば誰でも持ち合わせている日本の風土への愛を、なぎさや地名を通して確かめようとしてきたにすぎないのである。

一九九三年七月五日

著者

（『民俗の宇宙Ⅱ』三一書房、一九九三年一一月）

眞野の萱原――ヒトツモノについて

一

今から四年前の一九九五年六月、宮城県の石巻にゆき、港に近い日和山にのぼった。五六・四メートルの小高い丘である。江戸時代、大型帆船が新しい海路を開いた頃、石巻は東北の東海岸第一の港であった。芭蕉も「おくのほそ道」の旅の途中立ち寄り、「数百の廻船入江につどひ、人家地をあらそひて、竈《かまど》の煙立《たち》つづけたり」と、その繁栄ぶりにおどろいている。日和山は潮待ち風待ちの港で、出船入船のために風の吹き具合や天候のよしあし、潮加減などを占った山で、大型帆船の寄港地にその名を残している。丘の頂きから見ると、左手に田代《たしろ》島、網地《あじ》島がよこたわっているのがたしかめられる。

芭蕉は石巻港の賑わいを見たのち「尾ぶちの牧《まき》・まのゝ萱《かや》はらなどをよそめにみて、遙《はるか》なる堤を行《ゆく》」と記しているから、歌枕を意識しながらも、眞野の萱原には立ち寄らずに、平泉にむかったことが分かる。

万葉集巻三に

陸奥《みちのく》の　眞野《まの》の草原《かやはら》　遠けども　面影にして見ゆと　言ふものを

という、笠女郎が大伴家持に贈った歌が載っている。この「眞野の萱原」は和名抄の「陸奥国行方郡眞野郷」であり、現在の福島県相馬郡鹿島町真野をあてるのが定説となっているが、芭蕉の頃は歌枕の「眞野の萱原」は石巻港近くの眞野村にあると考えられていた。

日和山を降りて、一時間近く車を走らせて眞野川ぞいの道をゆくと、ところどころ、芦のくさむらが見える。有名な「片葉の芦」の生えているのは、長谷寺《ちょうこく》の観音堂の直ぐ下の芦池というので、そこまでゆくことにした。なるほど、私の背より高い芦が群生している。八月頃になると、茎の片側だけに生える葉が目立って見えると、付近で仕事をしていた老農夫が教えた。芦池の上の観音堂には、模造の十一面観音を本尊として祀ってあるのが、格子戸の隙間から見えた。ちなみに屋根を葺く草はすべてカヤと呼ぶ。アシまたはヨシもその中に含まれる。

文政八年、福井藩主の松平越前守から、仙台藩十一代藩主伊達斉義に対して「片葉の芦」三十本の依頼があったので、眞野村から献上したと伝える。ここの芦は古来多くの歌に詠まれているから、それを所望したのであろうか。しかし芦はどこにでも見られるから、風流心にしては念が入りすぎている。

「石巻の歴史」(第三巻)を見ると、芦池の芦は安産のお守りや子供の耳の病除けとして、近在の人々から信仰されていた、となっている。そのための所望であったろうか。あるいはまた後に述べるように、祭の用としたものか。

観音堂には十一面観音の脇仏として子安観音が祀られている。正月十四日の夜には、子安観音を厨子《ずし》ぐるみ背負い出して、路上に並べた薪の上を跳びながら、新婚の家に運び、座敷に安置して早く子供が生まれるように祈願した。観音さまを迎えた家では、若者たちに酒肴をふるまい、観音堂に返したという。この風習は昭和三十年頃までおこなわれたという。しかし「石巻の歴史」には、こうした慣行が小多田の観音堂の子持ち観音にもあったと記されているから、眞野の観音堂に限ったことではない。

二

それでは「片葉の芦」にはとくべつの意味があるのだろうか。柳田国男は「片葉蘆考」の中で次のように述べている。

どこの海や川の芦でも若葉の頃から風のために癖をつけられて、多くの葉が茎の一方に片寄っている。ということから、片葉の芦は別に珍らしいものではない。それでは片葉をなぜ問題にしたかといえば、片葉のカタは諸葉のモロ即ち二つということに対する一つを意味する語で、神の奇端というだけではなく、直接に神の出現を意味する神聖な物であった。片葉の芦のかわりに片葉の薄《すすき》という話もある。柳田はこのように述べたのち、いくつかの事例をあげて説明している。

熊野新宮では、九月十六日の祭の際の神輿の渡御の行列の中にオヒトツモノがある。今は編笠をかぶった人形を馬に乗せて渡すが、古くは若い人を人形の代りに乗せたという。オヒトツモノは腰にカヤの穂を差した。そのカヤは紀州大島の北にある小さな島の、ふだんは人の近よらぬ霊地からとってきたものである。

また平泉の白山権現の四月の祭に七歳の童児に潔斎をさせ、腰に芦の葉を挟ませ、飾り馬に乗せて社前に牽《ひ》いていくのを、御一箇馬と名づけている。この御一箇馬の名の起りも熊野のオヒトツモノと同じであるようだ、と柳田は言う。

更には讃岐の三豊郡笠田村の祭のとき、一人の村民がヒトツモノと称する芦をもって、神輿にしたがった。これらの例からして、もとは憑坐《よりまし》の童子が身につけた芦をヒトツモノと呼び、その芦を採取する場所を霊異視したことが、片葉の芦の名所に転じたものである、と柳田は言っている。

柳田はまた「氏神と氏子」の中で、ヒトツモノと称する祭の役は、これが祭の中心、最も大切なものという意味の、一種の忌言葉ではなかったか、と推測している。しかし、それではなぜ芦がヒトツモノと呼ばれたかという疑問についてはふみこんだ説明を何もしていない。

三

私がここで思い出すのは、古事記の冒頭に

「国稚《わか》く浮きし脂の如くして、くらげなすただよへる時、芦牙《あしかび》の如く萌《も》え騰《あが》る物に因《よ》りて成れる神の名は、宇摩志阿斯訶備比古遅神《うましあしかびひこぢ》」

とある文章である。

同じ情景を日本書紀は次のように伝えている。

「あめつち開くる初めに、洲壌《くにつち》の浮《うか》れ漂《ただよ》へること、たとえば遊ぶ魚の水の上に浮けるがごとし。時に、天地の中に一物《ひとつもの》生れり。状芦牙《かたちあしかび》の如し。すなはち神と化為《な》る」

日本書紀が、芦牙のようなかたちをした神をヒトツモノと呼んでいることに私は注目する。それは初発のもの、単独のもの、比べもののないもの、という意味をこめた言葉であったにちがいない。

ここからして、ヒトツモノといえば、芦を指す忌言葉となり、巷間にも流布されたのではあるまいか。そうすれば尸童《よりまし》が腰に差したカヤの穂も、また尸童自身もヒトツモノと呼ばれたことが合点されるのである。最初の神が芦牙に依って誕生したということから、片葉の芦を安産の守りに信仰するようになり、それが子安観音の信仰とも結びついたのであろう。

ヒトツモノという言葉は、天地がいまだ混沌としていたとき、泥の中から芽生える芦によって、最初の神が生まれたときの感動的な光景をあらわしているが、このことに「片葉蘆考」を書いた柳田も気が付いていない。

石巻市の眞野の萱原については、芭蕉は訛伝をそのまま信じていた。それは彼が多賀城碑をたずねて「壺《つぼ》の碑《いしぶみ》」と誤認したと同様である。しかし私は、片葉の芦をヒトツモノと呼ぶことの由来を考察する機会となったので、眞野川の萱原を見たことに充分満足したのであった。

（『松前健著作集』第十二巻月報、一九九八年九月）

くに（国土）・農村・環境

私の提案・食生活の全国調査を

ここ数十年、ずっと日本じゅうを歩いておりますが、地方によって昔の食生活が非常に違うんですね。それで、この食生活の違いを、ある年代を区切りまして、例えば昭和十年代でも、配給になる前の或る年をきめまして、全国を横断して食生活の調査をやってみたらどうだろうと考えたことがございます。

いつぞや東北地方に取材にまいったことがあります。三陸海岸の宮古というところです。そこの近くに、津軽石川という東北でもっとも多くサケが上ってくる川があるんですね。それを取材に行ったのです。ところが、雑誌に連載しているものですから、取材の時期が盆にぶつかったわけです。宮古まで行ったのですが、宿屋が全然ないんですね。観光案内所に行くと行列をしているわけです。六軒も十軒も宿屋に交渉してくれるんだけれども、ない。そこでタクシーを雇って山田というところまで南下したんです。山田の民宿で「このあたりでは以前何を食べていたんですか」と聞きますと、「昭和初年までは糅飯《かてめし》だった」と。御存じですね。野菜なんかを米の飯に混ぜるのを糅飯と申します。三陸海岸はコンブがとれます。コンブを乾かしまして、粉にして、それを米に混ぜて食べるのが普通だったという話を聞いて、感を深くしたわけです。

それからだいぶんたって、やはり東北にまいりました。二戸のあたりだったと思います。岩手県の二戸は前に福岡と申しました。そこに九戸城がございまして、そこの前を白鳥川が流れていた。白鳥という地名もあります。九戸城は白鳥城とも言われていました。それを調べに行った。その時にタクシーを一日チャーターしまして運転手に話を聞きながら回ったのですが、その人は大正の末ごろの生まれの人でしたか、「あんたたちは小学校のとき、何を食べていた」と聞いたら、「ヒエですよ」と言うんですね。「お弁当だけがヒエでしたかね」と言ったら、「そうじゃない、朝昼晩ヒエです」と。「地主の子供もいただろう」と言ったら、「地主の子供も何もかも全部ヒエなんですよ」と。「終戦までヒエでした」と、そういう答えが返ってまいりました。

二日目に、違った運転手のタクシーを雇いました。その人は昭和五年生まれぐらいでしたか、「あんたたち戦前は何を食べてた」と。「ヒエですよ」。「弁当だけだろう」と言ったら、「いや、そうじゃありません。朝昼晩ヒエです」と。「戦後まで食べていたか。きのうの運転手さんはそう言ったよ」と言ったら、「いや、そうじゃありません。朝鮮戦争まで食べていました」と。私は非常に衝撃を受けたんですね。あのあたりがヒエ地帯ということは、前から頭では知っておりましたし、東北大飢饉の話もちらちらと聞いたことがございますが、目の前の人が朝昼晩ヒエだったということを聞きますと、我々の民俗学というのはもう少し考えなくてはいかんと。単に過去の残存文化ばかり追っているようでは、本当の民俗学ではないのではないかという思いがしたわけでございます。

私は沖縄にもよく行っておりますが、沖縄ではイモなんですね。三食イモなのです。宮古島では、まずしい農民は明治のころまではイモの茎を食べていた。恐らく三食イモというのは戦後まで続いたと思います。宮古島は米は全然とれないのです。アワしかとれない。八重山は、与那国島とか、西表島とかに若干米がとれますが、だいたいアワなんですね。そういうところの生活を我々は知らな過ぎる。奄美に行きますと、秋になるとシイの実をとるんですね。シイ山がいっぱいありますから。それを水にさらして常食にする。

宮古島では飢饉のときだけでなく、日常的にソテツの実や茎を食べた。南島はシイの実、ソテツ、東北はヒエ、コンブの糅飯、それが昭和十年代の日本の食生活なのですね。もちろん東北にも、宮城県の北の大崎平野だとか、津軽あたりでは稲作をやっておりますけれど、そうではない部分もたくさんある。

昭和十年でもいいし、十一年でもいい。そのあたりで切って、食生活を調べてみたらどうかというのが私の提案なのですね。昭和十年で全国で何を常食にしていたか、これがわかるわけです。そうすると、ある種の分布図ができますね。これを渡部忠世先生に提案したら、共鳴されて、やりましょうということになったが、いかんせん私の方ではそういうような調査組織を知らないものですから今日まで至っているわけですが、今日理事長さんとお話ししているときに講演会で話してごらんなさいということでございました。皆さんは、それぞれいろいろなところに御縁のある方ではないかと思うものですから。それをやっておかないと、日本人が何を食べたかということがわからない。これは大きなことだと思います。

日本の歴史を二分する指標は「飢餓」

日本の歴史の一番大きなメルクマールは何かというと、ある人は封建制が崩壊して近代に入った明治維新と言うでしょう。ある人は戦後だと言うでしょう。ある人は世紀末の今の時代と言うかもしれません。日本歴史を二分する一番大きな指標は何か。私は一九六〇年代だと思うんですね。それはなぜかと申しますと、私のメルクマールは「飢餓」なのです。飢えなのです。社会体制が変わっても、飢えている時代が日本はずっと続いてきているわけですね。一九六〇年代になって初めて、飢餓ではない時代が訪れた。弥生時代、あるいはもっと前の縄文時代から、日本列島に三年に一度ぐらい凶作とか飢饉とかが繰り返され続けた、それの最終が一九六〇年代だと私は思っているわけです。それで日本の歴史は飢餓と訣別した。これは非常に大きなことではないかと思うのですね。

私は、あるアイヌのおばあさんの聞き書きを読んだことがあるのですが、そのおばあさんが言うには、一番怖いことは何か、飢えですよと言っているんですね。アイヌの研究家のインタビューに答えて飢えですと言う。戦争なんていうのは過ぎてみればそれで終わりだ。しかし飢えというのは目の前に立ちふさがり、朝から晩までその人間を責め立てる。そうした時代が日本にもあったと思うんですね。

私がなぜ昭和十年代と申すかというと、御存じのように昭和九年、八年、七年、東北は大飢饉に見舞われます。私は昭和九年に旧制熊本中学に入学したのですが、あるとき、新聞を見たら衝撃的な写真が出ていた。

それは東北の飢饉の写真なのです。崩れかかった土壁の家、窓が一つしかないような、そこの前で白髪のおじいさんが空っぽの箕を持って立っている。その隣で孫らしい男の子が、裸で、飢餓状態で腹が膨れていて、白い土を食べている。私は初めて熊本の新聞に転載された写真で、そういう光景を見たわけです。山形県では県庁が文書で木の実の食べ方の指導をしている。そうした時代があるんですね。

宮城県のある寒村で当時切符切りをしていて、戦後労働組合に入って、のちに国会議員にまでなった人がいますが、その人が回想録の中に、昭和九年、その寒村の駅を通る列車という列車はすべて若い女をあふれんばかりに積んでいたと書いている。これが当時の東北の姿なんですね。自分の姉や妹が売られていくのに対して憤りを感じた東北出身の兵士たちが、二・二六事件の中に加わっていたのです。

そうした時代があった。歴史的にそれを明らかにしなくてはならない。その一つの手段として昭和十年なり、十二年なり、配給制度が行われる前の日本の全農村食生活の悉皆調査、これはアンケートでいいと思うのです。それをやったらどうかというのが私の提案なのです。ぜひこれを実行していただきたいとお願いするわけです。それによって日本人が何を考えたかもわかるのです。何を感じたかもわかるんですね。食生活というのは基本ですから。そしてまた、いかに日本が単一の食生活ではなかったかということもわかるわけです。

白い土は、アイヌはウバユリに混ぜて食べておりました。戦時中は熊本でも、小麦粉だけではなくて白い土を混ぜてまんじゅうを焼いていることもあったと思いますが、宮城県の登米郡、登米（とよま）というのはトイ・オマ・イ、アイヌ語で食用土のあるところという意味なんですね。宮城県の北部までアイヌ語が入っていることがわかりますが、またそれが食生活の対象になっていたこともわかるわけです。

そういうことで、日本の歴史を二分する一番大きなのは「飢餓」である。その飢餓は、戦前の話ですけれども、若い警官の妻が乳飲み子をおんぶしたまま上司の家に行って台所の皿を洗うんですよ。自分の夫が首を切られないために。切られたら飢餓に直結する時代があった。あるいはまた小学校、中学校の校長が、郡視学とか県視学とかありますが、大学出の二十代ぐらいの視学の後ろからオーバーを着せてやるんですね。それは自分が首を切られないためであり、首を切られたら一家が飢えに迷う時代があったわけですね。今は飢餓の怖さを知らない。だけど昔はそうだった。失職すると飢餓に直結する時代があった。そうした背骨を戦慄させるような生活を、日本の人たちは体験してきたのです。

そういうことを救わんがために、柳田国男は民俗学を志したと書いております。彼の生まれは兵庫県の福崎というところですが、近くに北条というところがある。明治十年代に飢饉がありまして、そのときにお救い米を出しています。おかゆをお上から配った。その行列を見たことを書いています。自分はそれを見て、なぜ農民は貧しいんだろうか、なぜ飢餓に追われるんだ、それを解決するためにも民俗学をやらなければいかんと思って、大学でも、法科の出身ですが、備荒貯蓄、飢饉のときに蓄えている倉の研究をやっているのです。そこで、農業関係の役所に入ってもいろいろやっているわけですが、柳田の心に飢饉の体験というのが少年時代にも一番刻まれたということを、彼は自伝の中で告白しています。

では飢餓というのはマイナスかというと、そうではないのですね。今は飽食の時代ですが、飢餓を知らないためにいろいろな問題が起こっている。なぜマイナスではないかという例を挙げますと、高野長英は飢饉を念頭に置いて救荒植物の研究をしているんですね。それから安藤昌益の農本思想、啄木の歌、宮沢賢治のいろいろな著作、皆、飢えが主題なのです。飢餓をばねにして見事な思想の世界をつくり上げたということで、飢餓というものはある意味では大きなばねになる。ところが飢餓がなくなるにしたがって、そのばねがなくなってしまった、という現状がある。そういうことで、皆さんに御縁の深い食生活についての調査をお願いしたい。まだ間に合うんですね。昭和十年の記憶を持っている人が多くいますから。だけどだんだん理解できない時代がくるんですね。一粒の米を得んがための農民の努力がわからない時代がくる。今だってきているかもしれませんが、まだ証言を得られ、それが記録として残りますから。

農民の気持ちと減反政策

昔は、東北では田んぼを広げるのに夜中に自分の田んぼに行って、あぜを押していくわけですね。一センチメートルぐらいずつ押していく。隣の田んぼに食い込むために。夜やるわけですね。隣家の農民もちゃんと心得ていて、あぜに寝るわけです。ばんどりというか、蓑かさを着たままですね。そういう話が残っておりますが、少しでも自分の田んぼを広げたい、米を生産したいという熾烈な欲望が、弥生時代以来何千年と日本の中に続いてきているのです。これは夢にも忘れることはできない。

そういう農民の気持ちから申しますと、日本が一九七〇年に減反政策に踏み切ったということは、弥生時代以来の農民の欲望をそこで切断したということなんですね。少しでもたくさん米をつくりたいという農民の欲望が、あそこで中絶されたのです。農民の意欲が中断されたときは、農民はニヒリズムに陥ります。自信がなくなる。誇りがなくなる。そういうことが農村が崩壊する原因だと思うんですね。農村の基盤が崩壊していくのは一九六〇年代ですけれど、農民の精神の崩壊というのが一番怖いわけです。粒々辛苦して、一粒の米でも大事にして、弁当箱の裏の米も粗末にしない時代があったのに、ああいう精神を、どぶに捨てるみたいにしてなくしてしまったのではないかと、非常に残念に思っているのです。

米を「菩薩」という異名で呼ぶところがあるのを皆さん御存じだと思います。米は菩薩だから捨ててはいけないと。洗い場の米をざるに入れてそれを大事にしていると、突然米粒が菩薩の光を出したという話を戦前に読んだことがありますが、そういうふうに米は大事にされているんですね。それは単に食糧として大事にされているのではなくて、米には精神的なものがある。そこを私なんかは、特に民俗学の立場から重要に考えるのです。減反政策はわずか二十数年でもとに戻ったわけですから、それをよしとしなくてはいけないかもしれないけれども、つくりたいという欲望、そしてまた日本の精神文化の一番基本に稲作が位置しているという問題を抜きにして、いたずらに外国から米を輸入するというようなことは、私は日本人の誇りをなくするものではないかと思います。

渡部忠世先生も私との対談の中で、フランスの代表はぶどう酒だと。ドイツはジャガイモだと。そういうふうに基本的なものはちゃんと確保しなくてはならない、ということを言っているんですね。向こうは六十パーセント、七十パーセントぐらいそういうものが自国で確保されているのに、日本はお米の場合は二十パーセントか三十パーセントしかない。それは非常に危険であるということを渡部さんもおっしゃっておられましたけれど、民俗学の立場から申しましても、稲の問題は非常に重要なんですね。今は稲作偏重とかいって、柳田国男の民俗学を稲作偏重の民俗学だからといって、焼き畑農業を重視したりする向きもありますけれど、もちろんそれも重要には違いありませんが、稲は日本の食生活の、そしてまた民俗学の一番重要な部分を占めているということは、幾ら強調しても強調し過ぎることはない、と私は思っております。だんだんそれがわからなくなってくる。これが一番怖いのです。きょうの朝日新聞の大岡信の「折々のうた」を読んでいたら、リンゴの皮をむけない世代がきているということを歌にしている人がおりましたが、だんだんそういう時代になってまいります。

封建時代のとらえかた

封建時代と一口に申します。けれど、封建時代が本当にわかっているかというと、なかなかこれは難しいんですね。例えば、明治になって封建時代から資本主義の時代に変わってきた。半封建的とかいろいろ言いますが、封建時代がわかるかというと、これがなかなかわからない。例えば、関が原の戦いで宇喜多秀家が西軍に味方し、そして負けた。それで殺されようとしたんですね。それを、前田利家の娘が宇喜多秀家に縁づいているということで、加賀の前田家はかわいい娘が縁づいている宇喜多家がお家断絶になるのは忍びないと思ったのでしょうか、宇喜多秀家の死一等を減ずるように嘆願するわけです。結局それが成功いたしまして、八丈島に流されるんですね。あのころは男だけが重要ですから、娘は国元にとどめおかれる。宇喜多秀家とその息子二人が八丈島に流されます。そこで八丈流人として生活をする。宇喜多秀家はもちろん妻帯しませんが、その息子たちは現地の女性をめとって、明治まで浮田流人として暮らしていくわけです。そのときに前田家はどうしたかといいますと、隔年、つまり一年ごとに米を七十俵、金子三十五両、それに衣類や薬品をずっと送り続けるわけです。鳥も通わぬ八丈島と言われるぐらい交通不便なところに、一年ごとに江戸時代の始まりから明治まで送るんですよ。そして明治二年に流罪という刑法がなくなり、赦免されると、板橋の自分の屋敷に浮田流人たちを入れて長屋に住まわせ、お小遣いをやる。二百何十年かの間、欠かすことなくやっていくわけです。これが封建時代なのです。封建時代は反人間的とか、反人権的とか考えるでしょう。逆なんです。そうでなければ、何百年も続くはずはないのです。一回ぐらいは、今でもやるかもしれません。だけど明治に至るまで、そして御赦免があっても板橋区の前田家の屋敷内に流人を住まわせ、小遣いを明治六年ぐらいまで渡しています。これが封建時代なんですね。だから封建時代と簡単に言うわけにいかないのです。

鷗外の有名な史伝小説で「渋江抽斎」というのがございますね。皆さんもお読みになったと思いますが、あれなんかでもそうなんですね。渋江抽斎の奥さんがあるとき、あれは眼科のお医者さんですが、治療に来た尼さんが生活が立たないというので屋敷内の長屋に住まわせるんですけれど、二十数年、八十八歳で亡くなるまでそこに住まわせるんですね。それから、出入りしていた飾屋長八とかいう男がいまして、何かで世話になって、やはり長屋住まいをするわけですが、安政五年に渋江抽斎が亡くなったときに、ちゃんと葬式のお手伝いをして、そこで晩酌をして、「おれもお供をしてもいいな」とつぶやくわけです。それで二階に上がっていく。翌朝、妻が二階へ上がりますと、死んでいるんですね。抽斎が死んで十年して、奥さんは津軽に帰ろうとする。そのときに六十六歳になるすし屋の久次郎という出入りの職人が、津軽までの道のりを自分もついていくと申し出るんですね。結局それは津軽藩のお許しがなくて思いとどまるわけですけれど、そういうのが封建時代なんですね。封建時代が人間味を知らないとかなんとかいうのは真っ赤なうそなんですね。

鷗外が「渋江抽斎」を書いたのは、たしか大正五年です。鷗外はこれを執筆するに当たって、本当に時代を隔てているということを感じて、理解に苦しむみたいな文章を書いているのです。だけど、まだ明治維新から半世紀そこそこです。大正五年ですからね。それで、もうわからなくなるのです。我々は、前田侯が浮田流人に対してやった徹底した律儀さ、そういうものが封建時代だということがわからないのです。だから簡単に封建時代はだめだとか、反封建と言うわけにいかない。柳田が言っているように、昔は庇護、保護することと服従は表と裏だった、保護と服従というのは一体だったということを柳田は言っているわけです。上から下を保護し、下の方が上に服従するという、その差がないわけです。一体なんですね。

親と子、村

例えば「親」という言葉でも、昔は今のように自分の父親あるいは母親を言うだけではない。一族連帯の長が「親」なんですね。親と子の関係、親方・子方と言いますけれど、その「親」は一族の長なのです。一族の子はみんな同じなんですね。ですからみんな「いとこ」なんですね。子なのです。今の核家族のように両親と子供一人、二人ぐらいを親子の関係と呼ぶ時代はごく最近のことなんですね。これは日本の長い歴史の中でごく一部なのです。これを考えるときに、我々はいかに現在のメジャーで全体をはかろうとしているか、それがまたいかに危険であるかということがわかるわけです。

明治になりますと、今までは村単位に租税がかかってきたのが、家単位に税金がかかるようになります。あるいは村単位に兵役に徴集されていたのが、家単位の徴兵の制度が生まれます。そういうふうにして村から家へと移るから近代的になったと思うでしょう。しかしそうではない。なぜかといえば、学校を建てるのにも、あるいは下水の溝をつくるにも、あるいはお祭りの日を決めてそれを主催するのにも、それを握っているのは地主層なのです。しかも地主層の言い分たるや、「共同社会」「村のため」と公的なものを振りかざしながら、実は私の利益になるように誘導していたのが明治なんですね。封建時代にはそういうことはない。

封建時代には田んぼが決まっていますから、生産量も決まる。家族も決まる。一人多くてもいけないし、一人少なくてもいけない。余剰は全くないのです。人手をへらすわけにいかないから、その場合には「八分」というのはないのです。ところが明治になると生産を支える共同的なものが壊れて、家単位の生産になっていく。しかし、江戸時代からの村という規制は残る。その規制を利用して村の有力者層が締めつけをやっていく。そのときに八分ができるのです。自分が気に入らない村人を八分にするということが可能なのですが、昔はそうではないのですね。

飛彈の白川郷なんかでもそうなんです。あれは山の上まで焼き畑がございます。それに見合うだけの労働力が必要なんですね。長男夫婦だけが家をとって、あとはおんじ、おんばとして表面的には独身生活を強いられるわけです。そのときも余剰は全くないわけです。下北半島の尻屋崎でも、一時共産的な漁村などといわれたことがございますが、あそこに私も行ったことがある。あれも株を持っているのは長男だけで、次、三男は外に出す。次、三男に分けてやる漁業権がないわけです。それは非常に狭い範囲の、利己的な、村を維持するための共同的な社会なのですけれど、余った物もなければ不足もないわけなのです。ところが明治になると、それがなくなってくる。しかし、封建的な共同体の持つ枠組みだけを、村の有力者が利用する。これが明治の姿なのです。

私は、「白川郷の女たち」という江馬三枝子の文章を読んだことがあるのですが、野良に行くときは共同で行く。白川郷では長男夫婦は子供を公然と産むのですが、次男、三男、あるいは次女、三女というのは、土地や財産を頒けてもらえず、私通するというか、法律で認められない子供を産むのですが、その赤ん坊や乳飲み子を一緒に縁側に並べておく。「えずこ」という保温器みたいなわらの器に入れておく。だんだん日が暮れてくると腹がすく。おしめは海藻なんかを敷くのですが、おしめはぬれる。わんわん泣く。ハエがたかってくる。鼻水はたらす。そういうような状況を野良の女たちは思い描きながら働く。それで作業が終わったら一目散に走って帰る。乳飲み子たちの姿を想像するものですから。そのときどうするか。女たちは自分のおっぱいを出して、一番泣いている子にまずやる。自分の子ではありませんよ。次に泣いている子に次の女がやる。こうした形で一緒になって子供を養育する。今の家族の形態と余りにも違い過ぎている。しかし、そういう時代が過去にあったんですね。このことを記録しない限りは、もうわからなくなってくるというのが今の時代ではないかと私は思うんですね。

歴史をはかる

本当に、戦後の、特に一九六〇年この方、この二十数年の日本人の変化、私は戦中派ですから、終戦のとき二十四、五歳でしたが、友人も死んだし、何とかして新しい日本をつくらなくてはならんと思った。やってきた結果が、こういう形で世紀末を迎えるし、自分の生涯の末も迎えてしまったということは、何とも言えない悲しいというか、寂しいというか、悔しい思いがするんですね。しかし考えてみれば、これは日本の歴史の中でわずかな時間だと、そう思い返してみるのです。これがオーソドックスな道ではなかったよと。これは首の骨が、頸椎がちょっと曲がった時代なんだと、そういうふうに思って自分を慰めることにしているわけですが、今申しましたように、大正の初めころ、もう封建時代がわからなくなっている。封建時代どころか、昭和九年の大飢饉のときの東北の人たちの心情が今ではわからなくなっている。あるいはまた戦後の心情もわからないかもしれない。ですから私は、いろんなことを考えるのですが、日本は余りにも戦後の急な改革のために、たらいの水とともに赤ん坊まで流してしまったのではないだろうか、という思いもするわけです。

私の生まれは熊本なのですが、肥後の猛婦と言われますが、昔はなかなか女傑がおりました。例えば共産党の指導者だった蔵原惟人、あれは阿蘇の名家なのですが、蔵原惟人が治安維持法でひっかかって牢獄にぶち込まれる。近所の人たちが「お子さんがそうなられて、あなたもさぞ御心配でございましょう」と言うと、「なんのなんの。ああいういい子だったら幾人でも私は産みたい」と、そういう答えを惟人の母はした。それは強がりではないのですね。自分の子供を信じているわけです。

それから、明治九年に熊本では、神風連が明治政府の政策に反対して暴動を起こした。参加したのは神官が多かったのですが、二百何十名かが決起したんですね。それには兄弟とか、自分の子供とか、一族ごと決起しているのですけれど、鎧を着て、馬に乗り、槍を持って兵営に向かって突進していった。ドンキホーテさながらなんですが、一夜にして壊滅したわけです。死を覚悟した戦いでした。富永家の子供が三人、いっぺんに死んだんですね。その母親は次男が倒れているところに行って、まだ官兵もたくさんいる中を突破し、遺髪を取ってきた。いよいよ棺桶に入れるときに、長男、次男、三男の遺体が並ぶわけですが、長男に向かって「本意であったろう、本望であったろう」と母は言った。それから二番目の息子には「お手柄であった」と。三男は官兵から銃剣で刺されていた。「割腹する間もなく、さぞ無念であったろう」と、まだ二十歳前の三男にむかってなげいた。そうして三人の子の死を送るわけですが、こういうことで自分が早く死んだならば、それ見たことかと人から言われる。子供たちが親不幸したから早く死んだと人は言うであろう。「子供たちが親不幸であったと思わせないためにも、私は長生きをする」と言って、それから十年、明治二十三年の国会開設を見たいと言って、長生きして死んだという話がある。

こういう母親の考えというのは、今はわからなくなりましたね。私は、戦後は女の権利は拡張したが、しかし母親の権利、母権は縮小したと思うんですね。息子にでれでれと愛情を注ぐというのではなくて、ちゃんと「本意であった、お手柄であった、さぞ無念であったろう」と言う母親は、日本には昔あったのです。それがいつの間にかなくなってしまった。今の人たちはこれだってもうわからないでしょう。しかし、そういう時代が長くあったのです。ですから、我々の歴史感覚は、今の時代をもってはかるわけにはいかないと思う。中世にさかのぼれば、なおさら柳田国男の言うように、保護する方とそれに対して献身的に仕えるのが、表裏一体の感情であったと。支配する人も支配される人も、ほとんど同じ物を食べている。そうした時代があった。それを封建的だとか、前近代的だとか言って批判するのは、間違っているはずなんですね。

「くに」と自然

今はナショナリズムが見直されている時代です。国家主義が何で悪いかという人たちもいます。確かにそうだと私は思う。いま一つ欠けているのは、「くに」ということなんですね。「おくにのために」と日露戦争のときの歌などもありますが、そのときは国家のためにですね。日本国のために。それから「くにの母さん」とか。それは故郷ですよね。ふるさと、あるいは地域。日本の「くに」というのは二つ意味がある。今、国家主義がかなり言われている。それは国家ですね。ところがもう一つの母親とつながるような、あるいは地域とつながるような、これもまた「くに」なんですよ。この「くに」を我々は大事にしなくてはいかんのではないかと思うわけです。

柳田国男は明治の末年に、日本の海岸線を全部歩いてみたいという欲望を起こしたということを書いておりますが、それは果たせなかったのですけれど、そのときはやろうと思えばある程度できたのです。ところが今はそれは全くできない。例えば、東京湾や大阪湾はほとんど人工海岸ですね。自然海岸はほとんど残っていない。ある時期までは、五年ずつ国土庁が統計をとりますと、一九八〇年代、東京から新大阪ぐらいまでの距離の自然海岸が五年間でなくなっていく。半自然海岸になったり、人工海岸になったりしていったんですね。この速度は今随分落ちてはいるかもしれませんが、まだまだ続いていると思いますよ。なぜこういうことが日本の場合は行われるのか。昔の人は、東北の酒田あたりに行けば防風林があります。あるいは能代に行くと、ちゃんと砂防林があります。あれは孜々営々として先人が立てた。しかし、砂浜は残したわけです。今は一挙にそういうものをなくそうと、そういうような考え方に変わってきた。自然との調和というものは頭にない。それは今、見事に復讐されつつあるのではないかと私は思うのです。

私は前から、「なぎさの民俗学」ということをよく言っているのです。なぎさというのが一番日本ではデリケートなところだと思う。昔はなぎさの向こうは海でありまして、海のかなたには母の国、常世の国があったと日本人は考えていた。こちらは現世であり、向こうは他界で、なぎさがちょうど中心線にあった。だから、例えばなぎさに産小屋を建てた。豊玉姫は産屋をなぎさに建てているんですね。お墓もなぎさにある。他界と現世がクロスするところがなぎさなんですね。なぎさというのは一番微妙なところで、潮が満ち、潮が引いていく、干満が一番よくわかる。それからまた四季の移ろいもわかる。流れてくる漂流物が変わっていく。飛んでくる鳥も変わっていく。四季の移ろいもわかるし、干満の差もわかる。一番デリケートななぎさを何で日本人は無残につぶしていくのか。私にはわからないですね。それは効率第一で考えるからだと思います。だけど、ほかに方法はなかったかと。荒っぽい手術をしないで、漢方薬でも飲ませながら病人を回復させるような、そうした内科的な手段がとれないものか、そういうふうに私は考える。なぜかというと、なぎさは生き物だからです。

国土の中心部を心臓とすれば、海岸線は人間の皮膚に当たります。皮膚が半分以上やけどで呼吸ができなくなれば人は死ぬ。日本もまさしくそういう状況にきているのではないかと思うのです。皆さんの中にも海辺にお育ちの方がいらっしゃると思いますが、海岸に行けば自分自身を取り戻したような気になる。海草のにおいとか、潮の香りをかげば肺臓が膨らんだような気になる。そうした日本人なのに、なぜそういうものを勝手につぶしていくか。これは大きな問題だと思います。日本のような小さい国柄で、あんなひどいことをやられたら、ひとたまりもないはずなんですね。ところがこの前も、人工砂州ですか、砂浜をつくったらどれぐらい生物が帰ってくるか、どこかで実験していることがテレビで出ておりましたけれど、アサリがちょっと出てきたらしいですけれど、生物は全然来ないです。五十年、百年かかるんですね。仮に人工海岸をつくったところで。

そういうふうに自然は非常にデリケートで、しかも自然のデリケートさに見合うように日本人の心情もデリケートで、それで俳句があり、短歌があったわけです。ところが四季の風物詩は、日本の風景の中からシャットアウトされてしまった。人間だけでなくて、風景を殺していく時代にきている。人間の気持ちがこんなにささくれ立った時代はないと思うんですね。人間はこういうささくれ立った人間関係だけでは生きられないんですよ。もちろんクールなところも必要です。べたべたしたところだけで人間は生きられないかもしれない。湿っぽいところだけでは生きられないかもしれないが、ささくれ立つだけでは生きられないのが人間なのです。

それに対して、もっと日本人はどうしたらいいかということを考えてみる必要があるのではないか。それには「くに」という問題をもっともっと考えてみるしかない。干潟の問題もそうですし、山林の問題もそうでしょう。あるいは休耕田の問題もそうかもしれません。いずれにしても日本の自然は、伝統の中に入っているんですね。田ごとの月というか、千枚田の中に映る月でも、歌に詠まれるわけです。日本の場合は自然も伝統の中に入るわけです。ですから自然をつぶすことは、伝統をつぶすことになるわけです。そうした考えがもっともっと若い人の中に生まれるような仕組みをとらないと、どうにもならないことになるのではないかと思うわけです。

「くに」というものは、もともと無生物ではなかったのですね。例えば記紀の国産みの神話を読んでみましても、「伊予国は愛比売という」とある。愛比売の「え」は「愛」という字になっていますが、「え」というのはお姉さんのことを言うんですね。おとひめが妹姫であって、えひめというのはお姉さんで、愛媛県の「えひめ」はそうですから。徳島県は「大宜都比売《おおげつひめ》」というふうに言われて、「古事記」や「日本書紀」を見ますと、みんな人の名前がついているわけですね。信州の上田は生島足島《いくしまたるしま》神社で、島が神様なのです。島と国はだいたい同じなんですが。あそこに行きますと、本殿には何もないんです。御神体が。土間、土しかない。生国魂なんかもそうです。あるいは大国魂神社の国魂もそうです。「国魂」というのは国土が魂を持つんですね。人間ではなくて国土が持つ。それが日本人の伝統的な思想なのです。ところがいまや国土は単なる売買や投機の対象でしかなくなった。司馬遼太郎さんはそれにも憤死したのだと思いますが、そうした観念をもういっぺん脱却しなくてはいけないのではないかと思うわけです。

それはいろいろ問題があります。例えば公有水面埋立法というのがございます。これは大正十年、私が生まれた年にできたのですが、要するに水面をどんどん埋め立てしていいという法律なんですね。それは地方自治体の長が認可すればできるわけです。地方自治体の長が、第三セクターをつくっておきまして、それの申し入れということにして、自分で判子を押せばそれでいいということになります。それでどんどん変わっていったのです。こんなにいいかげんに、わずか四年の任期しかない県知事が変えていいものかと、私は憤慨したことがあります。

出雲国に行きますと、出雲国の四月というのは本当に美しい。まだ眠りからさめないような、かすみがかかって、冬からは抜け出しているのですが、春が来るには少し早過ぎるというような、半覚半醒の状態の風土なんですね。そこでいろいろなお祭りがあるのですが、青柴垣《あおふしがき》のお祭りというのがあるのですけれど。あるとき、島根半島の枕木山に登ったら中海が埋め立てられているんですね。大根島というのが真ん中にありまして、そこまで陸続きになっている。これは「出雲国風土記」を読めばわかりますが、夜見半島という半島は夜見ケ島という島だった。大根島の名前もちゃんと書いてある。それから、あそこは宍道湖との間に水道が通っておりまして、私は戦後すぐ大根島へ行ったことがありますが、ちょうど桃の花と菜の花が一緒に咲き乱れるようなときで、桃源郷のような雰囲気でした。ところが中海を埋め立てたわけですね。それも住民の反対が相当あったはずです。それを押し切って埋め立てた結果、本当に見苦しい状況になって、潮の流れも変わってくるし、漁業も不振になると。それが任期一期四年の県知事が勝手にできるんですよ。それが大正十年にできた公有水面埋立法で、これなんかもよほど考えてほしいと思いますね。埋め立てることが利権につながるんですね。だから困るんです。本当に公平無私に考えるならまた別ですよ。しかしそんなことはあり得ない。「出雲国風土記」のあの美しい風土を、たかが一知事に改変する権限があるのか、だれの許しを受けたかと、思わず言いたくなる。あれは反対運動が功を奏したようなことも聞いておりますが、「くに」を大事にしたい。国家も必要だが、国土、母なる大地、母なる川、母なる山を我々は大事にしなくてはいかんと、そういうふうに思うのです。

だんだん年をとってまいりますと、母なる大地に帰る日がいずれは来るわけですが、そうしたときに、こんなコンクリートだらけのところかと、自分もそうですが、みんなが思われないように麗しき日本の山河を大事にしていかなければいかんと思うのですね。みなさんも同じようなことをお考えになっているのではないかと思うのです。

今ちょっと思い出したんですが、皆さんはへらでやる農業を御存じありませんか。竹富島、黒島あたりはくわは使えないんです。くわを使うとすぐ石灰岩につきあたる。向こうの農業はへらでやる。そういう農業もある。その農業をやっている上に、寛永十四年から明治三十六年まで、二百六十六年の間、人頭税がかかっているのです。そして竹富島とか黒島、米が一粒もとれないところに米を出せと言ってくるんですね。それで竹富島や黒島の人は西表島の大原の海岸に、あそこは仲間川という川が流れておりますが、そこのあたりに寝泊まりしまして、そこで米をつくって琉球王国に納めていたのですね。鳩間島もそうです。考古学でよく土器なんかを掘り出しますね。あれと同じです。スプーンで掘るような感じの農業ですね。ああいうへらでしかできない、くわの使えない農業、そういうところは表土が浅いですから、いっぺん台風がくると全滅です。潮風に吹かれて。そういうところでも、過酷な人頭税をださなくてはならないという時代が、二百数十年も続いているんですね。

とりとめもないことを申し上げましたが、だからこそ、最初の提案に帰るのですけれど、昭和十年と十五年の間ぐらい、十二、十三年でもいいが、その時代に黒島では何を食べたか。へらでしかできない農業で何を食べていたか、あるいは北海道で何を食べていたか、それを皆さんのお力で、ぜひともそういうことをやって、日本の歴史の証跡として残しておいていただければ、私のきょうのつたない話もお役に立つことになるかもしれないと思っております。時間がそろそろきたようですので、これで失礼いたします。どうもありがとうございました。

(「農業水産技術研究ジャーナル」二二巻八号、農業水産技術情報協会、一九九九年八月)

「いくつもの日本」の可能性——赤坂憲雄ほか編『日本を問いなおす』

日本人は長い間単一民族観に馴《な》れて「ひとつの日本」という固定観念から逃れることができなかった。赤坂憲雄は日本人の偏狭な民族観に異議を唱え「いくつもの日本」の可能性を探究してきた。それは二年前に刊行された彼の著書『東西／南北考』(岩波新書)でも強調されている。このシリーズ「いくつもの日本」(全七巻)は、赤坂の提唱を軸として、企画編集されている。その第一巻が『日本を問いなおす』で、そこに収められた論考は、考古学や民俗学の分野で、日本列島文化の見取図を描いたものと、近代史の分野で日本人の意識を分析した考察の二つに大別される。アイヌや蝦夷《えみし》、または沖縄や奄美を視座に入れて、閉じられた日本から、開かれた日本へと、認識の転換を学問の分野で迫ろうとする試みは今に始まったものではないが、本書の論考はやや図式的ながらも、成熟した内容を備えていて、啓発される点が多い。

問題は「いくつもの日本」が標的とした「ひとつの日本」が最近とみに力を失っていることである。柳田の一国民俗学は、日本全土に民間伝承の生きていた時代にこそ可能であった。しかし柳田の死後四十年経《た》ってみると、民俗を伝承する社会は、見る影もない。

「ひとつの日本」が一国民俗学の思想と連動するとすれば、それは崩壊したものと考えたほうがいさぎよい。また、戦前はもちろん、戦後でも昭和時代の終り頃までは、「ひとつの日本」には民族としての自負と誇りがあった。それがどんなに批判されようと、民族の誇りと国土への愛は、いわば酸素のようなものである。しかるに二十一世紀初頭の「ひとつの日本」は酸素が不足し、自己溶解を始めている。このとき「いくつもの日本」論は、敵を見失う危険はないか。本書でも、中村生雄は手放しの「いくつもの日本」論が「不定形の日本」を呼びこむことの危惧《きぐ》を表明している。

自己解体にむかう「ひとつの日本」の再生の道を、本シリーズで探ってほしいと切望する。

（「東京新聞」二〇〇三年一月五日）

球磨・久米・狗奴

喜田貞吉は「久米は球磨であり、久米部は球磨人、即ち肥人ならん」と述べているが、太田亮はそれに同調して、「久米族の山部連は山部の総領的伴造《とものみやつこ》」であるという。久米部は南九州の、肥人《くまびと》であって、『魏志倭人伝』の狗奴《くな》国の地域がこの久米部の本拠であろう。ここから太古の山人集団の存在が浮かび上がる。

ところで『出雲国風土記』意宇《おう》郡の条に記載された「久米社」の原注には「久未」とある。また『新撰姓氏録《しんせんしょうじろく》』の一本には、久米都彦を久未都彦と記している。かくして「久米」は「久未」と表記されたことが分かる。久米は球磨《くま》である。

鹿児島県の薩摩半島にある加世田市の上加世田遺跡から奈良時代の土師器《はじき》埦が出土しているが、それに「久米」という墨書のあるものが混じっていた（『加世田市史』）。これはその地方に久米族がいた動かぬ証拠である。そこは加世田市の北隣にある金峰《きんぽう》町阿多から数キロしか離れていない。阿多は知る通り阿多《あた》隼人《はやと》の本拠である。こうして久米族が阿多隼人と同じ地域に居住し、両者が密接な関係をもっていたことはまちがいない。ところで、久米族の本拠については諸説がある。土橋寛の「大和東南の山間部」（『古代歌謡論』）あるいは上田正昭の「大和高市郡より宇多をへて伊勢地方」（「戦闘歌舞の伝流」）という大和を中心とした近畿説である。これらは久米部の近畿地方における活動の拠点であるにしても、久米族の源流とは言い難い。つまり久米族はそもそも肥人や隼人に近い関係をもつ南九州の異族であった。

『魏志倭人伝』に見える「狗奴国」も前述のように「球磨国」のことであろう。Kuma と Kuna の m 音と

n音は互いに交換可能であるので、同じ地域とみてよい。ここで狗奴国と表記されているのは明らかに中国人の倭国に対する賤称であって、しかもことさらに狗の字を選んでつけたのは、隼人が犬祖伝説を信奉する卑しい民であることを強調したためと思われる。つまり隼人の先祖の狗奴国は犬の子孫だと蔑視したのである。

『日本書紀』によると、隼人の祖は火闌降《ほのすそり》命である。火闌降命は彦火火出見《ひこほほでみ》尊の兄にあたる。この兄弟を産んだのは大山祇《おおやまづみ》神の娘で吾田鹿葦津《あたかしつ》姫、またの名を木花開耶《このはなさくや》姫と称した。人名に吾田の名が冠せられていることから隼人系の女性であることが分かる。父は日向の襲《そ》の高千穂に天降った天孫の瓊瓊杵《ににぎ》尊である。

『古事記』では、最初に生まれた子どもは、隼人阿多君の祖の火照《ほでり》命、次に生まれた子は、火須勢理《ほすせり》命、第三番目の子が火遠理《ほおり》命となっている。火照命は海幸彦である。火遠理命はまたの名を日子穂穂手見《ひこほほでみ》命といい、山幸彦であった。海幸彦、山幸彦の葛藤もこの阿多の海岸を舞台に展開されたとするのがもっとも自然である。大山祇の神の女の木花開耶姫は隼人の女性であり、山幸海幸の神話は山猟と漁撈に明け暮れた隼人の海部と山部の双面性をうかがわせるのである。

久米族の変遷のあとを辿ってみよう。『和名抄』に肥後国球磨郡久米郷がある。多良木《たらぎ》町や須恵《すえ》村に含まれる地域である。久米郷は久米部と関係があるのではないか。

久米部の居住地のなかで九州にもっとも近いのは伊予国久米郡である。そこは『和名抄』に記載された古代伊予国十四郡の一つで、松山平野の東部に位置している。『国造本紀《こくぞうほんき》』に「久味《くみ》国造ノ軽島豊明朝（応神朝）神魂尊十三世孫伊予主命定賜国造」とあるから、伊予主命は伊予久米部の先祖であろうと『大日本地名辞書』はいっている。前述のごとく久味（クミ）、クマ、クメは互いに通音である。

松山市南部の農村地帯はかつて旧久米郡に属していた。今日の松山市北久米町及び南久米町は『日本地理志料』によると古代には久米郡久米郷に属し、この付近に久米郡を総括する郡家があったとされている。松山市南久米町の東隣の鷹子《たかのこ》町に浄土寺がある。幕末に編纂された『愛媛面影』によると、久米の浄土寺の辺に播磨《はりま》塚《づか》という古墳があったという。昔は石室があったが、今は野原にその残欠があるだけといわれている。伝承によると、この播磨塚は、清寧天皇の御世に伊予国人来目部《くめべ》小楯《おだて》という人物が、播磨守として任地に赴き、役目を終えて伊予に帰り、館をつくって住んだとされるところで、播磨塚と称したという。久米部が久味国造となってからは、このあたりは国造の治所であったらしいことから、石室は国造家一族の墳墓であったと推定される。久米郡のとなりの浮穴《うけな》郡も同族の浮穴直《うけなのあたい》の発生した地とされている。またその西の喜多郡にも久米郷があるところをみると、久米部の一族は広い地域を支配したことがうかがわれる。

「神代紀」の一書によると、ニニギノミコトは大伴連の遠祖の天忍日《あまのおしひ》命、来目部の遠祖の天穂津《あめくしつ》大来目《おおくめ》を率いて、日向《ひむか》の襲《そ》の高千穂に降ったとある。また「神武即位前紀」には、神武東征のみぎり「大伴氏の遠祖日臣《ひのおみ》命、大来目を帥《ひき》ゐて、元戎《おほつはもの》に督将《いくさのきみ》として山を踏み啓《みちをわ》け行きて、乃ち烏《からす》の向《むか》ひの尋《まま》に、仰ぎ視《み》て追《お》ふ。遂に菟田下県《うだのしもつこほり》に達《とほりいた》る」とある。これによると、大伴氏の遠祖の日臣命が大来目をひきいて、兵士《つわもの》の大群（元戎）を督励し、山を踏み、道を分け開いて、八咫烏《やたがらす》のあとを追い、大和国の宇陀に達した、という。このように『日本書紀』は、大伴連の配下に来目（久米）部があったとしているが、太田亮は、久米部のほかに大伴部があったわけではないとして大伴氏の遠祖の日臣命の率いた軍兵《つわもの》は久米部にほかならなかったとする。そこで大久米命というのも、久米部の軍将を一個人のように語り伝えたまでで、大久米命も久米部全体を一神のごとく視て神格化したと見るべきだという。

久米直《あたえ》は大久米部の後裔であって、『古事記』の景行天皇の条に「久米直の祖、名は七拳脛《ななつかはぎ》、つねに膳夫《かしはで》として従ひ仕へ奉りき」とあるところから見ると、異族扱いをされていたのではないか。『越後国風土記』逸文には「美麻紀《みまき》の天皇（崇神）の御世に越の国に人あり、名をば八掬脛《やつかはぎ》といふ。その脛の長さ八掬なり。力多《まさ》り太《いと》強し。こは土雲《つちくも》の後なり。その属類《たぐひ》多し」とある。これは蝦夷と見られている。神武軍を迎え撃った長髄彦《ながすねひこ》も蝦夷と見られている。『常陸国風土記』茨城郡の条にも都知久母《つちくも》、また、夜都賀波岐《やつかはぎ》が登場する。ナナツカハギもヤツカハギも要するにスネの長い人物のことで、先住土着の異族すなわち土蜘蛛《つちぐも》の身体的な特徴を誇張したものである。ヤマトタケルに従った久米直の祖のナナツカハギも異族と見られたふしがある。久米部もまた神武東征の際、大伴氏に率いられた九州の兵士たちで、異族の風俗をたずさえた連中であったことは『記紀』に明らかである。

その異俗の一端を伝えるものとして、『古事記』は神武帝が随行した大久米命が眼のふちに入れ墨をした鋭い目付きであったことを記している。これは隼人の一類である久米部が異俗であったことを物語っている。『古事記』には、久米部の軍団が長髄彦（登美毘古）を撃とうとするときの歌が三首挙げられている。

みつみつし　久米の子等が　粟生《あけふ》には　韮一茎《かみらひともと》　そねが茎　そね芽繋《つな》ぎて　撃ちてしやまむ
みつみつし　久米の子等が　垣下《かきもと》に　植ゑし椒《はじかみ》　口ひひく　吾は忘れじ　撃ちてしやまむ
神風の　伊勢の海の　大石《おひし》に　這《は》ひ廻《もとほ》ろふ　細螺《しただみ》の　い這ひ廻《もとほ》り　撃ちてしやまむ

これは久米部軍団の勇壮な鬨《とき》の声である。しかし神武軍は窮地に陥り、食料の欠乏に悩まされ、「戦へば

我ははや飢《ゑ》ぬ　島つ鳥　鵜養《うかい》が伴　今助《す》に来ね」と悲鳴をあげることもあった。「鵜養が伴」というのは、先に述べた「阿陀の鵜養」のことである。これは神武軍が久米部の援軍を求めたことを意味する。この阿陀が薩摩半島の阿多に繋がることはいうまでもない。

『日本書紀』には「火闌降命《ほのすそりのみこと》は即ち吾田君小橋《あたをばしら》等が本祖《とほつおや》なり」とある。また『古事記』には神武天皇の条に「阿多の小椅君」とある。これについて思い起こされるのは『日向国風土記』逸文に「知舗《ちほ》の郷」という一文があって、瓊瓊杵尊が日向の高千穂の峰に天降ったとき大鉗《おおはし》、小鉗《こはし》と呼ばれる土蜘蛛がいたとあることである。この小鉗は阿田君の小橋と同音である。もし小鉗が小橋と同一であるとすれば、阿田君は異族でしかも土蜘蛛であったということになる。

宮中の雅楽寮で行われる久米舞では、大伴氏が琴を弾き、佐伯氏が刀を抜いて舞い、蜘蛛を斬るという所作をする。この蜘蛛は土蜘蛛を指している。そこでこの舞いは、佐伯氏が蝦夷を、また大伴氏が隼人の一種である異族の久米部を自分の管轄下に置き支配していたことを示している。

『日本書紀』は神武天皇二年二月二日の条に、「大来目をして畝傍《うねび》山の西の川辺の地に居《はべ》らしむ。今来目邑と号《なづ》くるは、これ、その縁《ことのもと》なり」とある。『和名抄』の高市郡の久米郷にあたり、今日の橿原市久米町である。これは大久米命という。個人ではなく、久米部を移住させたものであろう。

その久米部はどこから来たか。『万葉集』第十一にこうある。

阿太人《あたびと》の梁《やな》打ち渡す瀬を早み心は思《も》へど直《ただ》に逢はぬかも（二六六九）

阿太人が魚をとるため梁をかけわたす瀬が早いように、心ははやっているが、直接には逢えないでいる、という意。阿太の大野については『万葉集』第十にこうある。

真葛原靡く秋風吹くごとに阿太の大野の萩の花散る　（二〇九六）

阿太の鵜養たちのいた阿陀（阿太）は奈良県五條市にある。そこは万葉歌に見るように、吉野川の早い瀬に魚梁《やな》を渡して漁業をする安太人（阿多の隼人）の居住地であったらしい（歴史地名大系『奈良県の地名』）。『大日本地名辞書』によると、大和国宇智軍はもと阿陀の地名であったものを宇智に改めたのではないかと述べている。『和名抄』に、宇智軍阿陀郷がある。吉野川の北岸にあり、今の五條市東部の東阿田町・西阿田町・南阿田町あたりとされている。

そこで、橿原市久米町に移された久米部の人々の郷国は遠く薩摩半島の加世田・金峰にまたがる阿多地方であったと思われる。阿陀の鵜養も神武東征のときに同行したのであろう。ちなみにアタは朝廷の仇敵《あた》である異族の称とする説があるが、沖縄ではアタックといえば鵜を指す。このことからアタの名称は、薩摩半島の隼人が鵜飼の習俗をもっていたからであるという説がある。

太田亮は『姓氏家系大辞典』の「山部」の項目に次のように述べている。

【山部】は太古以来の大氏族、否氏族と云ふよりは寧ろ種族と云ふ方、穏当ならんか。されど此の部は早く散乱して、諸豪族私有の民となりて、その名の下に隠れしもの多く、なほ品部として残りし山部も、早く統一を失ひ、加ふるに桓武天皇の御名を避け奉りて、其の祢呼中絶せしかば、これを研究する事甚だ難し。

山部は九州の山地にも存在した。『日本書紀』によると、景行帝は巡狩の途次、肥の国の熊県《くまのあがた》に立ち寄っている。熊県は『和名抄』の肥後国球磨郡である。そこに熊津彦という兄弟がいて、兄は天皇に従ったが、弟は出頭しなかったので殺したとある。それから海路で葦北の小島にとどまって食事をしたが、そのとき山部阿弭古《やまべのあびこ》を召して冷たい水を奉らせた。そこが水嶋であるという。水島は球磨川の河口にあり、今は八代市に含まれ、陸つづきとなっている。

この話に出てくる阿弭古は原始的なカバネである。この山部阿弭古はおそらく球磨川の上流の球磨地方と関係があった人物と思われる。これは山部が九州の山岳地帯にいたことのたしかな例である。

こうして山部と球磨地方、とりわけ久米郷との関係は明かである。「山部」としてヤマト政権の傘下に組織される以前の「山」の集団は狩猟の長い伝統をもっていたであろうと思われる。たとえば縄文時代の大遺跡である上野原遺跡（鹿児島県霧島市）から、深さ二メートルにも達する猪のおとし穴が百基近くも発見されている。これは紀元前四千年も昔の話であるから、それを弥生時代や古墳時代に結びつけるのは困難であるにしても、そこが大隅国府の中心であり、大隅隼人の根拠地であったことは、一応念頭に置いておいてもよいであろう。とすればこれらの地域は狗奴国とも無縁ではなかったと思われる。

（人吉球磨総合研究会「球磨盆地・地名研究会」シンポジウム資料集　二〇〇七年一〇月二一日）

海の熊野の魅力

1　熊野名義考

熊野という地名は字義の上からは熊（クマ）と野（ノ）の二つに分けて考察することができる。クマ（隈）は曲り角、入りくんで見えにくいところ、またクマ（奠）は神に供える供物をいう。神に供える稲を作る田をクマシロと呼んでいて、それは神稲《くましろ》という地名にもなっている。こうしたことから、クマには、人に見えにくい囲まれた地域で、神の住む聖所とされることが多かった。熊野は牟婁《むろ》郡一帯の呼称である。牟婁は、古代に神の降臨する場所であるミムロの美称ミを省いた語であり、室《ムロ》の意である。したがって熊野とは神霊のこもる、いわゆる隠国《こもりく》の意にほかならなかった。熊野の野（ノ）は傾斜した土地を指す。平地が乏しく、山から海へなだれ落ちる熊野にふさわしい語である。

神は日頃は姿を見せないで幽暗なところにこもっている存在である。コモルという語にはひそむ、ひきこもるということから人の死を意味する場合もある。カミとコモルは語源を一つにすると私は考えている。熊野本宮は死者の魂の集まる場所という信仰が最近までつづいていた。生前一度も本宮まいりをしたことのない死者の枕許には、死後いちはやく本宮まいりをするようにと、にぎりめしを供えやる風習が付近の集落にあった。

つまり熊野は神のこもる国であると同時に死者の国でもあったということがその名義から理解できる。しかし熊野はスサノオやその子のイタケルの伝承がまつわりついている。神武東征説話も濃厚である。そこから熊野の名義を考察することも可能である。その場合、手がかりになるのは『日本書紀』にスサノオの子のイタケルが木の種をたずさえて紀伊国に渡ったとあり、その後、スサノオは「熊成峯《くまなりたけ》にましまして、遂に根国に入りましき」と記されている一条である。

本居宣長は『古事記伝』で「熊成峯」の熊成を従来の訓のクマナリに従わず、クマナスと訓《よ》ませ、ナスはヌと同じで、クマナスがクマノになったと主張している。しかし私はクマナリと訓み、クマナリがクマノになったと考えるのである。

スサノオが遂に入ったという根国は海の彼方にある国である。『古事記』には、スサノオは、自分は妣《はは》の国、根の堅州《かたす》国に行きたいと思って哭き叫んだと、ある。つまりネノクニとハハノクニは同じ国であると見て差し支えない。またトコヨノクニ(常世国)も同じである。

ではスサノオが入ったというネノクニはどこにあったろうか。この問題を考えるとき、参考になるのは、『日本書紀』の雄略帝二十一年の条に述べられた次の記事である。

「天皇、百済、高麗の為に破れぬと聞きて、久麻那利《こむなり》を以て汶洲《もんず》に賜ひて、その国を救い興《おこ》す」

雄略帝が高句麗のために破れた百済の救済策として、久麻那利の地を与えた、というのである。時の百済王は蓋鹵《こうろ》王の母の弟、つまり母方の叔父にあたる汶洲王であった。コムナリは古代朝鮮語のコム(熊)とナリ(川、津)を組み合わせた語で、熊川、熊津と記されている。

百済の旧都公州の市街地からややはなれたところに、熊津の地名が残っている。私も一度訪れたことがあるが、そのあたりの錦江は川幅をせばめ、対岸の山が間近に迫っている。小高い丘に熊津壇が設けてある。

熊の女と結婚したという民間の伝承がここでは今も語られている。それは明らかに檀君神話の流れを汲むものであって、百済の王家の出自が高句麗と同じくツングース系の夫余《ふよ》族であることを、思い起こさずには置かない。

しかし、百済の首都であった公州の熊津（コムナリ）は日本から遠く、雄略帝が百済王に与えたということは、じっさいに考えにくい。それに熊津というのは川のほとりの狭い土地にすぎない。

『日本書紀』も先の文章のあとに、これは誤りであって、コムナリは任那国にあると注記することを忘れていない。

任那の熊川《ゆうせん》は今日の鎮海市の近くにある。そこは室町時代は釜山や蔚山とともに三浦《さんぽ》と称せられ、日本船の訪れる開港場として栄えた。日本にもなじみの深い土地である。一四七一年に朝鮮の申叔舟が書いた『海東諸国紀』によると、熊川の日本人町には、居留民の建立した寺社が十一もあったという。そこで、百済の熊津、任那の熊川のいずれかとすれば、任那のコムナリ（熊川）の方が、地理に合っている。

しかし問題はこれで片付くわけではない。『古事記』の神武東征の段の「神倭伊波礼毘古命、熊野村に到りましし時、大熊ほのかに出で入りて即ち失せき」という記事を受ける形で、『古事記』の序文には「神倭天皇、秋津島に経歴したまひき。化熊《くわいう》川を出でて……」とある。

熊が川を出るというのはおかしいと誰しも思う。『古事記』のテキストには「川」を「爪」としてある異本がある。宣長は「化熊爪を出で」というテキストを採用している。しかし「爪」でもつじつまが合わないので「爪」は「山」か「穴」を書きまちがったのであろう、と説明している。私も以前は宣長説が合理的であると考えていた。しかし、三品彰英の「クマナリ考」（『建国神話の諸問題』所収）を読んで、あるいは「化熊川を出でて」には「熊川」（コムナリ）という地名が隠されているのではないかと思うにいたった。

朝鮮の古神話には熊が重要な役割を占めている。檀君神話では、桓雄という人物が熊女と交わって一子をもうけた。その子が檀君で、朝鮮国を創建するのであり、また熊は水神であるともされている。ということになれば、公州の近くの錦江のほとりの熊津（コムナリ）も捨てがたいのである。『古事記』の序文の「化熊川を出でて」も朝鮮の古神話を多分に意識した表現ではないか、という考えを否定できない。

朝鮮語でクマをコムといい、ナリは川または津を意味するところから、クマナリはコムナリと同一語である。そこでスサノオのいたクマナリは熊川または熊津にあやかった言葉であることは明らかである。しかし、スサノオは熊成峯にいた後に、「遂に根国に入りましき」となっている。ネノクニは古代人には実在が信じられた海の彼方の祖霊の住む場所であるが、さりとて特定の地域を指したものでない他界であるから、ネノクニが必ずしも朝鮮を指すとは限らないが、熊成峯は熊津や熊川を意識した地名であり、しかも、熊成峯が紀伊国にあったとされていることを前提として、熊成峯のクマナリから熊野（クマノ）へと地名が変わったと私は考えてみたいのである。

2　熊野と出雲

熊野という名称の由来として、熊野は出雲にもあることから、出雲から移したのではないかという説が一部にあるが、それには同調しがたい。しかしそうした説が提出されたように、紀伊と出雲には、地名、神名、神社名など一致するものがすこぶる多い。これにはどうした背景があるのであろうか。

『日本書紀』では神武帝の東征のときに熊野の海で暴風に遇った。そのとき帝の兄の稲飯命《いなひのみこと》は「自分の先祖は天つ神で、母の玉依姫《たまよりびめ》は海神なのにどうして自分は陸でも海でもこうして苦しまなければならぬのか」となげき、入水してサヒモチの神となった、と記している。同じく、帝の兄である三毛入野命《みけいりのみこと》は「自分の母の玉依姫とオバの豊玉姫《とよたまひめ》はともに海神なのに、どうして波を起てて、船をおぼれさせようとするのか」とうらんで、波の穂を踏み、常世のくにに往ってしまった、とある。このサヒモチは一尋《ひとひろ》ワニのことだと、『古事記』の豊玉姫の条には注してある。

こうした一連の話はワニ＝サメが海神の使者であったことを示すものであり、神武帝の兄弟の稲飯命と三毛入野命とは入水して海底の常世の国に行ったことを物語るのである。

さて、志摩と紀伊の境にある熊野市の二木島では、稲飯命と三毛入野命との死体が海上をただよっているのを発見したので、その土地にあつくほうむったという伝承がある。その御陵を産土神《うぶすながみ》として二〇一〇年まで祭を行なっていたが、それは当時の様子を模擬するものである、という由緒の縁起も残されている。

この二木島の祭礼では二組の頭屋《とうや》となる家が祭事をつかさどり、あとで二艘の船による競船が行なわれた。この祭事はやはり二組の頭屋神主とその妻子が二艘の船に乗って競《せ》り合う出雲の美保《みほ》神社の青柴垣《あおふしがき》の神事を思い起こさせる。

また出雲の美保神社の青柴垣はコトシロヌシの水葬礼の神事であるとされている。沖縄では以前には人が死ぬと青木の枝葉を折りとってその死体の上にかぶせたという。それは古代の殯《もがり》に相当するものであった。青柴垣の神事は船中において殯をかたどるものである。幔幕《まんまく》の中に頭屋神主がすわり、その四隅の柱には青い榊の束を結びつける。これは、青木の枝葉を意味すると同時に、後述する補陀落渡海船の四基の鳥居ともつながるものであろうか。いずれにしても、この青柴垣の青が葬礼とつながりをもっていることに注目せざるを得ない。

出雲の美保の青柴垣神事は四月七日であるが、二木島の場合は十一月三日に行なわれた。五月四日または五日には沖縄ではハーリー船の競船行事があちこちで見られる。熊野新宮の速玉《はやたま》神社の御船祭では、諸手船《もろたぶね》が神幸船《しんこうせん》を曳くが、このとき諸手船のヘサキに立つ女装の男はハリハリショーと唱えながら、櫂をもって軽く水面をかすめる所作をする。このハヤシことばについて、「はる」は沖縄で帆走る意であり、速く走る船を「はり船」と呼んでいるからハリハリショーはハリセーハリセーの略で、元来は速く走れという意味の早船にたいする声援の語であったとする説がある（桜井満他『熊野地方の船祭』）。とすれば沖縄でいうハーリー船ということばも爬竜《はりゆう》船からきたのではないかも知れない。

このように競漕は出雲と熊野の双方に行なわれる。しかし、この二つの地方の類似性はそれだけにとどまらない。たとえば出雲と紀伊の双方に忌部《いんべ》郷、須佐《すさ》郷があり、速玉神社、伊達《いだて》神社（韓国伊太氐《からくにいだて》神社）、須佐神社、加多神社（加太神社）、熊野坐《います》神社があることを挙げて、出雲族が紀伊熊野地方にきて第二の故郷としたとする説がある。

これにたいして石塚尊俊は出雲の熊野神社は天平五年（七三三）の『出雲国風土記』には大社と記されていながら、その神格は杵築大社にうばわれ、一方、紀伊の熊野神社は時代が下るとともに神威をたかめ、信仰圏をたかめたことを指摘している。そうして出雲の熊野系とおぼしき神社六十一社のうち、そのほとんどが紀州からの勧請《かんじよう》となっている事実を論証し、出雲族の紀州進出とは反対の事実があることをあきらかにしている。

安津素彦と鎌田純一によると、古代人の意識中にあった黄泉の国、常世の国の観念がこの出雲、熊野両方に同じように結びつけられて神話が構成されたのではないか、黄泉の国、常世の国の観念が、その素材的となるものを統合していく段階で、熊野、出雲と結びつけられたのではないかと推察している。たとえばイザナミを『古事記』では出雲と伯耆《ほうき》の国の境の比婆山《ひばやま》、『日本書紀』では熊野の有馬村に葬ったとしているが、これはイザナミと黄泉国とを関連づけた神話がさきにあって、その黄泉国につながるところとして、地形その他からして出雲、熊野にそれぞれが結びつけられたのではないかとするのである。同じような理由でスサノオについても出雲と熊野を舞台とした神話がある。前に述べたように、スサノオの子供のイタケルは『日本書紀』の一書に木種をもって紀伊国に渡ったとされ、そのあとでスサノオは熊成峯《くまなりたけ》にいたが、ついに根の国に入ったと記されている。つまり紀伊も出雲も常世のすぐ近くの場所と考えられていることがわかる。

四囲を山にかこまれた大和では海の彼方の常世といえば、それを常陸、伊勢、熊野、出雲などの近くに求めるほかはなかった。

『古事記』では「御毛沼《みけぬ》の命は波の穂を跳《ふ》みて、常世の国に渡りまし、稲氷《いなひ》の命は妣の国として海原に入りましき」となっているだけで、『日本書紀』のように神武東征の際の熊野灘の出来事とはされていない。また「少名毘古那の神は、常世の国に渡りましき」となっているだけで、『日本書紀』のように「少彦名命、ゆきて熊野の御崎にいたりて、ついに常世のくににいでましぬ。またいわく、淡島にいたりて粟茎《あわがら》にのぼりしかば、はじかれ渡りまして常世のくにに至りましきという」と地名を織りこんだ細かい描写にはなっていない。

これから見ると、『日本書紀』の叙述のほうが地名に結びつけられた新しい説話となっている。スクナヒコナがアワの茎にはじかれた粟島、あるいは熊野の御崎は前後の文脈からして、紀伊熊野より出雲の熊野と考えるべきであるが、出雲と紀伊とに同じように熊野ということばが残されているのは、前述のようにクマが神を意味し、またコモルとも通音することからして、常世に向かう国の土地の名としては双方ともふさわしいものであったことを物語る。

古代人の観念の中では出雲と熊野とは常世に近いところとして、まぎらわしいものがあった。常世に向かうには、西北の出雲に行けばよかったし、また南の紀伊の熊野に行ってもよかった。

しかし私は、さらに一歩を進めて次のように考えたいのである。常世としての出雲は、常世としての熊野と相似でなければならなかったのだと。熊野に水葬の痕跡が見られるように、出雲にも水葬を思わせる証跡が残されている。『懐橋談』によると、出雲国造《いずものくにのみやつこ》の死体は赤牛の背に乗せて、出雲大社の近くの菱根の池に沈めたとされている。双方に水葬の習俗があることは、水葬を模倣した渡海の儀礼がなくては叶わなかった。出雲に近い鳥取県の夏泊《なつどまり》海岸にある海女部落の青谷に嘉慶三年（一三八九）の年号の刻んである補陀落塔があることは田中新次郎の報告で知られている。今は見る影もなく青谷の八幡宮の境内に打ち捨てられているというが、この供養塔が補陀落渡海の記念碑であったとしたならば、山陰の海から渡海するこころみもなされたのである。このことは補陀落渡海が、かならずしも太平洋南岸の熊野や土佐の専有物でなかったことを示している。

他界どうしもそれぞれ相似である必要があった。出雲と熊野に諸手船の競技が行なわれた。出雲にモガリを模した青柴垣の神事があると同様に、熊野にも補陀落渡海のモガリの船があった。スクナヒコナは出雲の熊野の御崎から常世国に出発し、また紀伊の熊野からも出発したと考えられる。イザナミは出雲と同様に熊野にも葬られた。それは一つの事象を二つの鏡が同じように反映することにたとえることができる。あるいは一つの鏡の中の像を他の鏡が写し合うように、古代人の意識の中には、それぞれ相似の常世の像があったのではなかろうか。こうした考えを前提にしなければ、出雲と熊野との双方にあまりに類似の民俗事象や地名や神社名があることの十分な説明にはならない、と私は思うのである。古代人の観念は出雲と熊野に分裂した常世の世界をどうして生み出すにいたったか。それはもともと南方から北上し、奄美大島の北で二つに分かれて日本海の出雲と太平洋の紀伊半島とを洗う黒潮文化に原因があると思う。もと一つの文化や意識が二つに割れたということから、その相似の分裂の姿が可能になったのではあるまいか。つまり古代人の意識には、かつて一つのものが二つに分裂した過程がそのまま捉えられていると私は考えるのである。

3　熊野と普陀落

熊野と出雲の二極に分化した常世の観念は、水葬儀礼と結びつき、さらに進んで補陀落渡海という海彼の浄土を目指す捨身の行に発展するにいたった。熊野勝浦の補陀洛山寺の千手堂には補陀落渡海のために屋形船を作ったときの、その屋形の板が本堂の壁板として使用されている。白と緑と紅を用いて大ぶりの花もようが描かれている。今は亡き二河《にこう》良英の教示によると、補陀落渡海の僧はこの寺の住職が多かったようである。

有名な「那智参詣曼荼羅」を見ると、補陀落渡海の船が一の鳥居の下部に描かれている。船は帆をかけた屋形船で、まわりに四つの鳥居をめぐらしている。これについて五来重は「日本の葬制の常識でいえば、四方四基の鳥居は殯の四門というもので、扁額の文字は読めないけれども、発心《ほっしん》門、修行門、菩提門、涅槃門の額があるはずである。そうだとすれば、これはうたがいもなく墓の構造をしめしており、現在でも棺輿、あるいは霊柩車の構造にものこっている。この絵画資料はどうかんがえても補陀落渡海が水葬であることをものがたるのである」と述べている。

つまり鳥居は殯に立てるしるしだというのであるが、金久正は奄美群島でも喪屋《もや》に鳥居を立てる習俗があることを述べている。金久によると、この鳥居は三つまたは七つある。そして鳥居は鳥の落ちつくところだからこの「喪屋」の鳥居もまた白鳥、つまり霊界の使者がきて止まる止まり木とするためであったという。こうしてみれば補陀落渡海の船に鳥居が立てられるのも、その屋形がもともと殯を表しているからであることがわかる。外から戸を釘づけにし、四方に窓もなく、食物には木の実をすこしずつ食べるというありさまで、あとはただ北からの風まかせに、南海の浄土をめざして船は走った。季節は旧の十一月がほとんどで、そのあと十二月、そしてまれに夏の時候もあった。

また、補陀洛山寺の僧が死ぬと、その死亡の知らせはせず、東西四十八間、南北二十四間の間を限って殺生を禁じ、住職は渡海の望みをもっていると披露し、百八つの白い石に経文を字写し、観音と権現へ参詣のかっこうをして住職の屍をかごに乗せ、権現の前から海浜まで出るときには、一の鳥居までは滝衆と呼ばれる山伏たちが、まるで死人が生きているかのように、死人と問答を交わしながら進む。そうして、一の鳥居をすぎると、はじめて葬礼の儀式に変え、海浜にかごをすえて引導をわたす。そのあと舟に乗せて、二十丁あまりこぎ出して、綱切島という岩礁のところの海中に死骸を水葬させた。

こうした葬儀の内容が生きながらの渡海行にかたどったものであることはいうまでもない。つまり、死者があたかも生きているかのように問答を交わしながら進むというやり方にそれが表れている。だから、補陀落渡海という名の入水自殺から水葬が生まれたかというと、そうではなく、むしろ、古代の水葬が常世の国の幻影を海彼に描き出し、それが補陀落渡海につながったと見る方が正しいであろう。

補陀落渡海の伝統は高知県の金剛副寺や鳥取県の青谷のほかに、大阪の天王寺の海にもあり、また熊本県にもあったことが知られている。熊本県玉名市の稲荷山古墳は百メートルに及ぶ六世紀の前方後円墳で、後円部に寿福寺という寺が建てられている。昭和三十五年（一九六〇）に、この古墳を修造しようとして、寿福寺境内から発見されたのが永禄十一年（一五六八）の年号を刻んだ渡海供養のための板碑なのであった。玉名から有明海に乗り出しておそらく補陀落渡海が行なわれたと推定される。

『三国名勝図会』を見ると、大隅国に正八幡宮を再建し、のちに同国桑原郡浅井村に金峰山神照寺三光院を開いた日秀《にっしゅう》上人は、願心をおこして舟山列島の普陀山《ふださん》に到って観音を拝し、帰途、舟が琉球についたので、琉球では真言を伝えた。日秀上人のことは『中山伝信録』や琉球の諸書にもその名前が出ている。

このように、補陀落は遠く天竺にあるが、近くは中国の舟山列島の普陀山と思われていた。その観音の浄土に渡航し参詣することは、わが国の宗教者にとって無上の光栄と信じられていた。

ここに興味があるのは中国の史書『史記』が伝える呉王のさいごである。越王は呉の首都の蘇州を包囲してこれを陥落させた。越王勾践《こうせん》は呉王夫差《ふさ》を甬東《ようとう》の地に移して、百戸の采邑を与えて居住させようとした。夫差はこれを謝絶して自殺をとげた。甬とは寧波《にんぽう》の付近を指す。その東とあるから、甬東はまさしく舟山列島の中にある。そこが呉王夫差の終焉の地として与えられようとしたということは、見のがしがたい挿話であると私は考える。倭は呉の太伯《たいはく》の後裔なりと自称したということが中国の『魏略』に出ているが、舟山列島は倭国の時代から深い交流があったのではあるまいか。その舟山列島の普陀山を観音の浄土とする憧憬が、補陀落渡海という行動の潜在意識にあったとすれば、それを無謀な自殺行と見ることは必ずしも当を得ていない。補陀落渡海は宗教的動機にもとづくものであるが、さらに源流にさかのぼれば、日本民族の先祖が黒潮に乗って北上した道を、逆にたどり直そうとする原初的な衝動だったかも知れない。

（谷川健一・三石学編『海の熊野』森話社、二〇一一年六月）

付記

一、「谷川健一コレクション」は、小社より刊行された『谷川健一全集全二十四巻』（二〇一三年五月完結）に未収録の作品を収載した。

一、各巻をテーマ別に分類、構成し、おおむね発表順に並べた。

一、「谷川健一コレクション4　日本の神と文化」は、日本固有の神と信仰の様態そして文化の特質を、民俗と歴史に究明した論考を「I　日本の神々」「II　日本文化の基層」として構成した。

一、収載した論稿のほとんどが、今回初めて書籍としてまとめられるものであるため、本文は各作品末に掲載した初出紙誌に準拠し、単行本収録のものはそれを参考にした。また、発表時のタイトルを補足・変更したものもある。

一、収録作品には、今日の人権意識からすれば、不当・不適切と思われる語句を含むものがあるが、著者の被抑圧者・被差別者に寄り添った思想を忠実に再現することが大切と考え、原文どおりとした。

一、形式上の整理・統一は必要最小限にとどめ、なお次のような訂正・整理を施した。

1　明らかな誤記・誤植は訂正した。

2　漢字は原則として通用の字体に改めた。

3　難読字には振り仮名を付した。

装幀
難波園子

挿画
安仲紀乃

［谷川健一コレクション 4］
日本の神と文化

2020年6月27日　第1刷発行

著　者：谷川健一
発行者：坂本喜杏

発行所：株式会社冨山房インターナショナル
〒101-0051　東京都千代田区神田神保町1-3
TEL 03-3291-2578　FAX 03-3219-4866
URL:www.fuzambo-intl.com

印刷：株式会社冨山房インターナショナル
製本：加藤製本株式会社

ISBN 978-4-86600-084-8 C0339